教育的秘诀是真爱

家教难题问答

孙云晓　张纯颖◎著

北京师范大学出版集团
BEIJING NORMAL UNIVERSITY PUBLISHING GROUP
北京师范大学出版社

图书在版编目（CIP）数据

教育的秘诀是真爱：家教难题问答 / 孙云晓，张纯颖著. ——
北京：北京师范大学出版社，2016.3
ISBN 978-7-303-19706-4

I . ①教… II . ①孙… ②张… III . ①家庭教育－问题解答
IV . ① G78-44

中国版本图书馆 CIP 数据核字 (2015) 第 262451 号

营 销 中 心 电 话　010-58805072 58807651
北师大出版社学术著作与大众读物分社　http://xueda.bnup.com

JIAOYU DE MIJUE SHI ZHENAI：JIAJIAO NANTI WENDA
出版发行：北京师范大学出版社　www.bnup.com
　　　　　北京市海淀区新街口外大街 19 号
　　　　　邮政编码：100875
印　　刷：三河市兴达印务有限公司
经　　销：全国新华书店
开　　本：787mm×1092mm　1/16
印　　张：15
字　　数：244 千字　印数：1-10 000
版　　次：2016 年 3 月第 1 版
印　　次：2016 年 3 月第 1 次印刷
定　　价：36.00 元

策划编辑：谢　影　　　　　责任编辑：陶　虹
美术编辑：袁　麟　　　　　装帧设计：敖省林
责任校对：陈　民　　　　　责任印制：马　洁

序言

《教育的秘诀是真爱：家教难题问答》是我所有作品中最实用的一本书。

多年来，我经常应邀去全国各地举行家庭教育讲座，面对一颗颗滚烫的爱心，面对一双双期盼的眼睛，我总是尽可能汇集最新的研究成果，尽可能结合家庭教育的实际需要，给大家做理论与实践结合的分析与建议。几乎每次讲演之后，都会有许多父母朋友提出各种各样的问题，提问者是那么诚恳和急切，甚至嘴唇在颤动泪水在涌流。面对父母朋友的信任，我只有以肺腑之言忠告。但是，由于人多而时间有限，那些只言片语难以透彻地分析复杂的问题，也难以给出完整的具体细致的建议。

怎么办？

自 2000 年 5 月至今，我始终坚持每月至少安排一个晚上与父母和青少年朋友在网上聊天，探讨的核心内容就是如何破解家庭教育难题。在主编《少年儿童研究》杂志的 20 余年里，曾经开通"孙老师热线"电话咨询，更是专门回答父母们的困扰和疑问。同样的问题也出现了，探讨问题的时间依然短暂，咨询者太多无法充分展开分析和建议。于是，我决定采取详细笔答的方式，即在讲课答疑、网聊和电话咨询的基础上，提炼出父母们最关心的家庭教育难题，给予深入的分析和建议。这样做的好处在于，一是对家庭教育难题的表现及原因有较为透彻的分析；二是介绍专家学者的相关研究成果，从而使释疑解惑有科学依据；三是结合父母们的实践经验，给出较为完整的具体细致的建议，以方便使用者采纳的时候有选择的余地。

美好的计划需要合适的人来完成。我决定邀请我多年的同事和朋友张纯颖副编审来合作，因为她长期负责《少年儿童研究》杂志的家庭教育咨询服务，也有养育孩子的亲身体验，做家庭教育指导颇为投入并且经验丰富。我们的合作卓有成效，经过多次讨论，确定了100个问题，也探讨了许多可以破解难题的研究成果和具体建议。于是，完成了这样一本家庭教育的实用书。

在所有儿童教育的问题中，习惯的培养总是一个最核心最关键的问题。本书也从不同角度回答了习惯养成的若干问题，限于篇幅没有充分展开。父母朋友如果需要更详细的介绍，可以参看《习惯决定孩子一生》和《五个好习惯》丛书，那是我在中国青少年研究中心主持全国教育科学"十五"和"十一五"规划研究课题最通俗易懂的成果，也是由北京师范大学出版社出版的图书。

当然，本书的出版不是一个结束而是一个开始。正如朱永新教授所说，儿童对于我们依然是个黑匣子，我们对儿童的认识还很肤浅，对家庭教育的认识自然也不够深入。我希望在研究和实践中继续探索扑面而来的家庭教育难题，既需要不断修订和完善本书，也需要进一步扩充和发展。毫无疑问，读者朋友不仅是读者，也是参与者和创造者。本书的出版就是一个最好的证明。

2016 年 1 月 1 日

于北京世纪城

目录

CONTENTS

品 德 篇

习 惯 篇

成 长 篇

校园与社会交往篇

媒体与网络篇

健康生活篇

青春期篇

亲子篇

　　在家庭教育中，我们推崇一句话："好的亲子关系胜过许多教育。"什么时候父母和孩子的关系是好的，这时的教育才可能是成功的。父母什么时候跟孩子的关系是糟糕的，这时的教育即有可能是失败的。现在我们中国的家庭教育之所以困难，不是父母讲的内容不对，是你和孩子的关系有问题，关系出问题了。所以改变教育从改变关系开始，改变孩子从改变父母开始，改变明天从改变今天开始。

1. 孩子顶撞父母怎么办?

> **问**：我女儿 7 岁，上小学二年级。逆反心理特别强，不像同龄的孩子那么听话，和她说什么，她都要反着来，经常与父母顶嘴。学习成绩在班里也只是中等，而且做事粗心，每次她不听话或犯错误批评她时，她都不听，而且还经常找出理由为自己辩护。请问这样的孩子该怎么教育?

答：我们首先需要明确的问题是，什么叫作"不听话"和"顶嘴"。因为一个七八岁的孩子正是自我意识逐渐增强，开始把目光更多地投向外界，对事物建立自己独立思考的年龄。对父母的某些要求有时反抗或提出异议，也是很正常的情况。但是，如果像你所说的"总是不听话""经常顶嘴"，我们可能就需要思考一下，原因究竟在哪里?

孩子在幼儿时期，由于对社会的接触面狭窄，且心理发展还处于对父母的完全依恋和依赖时期，生活上也容易事事听从父母的安排，显得"很听话"。但是，如果父母满足于孩子的这种"俯首帖耳"，认为他必须听从自己的话，那么将会压制了孩子的独立思考和逻辑思维的发展，或者激起孩子更大的反抗，显得更加"不听话"。

当父母与孩子发生冲突的时候，有些父母千方百计把孩子压下去，以为这样才能维护自己的尊严。其实，回想一下自己的成长经历就会明白，孩子反抗父母常常有合理的一面，而这往往是某些很珍贵的品质在生长。如果父母尊重孩子，听取其合理的意见，会极为有利于孩子的发展，自然也有利于发展良好的亲子关系。

让我们来看一则报导：

据《生命时报》2008年3月25日讯：与父母争执不休对青春期孩子来说简直司空见惯，而且几乎所有人都认定，这会影响父母和子女之间的亲密关系。可最近研究却颠覆了人们惯常的思维，据英国《观察家报》3月17日报道，亲子之间的争执非但不会疏离彼此间的感情，反而有利于孩子成长和密切亲子关系。

该研究负责人美国纽约州立大学教授霍姆斯对此解释道，争执其实也是加强亲子之间沟通的一种方式。争执可以涉及功课、服饰、交友等各个方面，而且一定要够激烈，太冷静的讨论则起不到沟通效果。

"争执对青少年一直都有益。孩子们可以在与他人的争执中，更全面、更深入地认识自我，如'我现在究竟是个怎样的人''我做得好不好'等，从而逐渐达到自我身份的认同。"霍姆斯还指出："不同意见的碰撞，会让他们学会社会认知技巧，以及面对错综复杂的事物时的理性分析能力。"

同时，孩子在争辩中，为了占据上风，就要不断地把有理的一面展现出来，于是他们会重新审视自己的观点，不断自问"我对吗"。他们也会为了揪住父母的"小辫子"，来重新考量父母的想法。其实，这就是个反省的过程，让孩子进一步了解自己也理解父母。

另据2014年4月16日《北方新报》讯：美国弗吉尼亚大学的研究人员选取了157名来自不同文化和社会经济背景的青少年，平均年龄13岁。他们对这些孩子在日常生活中与母亲发生争论的情况进行了观察、录音和分析。

三年后，研究者惊讶地发现，与性格温和的孩子相比，那些在与母亲争论时表现得相当自信并善于用合理的想法支持自己观点的青少年，排解负面压力的能力更强，意志力更坚定，对烟酒等不良诱惑抵制的能力也提高了40%。

这项发表在《儿童发展期刊》杂志上的新研究解释说，适当与父母发生口角，相当于提供了与他人讨论、谈判问题的"实地演练"，可以激发孩子的自主意识，让他们更愿意开动脑筋想问题、维护自己的利益。这一过程，有助于培养日后的人际交往和沟通能力。

要使孩子既能健康成长，发展他们的独立思考能力，又愿意愉快地接受父母正确的指导和建议，形成和谐的亲子关系。

我们的教育建议是：

①为孩子做出"倾听"的榜样。有的父母总是抱怨孩子不会听别人说话，往往父母的话刚开个头，孩子就开始顶嘴。但是，仔细想想就会发现，有时成人也很少仔细听完孩子的叙述，有时孩子说话刚开个头，大人就自以为了解了事情的经过，然后便开始说教。所以，要想让孩子"听话"，我们首先要给孩子做出倾听的示范，认真听孩子说的每一句话，真正做到心灵的沟通。这样，孩子才会从我们这里学到尊重、理解和有效沟通。

②养成和孩子聊天的习惯。有的父母平时陪孩子愉快地聊天、玩耍的时间很少，目光只盯在孩子是否专心学习和行为习惯的缺陷上，与孩子的交流主要以批评、唠叨、说教为主，这就容易引发孩子的逆反情绪。建议父母养成和孩子聊天的习惯，多与孩子聊些有趣的话题，时常陪孩子痛快地"疯玩"一下。亲子关系密切和融洽，孩子才会愉快地接受父母的建议。如果父母很忙，和孩子在一起的时间不是很多，就更应该保证沟通的质量，不要总是在检查孩子学习、批评孩子中度过。

③及时强化孩子的正向行为，是孩子学习进步和心智成长的有效保证。行为主义心理学的研究发现，强化人的良性行为，比惩罚不良行为更容易取得积极的效果。如果父母能减少重复和不必要的唠叨、减少发泄情绪的训斥和对孩子不满的抱怨，而增加对孩子优点和进步的发现，并及时把这种发现反馈给孩子，让他知道父母对他的欣赏和期望，孩子便会愉快而有信心地朝着我们的希望逐渐进步。

④面对孩子的无理取闹，父母需要对自己正确的决定予以温柔的坚持。有时，当孩子哭闹而父母也在气头上时，沟通不可能取得良好的效果。而且，如果是已经决定的正确的事情，因为孩子的任性反抗而使父母妥协，那么孩子就会学到通过耍赖来达到目的的方式。所以，当孩子闹情绪时，父母不急不躁，却始终坚持自己的决定，等孩子情绪缓和下来，再讲明道理，无疑是一种有效的方式。

⑤父母还要学会巧妙地树立自己的权威。当孩子无理反抗时，父母需要减少和孩子无谓的争吵和唠叨，通过和孩子事先制定家庭规范的方式，督促大家各负其责，每个人都有自己需要完成的任务和改正的缺点。奖励和惩罚的措施是全家事先商定好的，做不好需要在监督下接受惩罚，做得好，可以用积分等方式获得奖励。长此以往，孩子也会愿意在感到平等和有趣的方式下，自觉地完成任务。

2. 孩子不孝敬长辈怎么办？

问： 我儿子从小跟着爷爷奶奶长大，老人为他的成长没少费心。但孩子长大了，对老人却不是很尊重。因为从小家里的东西都是先紧着他，现在如果有什么好吃好喝的先给老人他都会发脾气。虽然爷爷奶奶没少惯孩子，但现在看到孩子这个样子也是很难过的。应该如何教育孩子有孝心呢？

答： 我们做父母的对孩子大都很有爱心。比如，父母都知道孩子的生日是哪天，但至少有一半的孩子不知道父母的生日。父母都很重视给孩子过生日，可是有几个孩子重视父母的生日呢？孩子的生日是母亲的难日，可是许多孩子过生日的时候，连自己是怎么来到这个世界上的都不知道。

在美国罗德岛大学访问的时候，美国一位女教授告诉我（孙云晓），她生孩子时难产，足足生了四个小时，而且还是双胞胎。她早做好了准备，请朋友把自己四个小时的分娩过程拍摄下来，做成光盘，在两个女儿成人时送给她们做礼物。我们中国的父母就难以做出这样的事情来。现在往往是孩子不知道孝敬父母，父母对孩子却很有"孝心"。父母对孩子倾注了满腔的热情，父母对孩子的爱"无可挑剔"，而孩子对父母的爱却仿佛都从人间蒸发了。

这说明，我们父母对孩子的爱是有问题的。父母是不是在孩子身上倾注了过多的热情、过多的爱呢？孩子是不是真的就觉得父母的爱是自己需要的呢？

有些家庭，好东西先满足孩子吃，大人看着孩子吃就觉得很高兴。所以就有很多天真的孩子觉得"我们家很好，我爸爸爱吃鱼尾巴，我妈妈爱吃鱼头，我爱吃鱼身子"。其实，哪有只爱吃鱼头鱼尾巴的父母呢？父母是为了让孩子多吃鱼肉，才选择了鱼头和鱼尾的。

现在，经常能够听到父母们的埋怨，埋怨孩子不懂事，埋怨孩子不知道体谅父母们的辛苦，埋怨孩子不知道父母的工作压力。可是，试想如果父母们对孩子只是一味地奉献，一味地关爱，而不让孩子了解父母所做的一切，不了解父母内心的真实感受，那么孩子就很难懂得感恩，又怎么会有对父母的爱呢？

如果父母在孩子小时候吃鱼肉时真诚地告诉孩子，爸爸妈妈其实也很想吃鱼肉，但是爸爸妈妈不舍得吃，爸爸妈妈希望把最好的东西留给孩子吃，希望自己的孩子营养充足，快快长大。这样，孩子就会知道父母的苦心，才会因此而感恩。同样，当老人为孩子做事情时，要及时告诉孩子：爷爷奶奶这么大年纪了，还这么辛苦照顾你，你要记住，要懂得感恩。让孩子在平时生活的细节中感受到长辈的关怀并且知道如何感谢。

我们的教育建议是：

①不要对孩子付出太多、干预太多，不要为孩子"打理"一切事物。如果父母对孩子的保护过多，那么孩子就会渐渐习惯父母的包办代替，就会认为这一切都是理所当然的。久而久之，孩子就很难再感谢父母对他们所做的一切了。

②不要让孩子拥有的东西来得太容易。有些父母总想给孩子最好的食物和衣物，总想为孩子提供最好的生活条件。尽管父母为此付出了很大的代价，但孩子却会觉得这一切都很容易，他本来就应该拥有。给孩子一些经历挫折的机会，对他今后的人生发展是有益处的。不要孩子想星星就一定给他星星，想月亮就一定给他月亮，应该让孩子自己去争取自己所需要的东西。当孩子通过一些努力获得所需的时候，他才会知道在父母的关爱和保护下是幸福的。

③父母可以经常给孩子讲一讲自己工作的艰辛。其实，每一位父母在工作中都是摸爬滚打过来的，都很不容易。但是，父母们却总爱给孩子一张笑脸，总给孩子一些超脱的环境，父母们总怕艰难的生活现实会给孩子压力。如果父母们能经常告诉孩子一些自己的苦恼，那么孩子就会在体谅和感恩中渐渐长大。

④不要让孩子吃"独食"。从小让孩子吃独食，会让他觉得他吃好东西、拥有好东西是理所应当的。如果孩子习惯了被奉献，只知道索取，那他在以后的生活中很难考虑别人的感受。一个不懂得关爱别人、关爱父母的人将来很难成为一个有爱心的人。

⑤不要"有求必应"，更不要"无求先应"。对孩子提出的要求，父母应先思考一下是否合理，如果不合理，则坚决否定，并且要告诉孩子为什么不合理。另外父母也不应主动提出一些较难实现或不太合理的许诺，如果到时候难以实现许诺，不仅对于孩子是个伤害，而且也会使自己失信，不利于教育孩子。

⑥父母要为孩子做出榜样。如果家中有老人，有好吃的先给老人吃，逢年过

节应给老人送礼物；如果老人离得较远，经常给老人打打电话。要让孩子看到父母不仅对自己有爱，对长辈也有爱。身教的力量远远大于言传。有长辈带孩子的家庭中，要经常讲讲祖辈的辛苦以及他们对晚辈的疼爱，让孩子明白老人的心意。

3. 孩子认为父母不信任自己怎么办？

问：我的孩子已经上初中了。我们家庭还算是一个比较民主的家庭，我们做父母的也从不独断专行，在很多事情上都征求孩子的意见。然而，在孩子学校的一个调查问卷中，我们发现孩子在填写你的父母是否对你很信任的时候，填写的是不太信任，这很让我们做父母的吃惊。和孩子交流后，她认为我们管得太多，什么事情都要询问，而且有时不太相信她说的话。这样说来，可能有时我们确实对她和同学交往不是很放心。那么我们应该怎么做才让孩子认为我们是信任她的呢？

答：在孩子的成长过程中，中小学生这个时期，信任与不被信任呈现出非常突出的矛盾。一个突出的现象就是父母什么事情都要包办代替，越包办代替就越不相信孩子的能力，就越不信任孩子。它反映了一个趋势，父母在对孩子的信任上是存在问题的，而这个问题影响到亲子关系，影响到孩子的成长。

据 2011 年 6 月 1 日《解放日报》讯："六一"前夕，上海市少工委向全市少先队员、儿童团员发放了 105 万张幸福卡，请孩子们把自己认为最幸福的事记在卡片上。经学校、区县逐级汇总，产生各区县少年儿童心中的"十大幸福"。市少工委按照各区县"十大幸福"的排名进行积分，总分越高排名越靠前，由此产生了上海少年儿童心中的"十大幸福"。得到父母理解和陪伴高居榜首。孩子们提出，我们的幸福在于："父母能够理解子女的需求及选择"，"父母相亲相爱，陪伴我成长"，"父母亲人给了我无微不至的关爱"，"经常和家人一起吃饭、聊天、外出游玩"。这就说明在孩子眼里"得到父母理解和陪伴"最幸福。

很多父母觉得孩子什么事情都做不好，特别是对孩子交友，干涉特别多，总是会问：这个人学习好不好？是男孩子还是女孩子啊？家里是什么样的家庭啊？爸爸妈妈都是干什么的？你为什么跟他好啊？这样的父母不相信孩子有自己的判断力。

还有的父母对孩子的学习不放心，总觉得孩子不努力、不认真、没有上进心。包括孩子看电视、上网、看书，有时父母也会不放心，经常会问你看什么电视呢？看什么书受什么影响呢？

其实孩子有孩子的理解，孩子有孩子的态度，也有自己的原因和方法。父母可能忘记了自己小的时候也曾经有种种让父母不放心的原因，太急切地想让孩子快点成长、成熟。

信任孩子不等于忽略。信任是一种态度，对孩子的信任应当是一种坚定不移的态度。如果父母关心孩子，一定会有很多种方法来了解孩子，比方会关心孩子最近的情绪好不好？如果不好，就要多询问、多了解。要觉得有怀疑的话，还可以和老师取得联系，老师可能会提供一些信息。

信任是一种爱的体现。这种爱是在尊重人、理解人、关心人这样的基础上的一种态度。同时，信任一定是按照儿童发展的年龄特点，与之相适宜的一种信任。比方说两个成年人之间的信任，因为相信对方都很有能力，就不需要关心很多的细节。而对一个儿童的信任是相信他是诚实的、是努力的，相信他是个好孩子。

很多父母也明白对孩子应该信任，但是遇到事情的时候往往还是做不到，或者说只能做到一部分。虽然现在父母越来越重视孩子的教育，但是在儿童观上还是存在很大的问题。不是把孩子当成一个真正的人，当成一个走向独立的人，这是一个根本性的问题。因为你要是把他当成一个真正的人、独立的人，那你对他的信任和尊重就是不可置疑的。我们很多的父母实际上没有把孩子当成一个真正的人，而是把他当作自己的附属品。

信任是父母给孩子最好的一种礼物，是一种成长的动力。同时信任是心的安定剂，一个人得到别人的信任的时候，心会变得宁静、稳定、自然。信任能使人变得自信起来，而且使他心理上处于一种活跃状态，这对他的发展是非常有利的。一个人如果得不到信任，会增加很多的猜测、自卑、自责、自愧的心理，就会消磨斗志，瓦解信心。所以说，信任是非常重要的。

信任对儿童有特别的意义，因为儿童属于未成年人。未成年人也可以叫做未成熟的人，其心理的突出特征就是不自信，他常常会疑问自己能做得好吗？我的经验不足，能力不够，这个时候实际上是在自信与自卑中徘徊。信任就给了他一种成长的动力，心理上的一种稳定剂，一种向上的推动力。所以，信任对儿童的成长有特别的意义。

信任应当成为教育的一个准则，就是说即使孩子在某种原因下撒了谎，这实际上也是在成长中的一个曲折，不能因此而放弃对孩子的信任。你要耐心等待，让他感到父母就像中流砥柱一样。信任是什么？是给孩子一个机会，让孩子去反思，去成长。这个时候，父母的任务不是马上揭穿他，把自己的怀疑说出来，而要给孩子整理他的思想的过程。

当然，要用许多方式让孩子感受到真善美的力量，让他慢慢平静下来，他可能会承认这个问题，或者他表面不承认但他会改正这个问题。老子说："信者，吾信之；不信者，吾亦信之，德信。"就是说，对于守信的人，我信任他；对于不守信的人，我也信任他，这样就可以得到诚信了，从而使人人守信。

所以父母之爱应该像大海一样。父母信任孩子，孩子才能学会信任。父母充分相信孩子，孩子才会相信父母，真正相互平等有效的沟通也才会开始，真正的教育也才会开始。

我们的教育建议是：

①要无条件地信任孩子。得到父母信任的孩子，对自己会有更大的信心，有了成绩也更愿意跟父母交流，父母的再次欣赏和信任将会对家庭关系的融和起到更佳的润滑作用，良好的亲子关系得以形成并巩固。反之，孩子只会觉得自己无论怎样努力，父母也不会满意，慢慢地孩子就不愿意把自己的想法或进步告诉父母，也根本不可能培养出良好的心态和积极自信的人生观。

②相信孩子，发现并欣赏他的优点。如果父母相信孩子，就会很容易发现他的优点，而父母欣赏孩子的优点，这优点就可能成为可以燎原的星星之火。相反，如果父母不相信孩子，就会只看见他的缺点，只盯住孩子的缺点训斥，这缺点就可能成为阻碍孩子成长发展的一个顽症。

③尊重孩子的各项权利。孩子生下来，就是一个独立的主体，具有未成年人的基本权利：生存权、发展权、受保护权和参与权。这些是孩子在这个社会的基

本权利，这不仅仅是父母的要求，也是一个公民和社会的要求。并且这样也有助于培养孩子的权利意识，对他们以后的生活也是有益的。因此父母对孩子的信任不是一个选择而是一个原则。

④要允许孩子犯错误。成长是需要付出代价的，成长不仅需要吃东西，需要买书看，同样还要付出一些错误作为代价，就像你买错了东西一样，这也是买了教训。人就是这么长大的，所以所谓尊重、所谓信任就包括这些，父母信任孩子，就意味着即使孩子犯错误，而且可能会犯一些成人连想都没想到的错误，但是父母也要觉得是可以理解的。孩子要吸取教训，但是不能因为这个而改变父母的信任。

4. 和孩子沟通不畅怎么办?

问：我有个 7 岁的儿子，因为工作的原因，他小的时候是在别处长大的，现在要上学了才回到我们身边。尽管我们之间的感情很好，但我还是希望在沟通上更顺畅一些。有什么好办法吗?

答：作为父母，如果要培养一个健康发展的孩子，就应该成为与孩子沟通的高手。与童年期的孩子长时间分离，可能会成为沟通困难的原因之一，这需要引起足够的重视和努力。如果能成功通过沟通而引导孩子的想法和理想、行为，那么培养出一个有主见、有选择能力的孩子就不是件难事。

著名心理学家劳伦斯·斯泰因伯格教授经过长达三年的调查研究，发现缺乏与父母沟通、缺乏向父母吐露心声的孩子，在学业方面遇到麻烦的可能性较大，沾染上吸毒或酗酒等恶习的可能性也较大。另外，缺乏与孩子的有效沟通，忽视孩子身上发生着的变化，更会让孩子从感情上疏离父母，甚至会造成孩子性格和心理上的缺陷。

我们的教育建议是：

①不要有急躁情绪。有些父母在和孩子沟通上过于急躁，总幻想通过一两次聊天就能和孩子成为知心朋友，这是不太可能的。两代人年龄差异很大，又成长在不同时代，理解需要有一个过程。如果只有急切的心情，缺少扎实的行动，那就可能在亲子关系上长期吃着"夹生饭"。

②与孩子谈判协商是父母应该掌握的技巧。其实不论我们是否愿意承认，孩子天天都在和我们谈判。从小的时候每天穿什么、吃什么，到大一些时孩子的房间要整齐到什么程度、是一下学到家就做作业还是吃完饭再做、要帮做哪些家务活儿、看多长时间的电视、是参加游泳还是篮球活动等。既然是天天要做的事，与其让他自由发展，不如大人和孩子一起学习，共同成长。

当我们有意识地在一些问题上与孩子协商的同时，并不意味着父母失去对孩子的控制或完全让步，而是在互相理解对方的前提下，寻求一种折中的共同满意的方案。同时我们也在潜移默化地教孩子如何与他人谈判，帮助他们对未来的生活做一种必要的准备。

谈判的能力不仅仅是外交官或商人才需要，它是一种广泛的生活能力。其结果不一定是谁赢谁输，而是一种公平和理解，学会站在对方的角度考虑问题。最终达成一种对参与各方都最佳的双赢方案。

那么和孩子谈判的好处有哪些呢？第一，因为孩子自己参与了意见，所以执行起来时一般阻力不大，孩子感到对自己的生活有选择的余地；第二，由于有一定的发言权，孩子会觉得生活中不是事事都由父母安排，会强化他们的自信心和自尊心。

③要提高父母和孩子的交流质量。当孩子感觉到父母对他们的意见不是敷衍了事而是认真听取，孩子会更愿意和大人交流，把更多关于他们的事情告诉父母，父母也会更了解孩子，从而关系更融洽。

5. 爸爸忙得顾不上管孩子怎么办？

问：我的儿子今年 15 岁了，到了这个年纪做妈妈的管起来常有力不从心的感觉。可是他的爸爸很忙，经常早出晚归，还经常出差，管孩子的时间很少。这种情况应该怎么办？

答：首先我们来看一个最新的研究成果。瑞典研究者最新调查发现：跟爸爸亲的孩子适应能力强。据英国《每日邮报》报道，瑞典阿普萨拉大学的研究者安娜·萨卡迪称，她和同事在近 20 年中，对 8000 多名婴儿和 30 岁左右的成年人进行了追踪调查，结果发现，如果父亲能对孩子多操点心，孩子成人后适应力更强。

为此，《生命时报》记者专访了英国伦敦大学心理学博士詹姆斯·霍文斯。"20 世纪 80 年代，英国的一项调查显示，很多人承认，自己的工作和生活中一直留有父亲的印记。"霍文斯说，"这和父亲的教养方式关系密切"。

心理学家发现，婴儿在 3 个月时见到父母就会有不同反应。"当父亲靠近孩子时，孩子就会耸肩挑眉，变得比较兴奋；而看到妈妈就会表现得比较乖。个中原因很有趣，因为母亲抱孩子时，惯用相同的方式；而爸爸则多是变换着手法抱。"霍文斯说，等到孩子再大点，父亲多是用游戏的方法来带孩子，如当马让孩子骑。从小到大，爸爸这种不断变化的身体接触，让孩子最早体验到了如何与他人合作，如何适应别人，长大后，他们也更容易建立良好的人际关系。

另外，当孩子遇到陌生的人或物，如小狗等，妈妈一般会拉着孩子走开，并告诉孩子要远离危险。"而父亲往往站在一边，让孩子自己去面对。无疑，这些都有利于培养孩子独立的品格和探索的勇气。"

"当然，这只是问题的一个解释。"霍文斯说，"父亲是稳固家庭的重要角色，无论儿子还是女儿都会不自觉地以爸爸为榜样"。正如主持本次研究的萨卡迪所说，这种生活教益的作用是长期的。假如一个女孩 16 岁时能和爸爸朝夕相处，她进入婚姻殿堂后，多半也能和伴侣建立起稳固长久的关系。按照弗洛伊德的精神分析理论，这是因为子女对父亲的信任情结更胜于对母亲的依赖。

霍文斯分析："父亲不要把时间都放在工作上，要知道，挣再多的钱都不如付出一点爱。你看，莫扎特的父亲甚至辞去了宫廷乐师的工作，在家专心培养儿子。当然，现代社会不要求你做专职父亲，只是多分点时间给孩子吧！"

2011 年 4 月 2 日的《楚天金报》有这样一篇文章《45 个爸爸讲不出一个故事》。文章指出：湖北汉阳楚才小学举行"爸爸的声音最好听"故事比赛，9 名爸爸走上舞台讲述了自己精心准备的故事。台下，校长禹妮却高兴不起来："这是全部的'参赛选手'了，全校 12 个班 500 多学生，报名情况远不如预期啊！"她说，学校近年已连续举办过三届妈妈讲故事比赛，妈妈们参与的热情非常高，这次校方改办"爸爸故事比赛"，没想到，有的班连一个"种子选手"都凑不出来。

该校一（1）班就是缺赛班级之一，全班 45 名学生。班主任蔡春华回忆起一周来的努力，一脸无奈。消息发布后，她以为父母们会积极参加，没想到等了几天居然无一人报名。她只好一个一个拨打学生父亲的电话，得到的回应不是"我很忙"，就是"我不敢""我不行"。"那天晚上做梦，竟然梦见有一位父亲答应参赛，我笑醒了。结果第二天给这位父亲打电话，还是'要出差'。"

我国研究者的相关调查也得出了大致相同的结论。我国教育学和心理学专家对北京、山东、江苏、广西与新疆 5 省市区 2100 多名在校中小学生性格行为特征进行问卷调查分析后发现，"父亲的文化素质对子女的自制力、思维灵活性产生影响"。一些研究还发现，父亲对孩子的智力发展影响很大，尤其对男孩子的影响大。如果一个男孩子在童年失去父亲，则很容易使他智商低、认知模式女性化，这些不足将一直影响到这个男孩子上大学以后。相反，那些和父亲相处时间较长的孩子，容易从父亲那里获得更多的知识、经验、想象力和创造意识，有利于激发孩子的求知欲、好奇心、自信心等。

父亲是孩子性别角色正常发展的重要条件。家庭是孩子学习角色观念、形成角色取向、模仿角色行为的重要场所，是一个人性别社会化的第一源泉。子女最初是在家庭中模仿父母，进而模仿其他男女角色。父亲提供一种男人的基本模式，男孩子往往把父亲看作是将来发展自己的男性特征最现实的"楷模"，女孩子则从观察父亲如何对待母亲的过程中了解到男人应该如何对待女人，这对女孩子成人以后的性别行为和婚姻关系有很重要的作用。

相反，如果缺乏父爱，男孩子容易变得软弱、缺乏独立性、自主性，甚至出现男孩女性化的倾向，适应环境的应变能力差，长大以后难以为人夫和为人父。

而女孩子到了青春期则常常表现出焦虑、羞怯、无所适从，甚至出现婚姻危机。

由此可见，父亲在孩子长大成人的过程中，实在是起到了重要的作用。据专家们的研究发现，孩子在婴儿时期，以母亲教育为主，上小学后父母责任各半，上中学以后以父亲的教育为主，因为此时父亲的影响力上升而母亲的影响力下降。

但是，现在许多父亲却认为自古以来都是男主外、女主内，教育孩子应当是母亲的事情。也有的父亲说"我实在是太忙了"，然而，难道一个"忙"字就可以使父亲们理所当然地推掉了做父亲的责任吗？工作是永远也忙不完的，而孩子每天都在长大。父母们希望自己的孩子将来成为品德高尚、意志顽强的孩子，那么，请父亲们记住音乐家贝多芬说过的一句话吧："我不知道有什么比教养一个孩子成人更神圣的职责。"

我们的教育建议是：

①关注孩子不在时间长短。做父亲的首先要有责任意识。当爸爸有了这种意识以后，就可以见缝插针教育孩子了。比如，当爸爸送孩子到学校的时候，可以给孩子讲一讲马路上的见闻；看电视的时候和孩子讨论一些国家大事，让孩子发表自己的看法，等等。通过一些细小的或生活上一些零碎的时间与孩子交流讨论也是一种教育孩子的好方法。

②带孩子做一些具有冒险性的活动。父亲也可以利用业余时间带孩子做一些例如跑步、爬山、滑冰等母亲很少做的活动，以弥补母亲在教育方面的不足。

③父亲要注意小节。父亲还要注意自己的仪表风范，给孩子做个模范，因为孩子往往是在生活中向父亲学习的。

6. 孩子的爸爸总打孩子怎么办?

问：我儿子 7 岁，特别淘气。他爸爸脾气坏，看他闯祸就生气，有时难免动手打孩子。有时我阻拦，他爸爸就说"棍棒底下出孝子，不打不成器"，我也拦不住。可是孩子挨打后老实两天，然后又开始淘气。难道就这样一直打下去吗？

答：时常听到一些父亲洋洋得意地说："我的孩子怕我，只要我一瞪眼，他就吓得大气儿都不敢喘。"也有些母亲帮着丈夫树立威严，吓唬孩子说："看你爸爸回来怎么收拾你，你就等着吧！"这些做法的原因，也许可以追溯到中国古代"严父慈母"的传统观念，如宋代王应麟编的《三字经》中说："养不教，父之过。教不严，师之惰。"

对于未成年人来说，父母与教师是他们生活中最重要的指导者，也是力量最为强大的人。尽管由于群体社会化的趋向，孩子可能会非常看重同龄人的理解与帮助，而对父母与教师充满了怀疑与担心，但实际上最能保护孩子的人莫过于父母与教师。能否让孩子始终确信这一点是至关重要的。自然，这主要不是用语言做到的，是用行动用事实让孩子坚信不疑。

任何一个未成年人的成长，都离不开强大的社会的和情感的支持系统。通俗一点说，每个孩子的身边，都需要一些可亲可敬的人，他们可以为孩子指点迷津，他们会与孩子同甘共苦。因此，孩子们会因他们的存在而心安情悦，也会因为时常望着他们友善的目光而不容忍自己做坏事。相反，一旦孩子失去了这个支持系统，就会像脱离轨道的星星，变成一颗去向不明的流星坠落。

由此看来，在亲子关系中，应当用"敬爱"二字代替"畏惧"二字，因为"畏惧"二字虽有震慑之效，却可能是孩子走向危险深渊的助滑剂。孩子越小，畏惧感伤害越大，危险程度越难以预料。可以说，"敬爱"二字与"畏惧"二字之别，就是向心力与离心力之别，就是幸福与痛苦之别，就是成功与失败之别。要知道，让孩子单纯地怕爸爸其实十分简单，而孩子怕过之后再让他与爸爸交心恐怕就非常难了。

我们通过调查发现，经常挨打的孩子最常见的结果有两种：一种是你打他，他就打别人，打出了一个小霸王。在孩子当中是这样的，有的孩子在家中受了气，他就攻击别人。第二种结果是你打他，打出一个胆小鬼。因为孩子太小了，成人太大了，他发现大人发火的样子很可怕。结果孩子就条件反射，大人的声音一高就开始哆嗦。结果这样的孩子一出去就什么都害怕，见到谁都怕。

毫无疑问，打孩子的爸爸大都是为了孩子好，但是后果往往并没有帮助孩子，反而给孩子的身心造成了极大的伤害。给孩子一拳一脚，实际上孩子感到的最大伤害不是皮肉之苦，而是人格上的侮辱，他感到精神的伤害，他会产生一种怨恨。所以说打骂对孩子的发展是非常不利的。做父母要记住这样一句话：打孩子是愚蠢的，打孩子是没有好结果的。

我们的教育建议是：

①不可盲目追求权威。许多父母不断抱怨孩子不怕他们，所以才不听话，这样的认识其实是一种误区。建立父母的权威性，并不是让孩子"怕"，而应该是一种信任，是一种威望。权威并不是家庭教育好坏的唯一标准，关键的是应该在亲子间建立一种信任。父母信任孩子，孩子才会信任父母，才可能"听话"。

②做孩子的朋友。父母不要总是以教育者的身份或口吻来教育孩子，如果以一种平等的关系和孩子打交道，就会发现孩子身上有许多值得我们成人学习的地方。当父母改变了对孩子过高期望的心态，而是以一种朋友的身份和他交流时，我们很快就会发现，原来孩子可以和父母交谈的内容是很多的。

③鼓励孩子说真话。父母如果不用打骂、斥责等消极方式对待孩子，可避免孩子以谎话来应付成人，并与父母建立相互信任的关系，否则当孩子学会说谎后，后果可能会更严重。即使孩子犯了错误，只要说了真话，父母就应肯定孩子的勇气和胆量，并引导他改正错误，不断地完善自己。

④尊重孩子的权利。父母要学会用文明的方法对待孩子，用爱呼唤爱，用真情呼唤真情。因为孩子作为独立的个体，具有被尊重的权利。拳脚相加是一种不道德不文明的行为。要知道，父母可以批评惩罚孩子，并不意味着可以不尊重孩子。我们可以找到足够的办法让孩子更好地接受道理、改正错误。所以我们要放弃、要改变打孩子的陋习。

打孩子既是违法的，也是不明智的，而且有可能使问题恶化。这世界上几乎没有一个孩子是被打好的。因为当孩子被打得多了，他的思维就会僵化，学习也只是应付了，何况打孩子还可能把亲子关系打糟了，关系不好教育就不从谈起。所以一定要善待孩子，将心比心是做好教育的最简易方法。

⑤想打孩子之前先数数。往往多数父母打孩子的时候是一时冲动。因此，当父母打孩子的时候，千万要注意采取些冷静的措施。比如发怒的时候可以给自己立一个规矩，打孩子之前先数数，从 1 数到 100，实际上数数的过程就是让你冷静的过程，教育孩子才会理智。

⑥让孩子自己找错误。有父母问，如果不打孩子，那么怎样找到合理的批评、惩罚孩子的方式呢？其实可以让孩子自己找错误。父母要冷静耐心地引导孩子，帮助孩子找到自己身上的错误，还可以共同做出规定，如何改正或保证再不重犯的一些规定，让孩子养成自己要为自己的错误负责的习惯。

⑦准备一本家庭大事记录本。在家庭中最好建立一种较宽松、缓和的氛围，体现孩子在家中也是一个主人的地位，家里有什么事应该和孩子谈谈，而不能仅仅因为孩子小而剥夺了他在家中应有的权利。可以在家中准备一本家庭大事记录本，记录家庭中发生的较重要的事情，并随时能让孩子翻看。哪怕孩子年龄小，也可以念给他听，如果需要，可以记下他的看法。当父母尊重孩子的权利，并引导孩子珍惜自己的权利时，真正有益的家庭教育才能开始。

7. 父亲在教育孩子的时候常常使不上劲儿怎么办？

问：我的女儿 9 岁了，很可爱。但和大多数孩子一样也有些缺点，比较娇气，害怕吃苦，学习上也不是很认真。我有时试图多参与孩子的教育，但她妈妈在教育孩子上比较强势，而且孩子也没什么大的问题。所以即便和她妈妈教育方法有些矛盾，大都也是我做了让步。作为父亲这样做合适吗？如果不合适我该怎么办？

答： 据北京一项研究发现，小学阶段，父母对孩子的影响各半；而中学阶段，父亲的影响超过母亲。

在现实生活中，许多父亲和母亲往往会在教育孩子的时候发生争执，但最后总是以母亲胜利告终，父亲往往会"退居二线"，或者成为了母亲的"帮手"。虽然我们建议父亲在母亲教育孩子时要配合，但并不是让父亲完全放弃自己教育子女的优势与责任。每个孩子都需要母亲的无微不至的关怀，同样也希望得到父亲不同于母亲的影响，具有独特风格的相处机会。因此，父亲应该承担起教育孩子的责任，不要沦为"第二位母亲"。

我们的教育建议是：

①发展良好的夫妻关系。夫妻间良好的关系才能创造适合孩子成长的家庭氛围，在处理夫妻关系中的任何问题时都必须保证孩子的权益。要互相"补台"，不要"拆台"。夫妻间不要因意见分歧在孩子面前"顶牛"，也不要两个人同时站在孩子对立面，一唱一和地"收拾"孩子，使孩子陷入无助的恐慌。

②不轻视母亲的教育。强调父亲教育的重要性，只是因为父亲的社会角色、男性特征、在家庭中的地位和他与外部世界的联系等不同于母亲的特点，并不意味着轻视母亲的存在，也不是贬低母亲教育的意义，更不要当着孩子的面随意诋毁母亲对孩子的关爱之心。当然，母亲也不可以贬低父亲及其教育。父亲和母亲间的和谐相处互相配合，对于孩子的健康成长是十分重要的。

③不要过于唠叨孩子的学习。在许多母亲的教育模式下，有的时候父亲也开始唠叨孩子的学习，不由让孩子反感起来。其实，母亲一个人唠叨已经让孩子很心烦，父亲如果再说一次，可能会增大孩子的压力，不利于孩子的心理健康。

④经常向孩子表达出父亲的关爱。只要是孩子都渴望得到父亲更多的关爱。爱是一种特殊的力量，如果孩子能感受到父亲的爱，就会感到安全，会相信自己无论在学习、生活、交友方面都会得到父亲的支持和鼓励。

⑤为孩子的成功喝彩。孩子天性中有被父母夸奖的渴望。在现实生活中发现，孩子得到的夸奖一般来自于母亲居多，而父亲对孩子的夸奖则相对少些。父亲不能吝啬自己的夸奖，能得到父亲的肯定和认可的话，孩子的自信、勇气会更坚定。

⑥对孩子信守诺言。没有人愿意受到欺骗，孩子也是一样。父亲特别要注意

不要做出明知无法兑现的承诺，而一旦做出承诺就必须去兑现。否则，不仅会让孩子失望，认为父亲是一个不守信用的人，还会从父亲身上学会撒谎或言而无信。

8. 在教育孩子问题上与爷爷奶奶有分歧怎么办？

问：我有一个 7 岁的儿子。由于我和他爸爸工作忙，孩子从小是由他奶奶照顾长大的。但是奶奶太宠孩子了，每当孩子做错了事我批评他时，奶奶就会过来护着他。孩子也摸出了门道，一有点什么事，就往他奶奶怀里躲。儿子已经被娇惯得不成样子，学习也不认真，为这我差点和婆婆闹翻也无济于事。该怎么办才好？

答：实际上这是提出了两个问题：一是隔代溺爱；二是家庭成员教育观点的不一致。

老人为什么会阻止我们教育孩子？一方面源于孙辈是他们老年生活中情感的重要寄托，疼爱是最直接的表达方式；另一方面，也或多或少因为他们自己的"面子"。他们会在心里觉得，你就是我带大的，孙子孙女我照看起来自然更有经验。

首先应该明确的是：在孩子教育过程中，父母做主体的教育状态应该是必要的，老人只是一个补充的作用。老人和父母教育观念有冲突，父母要去协调和沟通，做更多工作。在处理孩子和老人关系上，需要更多的沟通和协调的能力。

对孩子的成长来说，最重要的是同辈交往，祖孙交往最大的不利可能是会削弱和阻碍孩子的同伴交往。比如，在孩子小的时候，老人觉得孩子出去不安全，愿意把孩子放在身边，这样孩子就减少了同伴交往。

祖辈和父辈在教育孩子问题上出现差异的时候，有时会引起成人之间的矛盾，因为两代人的教育方法肯定会有所不同。孩子会感觉到这里的矛盾，然后可能会在这中间钻空子。孩子还没有能力独立判断是非对错，还不能为自己的行为负责。

面对同一件事情，祖辈和父辈的教育态度不一致，会导致孩子对父母的态度不同。有时孩子就会利用矛盾甚至挑起矛盾，为自己的错误找"避风港"。这样做的结果是孩子听不进去任何的批评和意见，过分依赖表扬甚至是虚假的赞扬来调节自己的心理平衡，抵抗挫折的承受能力降低，不利于孩子的健康成长。

既然教育态度不一致对孩子的健康成长不利，而三代人在一起生活，态度不一致又是难免的，这就要求父母要掌握妥善处理这个问题的技巧。当一方对孩子进行称赞或批评时，另一方即使不赞成也不要"唱反调"，要学会沉默。然后，当孩子不在场的时候，父辈与祖辈之间再冷静地交流意见，尽可能在孩子的教育态度上达成共识。虽然说老人对孙辈的过度宠爱是个普遍现象，但并非是不可调和的矛盾。大多数老人即使再宠爱孙辈，也明白孩子还是要让亲生父母管教的道理。要事先和老人沟通好，"征求"他们的意见，对教育孩子有些怎样的想法，孩子犯了某些错误，要怎样具体处置。最好是能在细项上立规矩，甚至可以让孩子也参与。这样，当要教育孩子的时候，老人即使有些不忍，但这些规矩都是一早自己定下的，自然也不好违背。同时，平时要有意无意地多向老人灌输一些"溺爱孩子成祸害"的真实事例，说大道理不见得听得进去，但是到了具体的人和事上，老人还是会放在心上的。另外，只要孩子不是犯特别严重需要马上批评和处罚的错误，那么在教育他们的时候，确实可以避开一下老人，维护老人疼爱孩子的不忍心情。而这种心情，也同样可以适当传达给孩子，让孩子体会到老人的爱，打消爷爷奶奶是"保护伞"能随意犯错的想法。

我们的教育建议是：

①真诚感谢老人。孩子的父母在私下里，真诚地向家里的老人表达对他们照顾孩子的辛苦的感激，并对他们对孩子的情感表示理解和肯定。

②找到和老人在教育孩子方面的共同目标。无论是孩子的父母还是孩子的祖辈都希望孩子能够成为懂事、能干的人，因此要争取老人为了双方共同目标，在对孩子的教育问题上能够与孩子的父母合作。

③父母应该明白老人对孩子的教养也有可取之处，在对孩子某些方面的管理上甚至非常有效。所以可以在家人私下沟通好的情况下，采取"谁管理最有效就让谁管的原则"，事先规定好"这件事爸爸妈妈管有效，就爸爸妈妈管"，"那件事适合奶奶管，妈妈即使当时不满意，也先退到一边，过后私下表达意见"。这样孩子就在家长们有效的管理下，领略到虽有不同，但同样充满爱的教育风格。

④父母要抽出更多的时间陪伴孩子，使孩子更愿意与父母亲近，服从管教。当老人发现年轻的父母其实有能力和时间教育孩子时，就会自然地把管教孩子的责任和权力交出来。同时，也可以制造一些全家一起和孩子玩耍、外出郊游的机会，既缓解老人的寂寞，又可加深全家人的感情并增加沟通的机会。

其实父辈与祖辈之间对孩子教育观点的不同，也不完全是负面的影响，在某种程度上，这些分歧还可以促进孩子了解世界的多样化，知道不同的人处理问题的方式是不同的，而同一件事情也会有各种不同的解决方法，从而开拓思维，把孩子从儿童早期的完全的自我中心中释放出来。

9. 单亲家庭的孩子很难教育怎么办？

问：我们夫妻离异3年，儿子上小学6年级，随他妈妈生活。我也经常去看他，可就是感到很难进行教育。例如，他和老人顶嘴，如果我要管，他就不服；如果说多了他，妈妈和姥姥家人还不高兴。有时我能感觉到他们对孩子说我的不是。我很担心这个孩子的将来。我有时想为了孩子是否应该复婚？我应该怎么办？

答：现在社会中，确实有一定数量的孩子生活在单亲家庭中。如果处理不好父母离异的关系，有可能影响孩子在智力、性格、情绪和社会性方面的发展，甚至可能造成精神异常和心理变态。因此，了解父母离异中孩子的心理状态，尽量减少对孩子的伤害，是现代社会的一个重要课题。

父母离异的家庭就是婚姻失败的家庭，失败的家庭就给教育造成了很大困难，这是事实。甚至在很多的儿童研究中发现，父母离异的孩子难教育，孩子成长中的问题特别多。

天津儿童医院对22个自杀孩子做案例分析，发现有两大压力，一个是学习压力大；二是父母离异。由此可以看出父母离异的家庭孩子教育是困难的。但是也不能得出结论，认为离异家庭就是问题家庭，就一定教育不好孩子。

可以从很多角度看问题，父母的离婚是说明了婚姻的失败，同时离婚也是解决问题家庭的方式之一。要从中看到，既有消极的因素，也有积极的因素。没有爱情的婚姻对孩子的成长是不利的。

有些家庭由于种种原因，夫妻之间没有了爱情，在感情上甚至相互折磨。这样的婚姻名存实亡，在这样家庭生活的孩子，更容易被扭曲，因为他生活在无奈和折磨中。所以家里出现问题要积极解决，通过各种方式消除和化解矛盾，建立信任。当一切都无法挽回时，离婚也是一个积极的方法。

离异和单亲家庭并不一定就是问题家庭，然而有的单亲家庭确实容易对孩子构成伤害。

主要表现在：第一，父母间的战争是孩子的灾难，都是对孩子的伤害，认为爱情很丑陋，人性恶的一面爆发出来了。父母的恶斗对孩子人格是一种摧残，总是揭对方的短，用恶毒的语言攻击对方，温存的理解不见了。第二，离婚后带孩子这一方容易犯的错误是经常在孩子面前谴责对方，比如妈妈说：天下的男人都不是好东西，爸爸可能会说天下的女人都是狐狸精。其实这些话都容易使孩子对爱情和婚姻不信任，甚至对亲情都不信任。所以可能会出现这种状况，父母离异的家庭的孩子，将来离婚的比率会高。第三，父母一旦都向孩子争宠，表示自己是爱孩子的，就容易无节制地提供物质上的东西。有的单亲孩子大手大脚，享受名牌。还有的父母离婚后过度地怕孩子受委屈，总是过度地保护孩子，包办代替。

其实，真正对孩子构成伤害的，并不完全是离婚本身，而往往是对孩子的态度。单亲孩子当然并不一定是问题孩子，就像谁都不能保证正常家庭的孩子就一定不会出现问题一样，关键在于给孩子一种什么样的教育和成长环境。

单亲孩子因为缺少父爱或者母爱，可能会出现更多的心理问题，比如孤独、自卑、情绪低落，等等。

我们的教育建议是：

①单亲家庭对子女的教育首先要把握一个原则：即不要互相指责。有些父母的态度和做法似乎暗示孩子自己是唯一的受害者，因为自己生活的一切都被破坏了。还有的父母因为害怕孩子不适应而放弃新生活的机会。

事实上，孩子承受家庭变异的能力比我们想象的要大得多，孩子即使有抵触情绪，做父母的也要让孩子慢慢适应，慢慢接受。要让他明白，改变的只是父母的关系，生活的一部分，而生活不可能是一成不变的。

只要父母能正确引导并一如既往地爱孩子，他们完全可以摆脱那些变故留下的阴影，健康成长。如果在教育帮助儿女的问题上，仍然能够不计前嫌，不相互推诿，通力合作，在我们这个离婚率较之以前有所提高的时代将是最宝贵、最人性、最具深远意义的。

②单亲家庭的孩子也是正常的孩子，没有必要给孩子营造一种"缺爹少娘"的残缺感，关键在于离了婚的父母要在教育孩子问题上仍要"结合"。离婚并不丢人，父母离婚了，对于孩子来说，父亲还是父亲、母亲还是母亲，父爱母爱依然存在。原来该怎样教育孩子，现在仍然要怎样教育孩子，并且还要生活得越来越好！

③离婚要以尽可能减少对孩子的伤害为前提。作为抚养方的父亲或母亲，要以孩子的健康成长为最高原则，搁置或化解个人的恩怨，与对方达成合理友善的教子协议：允许孩子和对方有一定的相聚时间，最好能具体协定，比如要求对方每周陪孩子半天以上，带孩子看爷爷奶奶或姥姥姥爷等，让孩子享受完整的长辈之爱；同时要保持乐观向上的精神状态，不要让孩子因看到双方痛苦的表情而感到压抑，请记住父母积极的精神面貌会给孩子多方面的积极影响。

10. 孩子离家出走怎么办？

问：孩子今年上初一，是个男孩，这次期末考试成绩不好。可能是怕我们说他，居然和班里另外两个也没考好的孩子离家出走了。因为他们不认识路也不知道去哪，所以很快就被找回来了。回来后我们也没敢再说他什么，怕他再跑。可是想想还是挺担心的，以后要是动不动就离家出走，我们还不能管他了？对这样的孩子应该怎么办？

答：孩子离家出走的事件确实时有发生。离家出走大致有几个原因。

一是逃避学习压力型出走。

曾经，湖北某校的15名初三学生集体离家出走。出走原因是在前一天的摸底考试中成绩不理想，担心受到父母责骂。于是，孩子们凑了几百元钱，坐上了南下的火车。后来因为钱不够，只好下车，幸亏及时被车站民警发现。

令人意外的是，当民警问他们是否愿意回家时，15名少男少女大多数摇头。一个男孩说，不管在学校还是在家里，大人谈的都是学习，他很反感。另一个孩子说，她害怕考试，害怕父母。而离家出走的发起者说，父母越是关心他的学习，他越是感觉压力大。他希望学一门手艺，可父母却反对，认为"只有读书才能出人头地"。

孩子们的想法很单纯，只是希望远离老师的看管、父母的唠叨。但实际上他们内心很明白，在外面他们什么也做不了。离家出走的日子饥寒交迫，累了只能在路边打个盹，饿了只能凑钱买几个面包分着吃。在离开家20多个小时之后，多数孩子终于无法忍受了。

二是逃避惩罚型出走。

比如有的父母对孩子管教严厉，不允许孩子犯错误，一旦孩子真的不小心犯了错误就会很害怕面对父母，因此孩子就有可能离家出走。

三是负气型出走。

现在有些父母对孩子先娇纵，后严厉，结果是孩子听不得批评，大人一说就负气出走。教育孩子需要对症下药。知道孩子出走的原因，认真分析对策，就能有效地避免这类情况的发生。

我们的教育建议是：

①应对孩子离家出走最好的办法就是预防。如果孩子在民主、和谐、与父母沟通良好的家庭气氛中长大，即使遇到挫折，也不会用出走来解决和回避问题。因此，在日常生活中建立和谐的亲子关系，帮助孩子具备面对困难的勇气和解决问题的能力，是父母应该做到的比关心学习成绩更重要的事。但是一旦孩子出走已成事实，父母就应该用博大的胸怀接纳出走的孩子，自然地欢迎孩子回家。父母的恰当做法是，让家里保持一种自然而温馨的气氛，先让孩子一颗纷乱的心安

定下来。等适当时机，慢慢地讲清道理，让孩子从"出走"的失误中懂得人生。

②平静地倾心交谈。和离家出走归来的孩子交流是教育的核心环节，需要父母的巧妙安排和引导。出走过的孩子大都经历了坎坷，应尽可能安排一个安全从容的诉说机会，让他一边讲述一边思考。

③敢于向孩子说"对不起"。孩子出走一般来说父母是有责任的。因此，父母要敢于向孩子承认错误，推心置腹地谈想法。

④用爱和规则开始新的生活。孩子离家出走归来应成为新生活的起点。新在哪儿呢？首先是父母对孩子的学习生活应当是关心的，对孩子的合理需求是满足的，对孩子的正当选择是尊重的。其次，家庭生活是有规则的，而规则应该是全家人民主协商后共同制定的，而不是由父母单方面认可和制定的。

11. 父亲和母亲在教育孩子问题上意见不统一怎么办？

问：儿子今年7岁，开始上小学一年级。儿子是个特别淘气的孩子，经常在学校闯祸。每次老师请完家长，他爸爸都对他发脾气，有时还会动手打他几下。但我认为男孩子免不了淘气，但应该好好和孩子讲道理，光发脾气解决不了问题。结果每次都成了我们做父母的吵了起来。他还认为孩子课余应该参加几个课外班，而我认为这么小的孩子没必要增加课外学习负担。我也看过一些教育孩子的书籍，大都说教育孩子时父母应该意见统一，可是太难了，我们应该怎么办？

答：在许多家庭教育研究当中，人们往往过于关注孩子的问题和亲子关系问题，而常常忽略了夫妻关系这个因素。实际上，夫妻关系对于孩子成长具有重大的潜移默化的影响力。甚至可以说，夫妻关系是家庭中最重要的关系，自然也是孩子健康成长的最重要的保障。

毫无疑问，每一个孩子都是看着父母的背影长大的。他从父亲的身上，观察和思考什么是男人；他从母亲的身上，观察和思考什么是女人；他从父母双亲的身上，观察和思考什么是爱情和婚姻，学习和实践男女之间的理解与合作。所以，不管父亲和母亲是否愿意或者是否有此意识，你们都在长期地给孩子做着第一榜样。可以说，夫妻的行为和彼此之间的关系，成了每一个孩子必读的第一本大书，以至于这种影响深远，终身难以改变。

提到关系问题，其实是家庭当中父母和孩子多个人之间的关系问题，不只是父母和孩子之间，也有父亲和母亲之间的关系。有些父母的教育理念不统一，这时候就会产生矛盾，或是父母之中的某一方放弃了对孩子的教育，而只由另一方负责。

实际上家庭关系是很丰富的，不只是简单的亲子关系。家庭中的三个人最重要的关系是成长关系。理想的家庭不是由哪一个人说了算，而是大家共同成长的过程。

一个孩子的成长过程中，固然需要父母的呵护、帮助，实际上也是父亲、母亲成长的过程。在这个过程中，肯定会发生矛盾，有时可能会出现父亲、母亲彼此之间不同意对方的教子方法的情况，这是可以讨论的。除父母之外，孩子也可以参与讨论，使得家庭成为一个理性家庭。

我们多年研究发现：民主性家庭中，孩子的成材率最高，因为孩子置身于个人意志充分表达的环境。

很多人都这样认为：当父母一方批评孩子时，另一方如果有不同看法也不要插嘴。即便批评错了。当着孩子的面不要产生矛盾，不让孩子产生困惑。而另外有种说法则认为，要让孩子知道，人与人之间是有矛盾的。只有让孩子理解了这些，他才会理解、才会面对。如果总是回避矛盾，孩子也学不会解决矛盾的方法。

这样两种看法哪种更符合现在的家庭呢？

其实这样两种看法都有它的道理，要具体情况具体分析。比如当父母的一方非常认真地说出一个考虑了很久的问题，对孩子来说是好的，另一方就不要轻易推翻或是激烈反对。确实不能在孩子面前制造更多的混乱，孩子越小越要注意。因为孩子小时，他不接受太多的选择。孩子越小，选择的能力越低，对权威的依赖性越强。如果有意见，可以避开孩子进行探讨、修订。

有的时候，不是认真想过的问题，只是临时一说，这个时候，可以讨论，尤其孩子年龄比较大了些。不要断然否决，要用商量的口吻。比如可以说：你这样讲可能是出于某种什么样的考虑,但是不是欠妥呢?这样的口吻和态度就比较好。要保持教育的真实性,因为不可能总是让孩子在任何意见不统一的时候都回避。

最好的家庭氛围是成长的氛围,全家人共同成长,学会相互尊重,看谁的意见最合理。一定要共同商量,形成合力,教育孩子不能只成为父母其中一方的事情。教育的有效性依赖于教育的一致性,本着孩子参与的原则,家庭做任何重大决定要征求孩子的意见。

我们的教育建议是:

①首先要知道教育孩子重在"适合"而不是"对与错",而判断教育是否合适的标准恰恰在于孩子本身。人与人之间的想法不可能相同,产生分歧是必然的,而分歧两端也不见得就是非黑即白。特别在教育孩子这件事上,我们既身为父母,有谁不是真心觉得自己的做法才是对孩子好呢?说实话,并不是所有分歧都一定能达成一致,也不是所有分歧都非得达成一致。解决问题的办法绝不是分歧双方一直不停地强调"我就这个态度了,就这么着了",不妨在和孩子商量之前,先把各自的观点和论据都平心静气摊开来摆清楚。在同样的出发点下,即使还是没能达成一致,充分的沟通还是能让双方互相理解的。

②让孩子参与到对于其教育方式的商定中。孩子是教育的直接承受者,他更清楚自己想要一种什么样的教育方式,父母在选择自己的教育方式时也能够了解孩子的特点,针对孩子的特性来完善教育方式。而且,在这样民主的氛围下,不仅能够帮助父母了解孩子,更好地教育孩子,而且孩子能够逐渐养成对一些问题的看法,形成自己的主见。

学 习 篇

绝大多数父母最关心的是孩子的学习和成绩。为了让孩子考一个好学校，有一个好未来，父母们付出了极大的努力。而由学习带来的问题也给他们带来了无尽的困惑。父母们极力寻求让孩子热爱学习和提高学习成绩的有效方法，我们也希望给孜孜以求的父母们提供一些相关问题的答案。

12. 孩子不爱学习怎么办？

问：我儿子今年9岁了，特别不爱学习，考试成绩很差。老师说他学习习惯不好，上课走神，作业完成得不认真。其实，我们在家里经常教育他要好好读书，还让他向班里好学生看齐，做作业时经常监督着他，可是为什么还是成效不大？我们应该怎么做才好呢？

答：不论孩子出现什么问题，一定是有原因的。

有这样一个真实的故事：有三个女孩子读高三了，在高考的当天她们拒绝参加高考，离家出走，躲起来了。三家的父母急坏了，事后三个女孩子很后悔，父母也很后悔，为什么呢？

因为这些父母都犯了多数父母容易犯的错误。有一次，某个女孩子好不容易考到了95分，回家满心欢喜地跟父母说：爸爸妈妈我这次考了95分。她以为爸爸妈妈一定会表扬她，这是第一次啊！没想到她爸爸眼睛一瞪：95分你就翘尾巴了？为什么只考了95分而没考100分？

诸如此类的质问使孩子丧失了信心。在她心里，她尽最大努力也难以达到父母所要求的理想水平，她怎么能不沮丧呢？有这样心理状态的孩子，学习能学好吗？

因为人的智能是有差异的，这种差异就决定了有的孩子在有些方面可以表现很突出，但是即使在有些方面很努力，成绩也会不如意。比方说，有的孩子对数字非常敏感，对解题特别有兴趣，这一类的孩子就可能属于数学逻辑智能发达的；有的孩子对解字谜很感兴趣，对于优美的句子记得特别牢，对于好文章特别爱读，特别愿意讲故事，这一类的孩子可能就属于语言智能发达。再比如，同样的一批孩子，都没有受到过舞蹈训练，但是有的孩子上来一表演，动作就比较协调。一般说来动作协调的人就是身体运动智能比较发达，比如舞蹈家、运动员。

所以，作为父母要明白孩子的学习能力是有差异的，有的孩子可能尽到最大的努力也不一定达到父母的要求。父母要做的不是只给孩子提要求，而是让孩子热爱学习。

孩子只要爱学习就有希望，而且爱学习的孩子才能体验到学习的快乐，才能够持久地学习。而让孩子好好地学习就要保持一个宽松的环境。孩子的学习态度、学习习惯、学习兴趣比分数重要。相信孩子只要有了好的学习习惯，只要热爱学习就一定能够发展下去。

我们在研究孩子的人格发展的时候发现，认知需要是儿童最重要的、最稳定的内在动力。聪明的父母、有远见的父母都不要计较孩子偶尔的得失，而是鼓励他去善待生活，去发展自己的兴趣，这将使孩子能成为一个长期奋斗、不懈努力，向着自己理想目标前进的孩子。

我们的教育建议是：

①改变观念，认识到学习习惯的重要性。有了好的学习习惯一般都会有好的成绩，而且好的学习习惯是取得好成绩的最稳定的因素。因为学习是一个过程，在这个过程当中靠着很多的习惯来支撑。习惯是人的一种稳定的行为，它就是学习好的最重要的保证。所以我们做父母的要特别关心孩子的学习习惯，比方说上课认真听讲；课后独立完成作业；认真预习、认真复习；写字坐姿要正确；作业要干净；能够采取各种有效的学习方式，包括利用各种现代的工具，这些都是优良的习惯。

②了解孩子的智能特点。作为父母要特别关注自己孩子的智能特点，比方说有的孩子如果他的数学逻辑智能偏差，可以给他通过补习，通过好好学习能达到一定的水平，也可能是及格水平或者是再好一点，但是不能要求他拔尖。孩子在强项的学科里面，可以尽量地往前冲使他充满信心，使他可以达到比较好的水平。但是他的弱项要适可而止，只要尽到努力了就好。我们对孩子要有一个清醒的认识，不要逼迫孩子，否则打击孩子的自信心，可能就得不偿失了。所以说最好的方法是扬长补短，父母要帮助孩子体会学习的快乐，让孩子享受

学习的乐趣。

③教会孩子对自己的未来负责任。父母除了创设良好宽松的环境，指导孩子体会学习中的快乐，帮助孩子在学习中获得成就感外，还要告诉孩子，学习不是为了父母，不是为了老师，而是为了自己的未来发展，自己要为自己的未来负责任。

13. 孩子总爱和学习不如自己的孩子比怎么办？

问：我儿子今年9岁，各方面表现还算不错，学习成绩中等偏上，但他特别没有上进心。其实他要是认真点，学习上再努力一些，成绩会更好。我们经常提醒他要向好学生看齐，他就爱说：我们班谁谁谁还不如我呢！特别是考试以后，总会非常详细地告诉我们考得不如他好的都是哪些同学，而从来不说那些比他考得好的。他怎么不和那些比他成绩好的孩子比呢？

答：很多孩子都有类似的问题。其实孩子这样说是有孩子的理由的。

一是每个孩子都期望得到大人的认可。当他考试不理想时，他会本能地害怕失去大人对自己的认可。他说：还有比我差的呢！其实是在说：我还是好的呢！这是孩子在极力维护自己的形象。

二是孩子是比较容易满足的。只要有人不如自己，心理就会感到很得意：比上不足，比下有余嘛！同时，孩子也在寻找自我平衡点，从心理健康的角度看，这也不是坏事。尤其一些平时在班里不太显眼的孩子，生活或学习中遇到一些沟沟坎坎，很容易过去。

三是孩子年龄小，对学习的目的和任务还不明确，有个别孩子甚至认为学习不是自己的事，对此不太上心。随着孩子年龄的增长，他们对事情的认识会不断提高，自觉性也会慢慢加强，这种向下比的现象会逐渐减少。

父母都希望自己的孩子能够严格自律，向比自己强，特别是比自己学习好的孩子看齐。父母的苦心可以理解，但对那些还处于儿童时期的孩子来说，希望未免过高了。而且如果在生活中仔细观察一下，会发现对孩子提这种要求的父母，往往是那些爱拿自己孩子和别的孩子比较的人。跟孩子不同的是，他们是向上比。比如孩子考完试，他们会问：比你考得好的都有谁？你在班里排第几？如果孩子的成绩让父母不满意，父母通常就会批评教育孩子。久而久之，孩子就会下意识地逃避这种批评。他们认为爸爸妈妈不喜欢看到同学比自己强，所以便把那些在父母的标准中不如自己的孩子提出来，供父母参考、评判。

另外，在生活中，常有父母不自觉地用自己孩子的缺点去比别的孩子的优点，常羡慕人家的孩子怎么听话、怎么聪明、学习怎么好，而且经常由此来教育自己的孩子。人与人是不一样的，哪怕是亲兄弟姐妹，也会存在性格、能力、天赋等许多方面的差异。这个孩子可能在一个方面比不上那个孩子，但是在另一个方面却远远强于别人的孩子。而你，发现了孩子比别人强的这个方面了吗？比如，你的孩子虽然爱玩一点，但是天性善良，富有爱心，懂礼貌；也许脑子没那么灵活，但是很上进，很努力，很正直；也许不善于交际，但是很细心，很独立。既然如此，为什么要抓住孩子的缺点不放，而不对他的优点加以赞扬和鼓励呢？这就涉及如何欣赏自己孩子的问题。

作为父母，总是希望自己的孩子是最好的。但是，在有些父母的眼里，常常是自己的孩子总是不如别人的孩子好。这到底是为什么呢？

这源自于父母们望子成龙的心态。其实，每个人都有优点，也有缺点，孩子也是一样。父母由于天天跟孩子生活在一起，由于心中的担心很多，眼中看到的似乎总是孩子的缺点，而忽视了他们的优点。

在现实生活中，父母经常会把自己孩子的短处和别人孩子的长处相比，甚至把别人的孩子过度地美化和夸张，本想给自己的孩子树立榜样，其实却给孩子带来巨大的伤害，甚至会因此影响孩子的一生。

每一个孩子都有他的长处和优点，虽然孩子的天资有别，学习事物有快有慢，学习成绩也有高有低，但判断一个孩子的好坏，不能只取决于一个方面。

作为父母，不能只凭成绩等某个方面就认定自己的孩子不如别人，而是应该善于发现他们的优点，发现他们与众不同的地方，要始终相信自己的孩子是优秀的，要把赞美留给自己的孩子，让他们在你的赞美声中继续发扬自己的优点和长处。

如果一定要比的话，让孩子自己和自己比，如果孩子每个阶段都在进步，父母就应该对孩子加以肯定。长久下去，孩子才会越来越有上进心。侧重点在鼓励，而不是比较，效果就完全不同了。

作为父母，应该欣赏孩子的勤奋和努力，对他们的努力给予最热情的支持和鼓励。不要因为自己孩子的不聪明而气馁，而应该为孩子的不努力而担心。很多情况下，父母应该故意淡忘孩子的聪明，而重视孩子的努力，并把这种理念传递给孩子，让他们感觉到只有努力才能获得父母的认可和夸奖，进而逐步明白一个道理：聪明往往只能决定一时的成败，而努力则决定了一世的命运。

我们的教育建议是：

①保持一颗平常心。父母应该从内心深处杜绝"攀比孩子"的想法，不要用别的孩子作例子来给自己孩子压力，要用一颗平常心来对待孩子暂时的不足，对孩子多一些鼓励，多一些欣赏。良好的教育意识与能力应该成为每一位父母的自觉追求。

②看到孩子的进步。父母应该学会全面看问题。比较有两种，一种是横向比，一种是纵向比，看孩子的进步，不仅要横向地看孩子和别人的差距，更要纵向地看孩子比从前取得了哪些进步。父母不能用学习上的进步来牺牲孩子的成长，盲目攀比的结果是孩子的个性消失，甚至是个性的扭曲。

③承认孩子间有差异。每个孩子的性格和特点都是不同的，许多父母喜欢把自己的孩子跟别的孩子进行比较，而且总拿自家孩子跟别的孩子的长处相比。这样做实际上是忽视了孩子之间的差异，父母应当接受并承认孩子之间的差异，帮助孩子学会取长补短。而且，当父母看到自己的孩子和别的孩子有差异时先不要着急，这种差异未必就是差距。孩子跟别人的差异性往往是其个性形成的开始，其实，这种差异更需要父母来加以保护。此时，父母的正确态度是，根据自己孩子的特点进行教育。例如，自己的孩子脑子迟钝一些，教育孩子笨鸟先飞，多尽些力。孩子有了进步就应该鼓励。只要孩子付出了努力，已经尽其所能，父母就不要对孩子提出过高要求，这样的教育就是科学的。

④培养孩子的个性。父母应该认识到每个人都是独立的个体，和其他人没有太多的可比性。学习别人的优点固然重要，但是，培养孩子的个性更重要。相信

孩子，解放孩子，首先要欣赏孩子。现在有些父母教育孩子的心理出现错位，不是用欣赏的目光去看待孩子的优点，而是用挑剔的眼光找孩子的毛病。最可怕的是，用别人家孩子的长处去比较自己孩子的短处，越比较越觉得自己的孩子不如别人家的孩子优秀。

每个孩子都是独特的，没有必要总去和别人家的孩子相比，只要孩子今天比昨天进步，就应该祝贺他。所以，父母要学会欣赏孩子，这样才会让孩子保持自信，自信是孩子潜能最大化的重要通道，也是孩子自信最大化的源泉，更是使孩子实现人生价值的必由之路。

14. 孩子不让父母管他的学习怎么办？

问：孩子自从开始上学以后，我们对他的学习一直抓得很紧，认真配合老师帮助他听写出题，还买了很多课外学习资料。所以，他的功课完成的一直不错，考试成绩也在班里前几名。但进入五年级后，他明显不愿意让我们管他的学习了，课外练习也经常找理由不做。虽然他的成绩还不错，可我担心这样下去以后成绩会下降，我们应该怎么办？

答：很多父母以为配合学校教育，就是要在家里帮助孩子做各种学习上的事情。实际上，学校教育和家庭教育并不是完全一样的，两者之间虽然存在相互的联系，但在教育内容、教育机制、教育重点、教育方法等各方面都存在很大的差异。所以，父母不能简单地把家变成教室。

学校教育的重点是要向学生们传输知识培养高尚道德情操，而家庭教育则不应该把注意力集中在孩子的作业本和考试分数上，父母更应该关注的是孩子的性格，而性格培养应从情感、习惯、兴趣入手。

我们的教育建议是：

①父母不宜做"二老师"。有些父母把大量时间和精力用在帮孩子复习功课、

默写单词、检查作业方面，这样无疑把自己变成了第二老师，使孩子感受不到家庭和学校的区别，也使一些孩子因此而厌烦父母的说教。懂教育的父母要保持自己的特点和自主性，与教师形成良性互动，使家庭成为让孩子身心愉悦备感亲切的摇篮。

每天孩子放学回来问一句"你在学校过得开心吗？"不要在孩子一放学回来时，就劈头问：今天学了些什么？考试考了多少分？而应该首先关心孩子的情绪，关心孩子在学校里到底过得开心不开心，如果孩子开心，就分享他的开心，如果他的回答是不开心，那么就要弄清他不开心的原因，并尽快帮助孩子改变心情。

还有些父母把生活中的每一件小事都变成教育活动，比如本来是带孩子出去钓鱼的，但回来后要求写篇作文。所谓教育过度，就是一个本来很自然的教育活动，变成一堂活动课了，所以父母要尽量淡化教育痕迹，要减少功利的目的。钓鱼后写日记，孩子可能会反感，说："我不去了，我不想写作文。"但是淡化教育痕迹，不等于没有教育。比如在钓鱼当中，肯定要告诉孩子钓鱼的方法，这些都是常识。父母要让孩子尽情地玩，不提出学习任务，因为那样做孩子会紧张的。

②不要把家庭变成教室。家庭和教室有本质的不同，学校是特定的场所，学生有目的地、有计划地、按部就班地到这里学习，是儿童为了适应未来的发展做知识准备和道德准备的最集中的一个时空体现。家庭则不然，家庭是生活的场所，而生活是无所不包的，一个人要发展成一个心灵丰富的人，需要家庭这种无需言语而心领神会的场所。

为什么家庭是一个港湾呢？心灵可以放松，精神需要可以得到最大的满足，各种微妙的感觉、细腻的体验都可以得到满足，这就是家庭的功能。一个人之所以由一个幼稚无知的人成为一个成熟的人，家庭的作用是决定性的。看一个人是不是身心健康，首先是看他的家庭是不是健康。家庭教育的特点是随风潜入夜、润物细无声的熏陶。在应试教育的影响下，中国出现了一个异常的现象，家庭越来越像个教室，家庭的港湾功能在弱化，家庭的教学功能在日渐强化。

父母在家里给孩子出智力题，给孩子请家教，然后再报各种班，家庭越来越像教室，这样做危险的后果在于让孩子由一个情感丰富的人变成单调机械的人，一个畸形的、不懂得情感、不懂得生活、只知道学习的学习机器。这是很可怕的。孩子经由本身思考所获得的知识与经验，必然比由他人传授的更能充分应用。当孩子面对新事物时，虽然最初经常犯错，但他能在失败中领略正确的方法，培养出随机应变的能力。

孩子特别需要独立支配的时间，要给孩子自由飞翔的空间，这是孩子内心涌出来的动力，这对丰富孩子的人生大有好处。

15. 孩子成绩突然下降怎么办？

问：儿子上初一了，忽然学习成绩下降得很厉害。尤其是数学，几乎回回不及格。我有一度怀疑他的智商有问题，也曾经带他去测过一次，结果是正常的中等智商，应付中学的学业不应该是难事。儿子上小学的时候成绩还可以，一般都在 90 分左右，还在班里做过一段时间的班长。现在他几乎已经沦落到学困生的队伍了，我很着急，但是又搞不清楚他的问题出在哪里。我现在只是发现他的数学理解能力很差，很多题做错都是因为题目没有读懂。我该怎样帮他呢？

答：孩子从小学升到初中，换了新的学习环境和新的老师，而且初中在教学内容和方法上都比小学有了比较大的拓展和调整。如果孩子的适应能力差的话，有可能导致这样的结果。

首先要先解决已经发现的问题。既然智商确定没有问题，提高学习成绩不是件难事。数学理解能力差的问题其实很好解决，只要多做一些练习就会提高。也可以不必做题，只做审题的过程，拿过数学题来，先让孩子把题目中的意思用自己的语言复述一遍，看他理解得是不是正确。这样训练一段时间就能见效。

但是值得注意的是：孩子在短时间内变化这么大，应该不只是学习成绩的问题，或许还有什么原因是父母忽视了而没有留意到的。因此，父母要仔细观察孩子的日常生活，通过多种渠道（老师、孩子的同学和朋友等）了解孩子的学校生活，努力找到孩子出现这种巨大反差的原因。

还可以带孩子去做心理咨询，让专业人员在较短的时间内帮孩子找到问题的根源，然后互相配合帮助孩子调整到正常状态。同时，父母需要学会与孩子相处的方法，掌握发现问题、解决问题的技巧。

孩子成绩下降可能有以下问题：

①对中学老师的教学方法不适应，孩子的学习方法没有调整好。中学的学习内容与小学相比有很大的不同，中学不仅学科门类增多了，而且内容的深度和广度也都增加了。要领会这些知识就要有一定的抽象逻辑思维能力。要掌握这些知识就要求将过去死记硬背的方式改为在理解的基础上来记忆的方式。面对学习内容和要求上的这些变化，一定要在改变学习方法上下功夫，才能顺利渡过这一关。

首先，听课要主动。过去在小学时老师讲什么就听什么，完全是被动的。现在这种方法必须改变，要变成主动地听。在某种程度上应该事先思考老师所要讲的内容。当然，要做到这一点是要预习的。预习以后，带着还不懂的、还没想清楚的问题去听课，边听边推敲。这样，听课的印象就会深得多。学会上课记笔记也是非常重要的。记笔记可以帮孩子集中注意力，也促使孩子学会整理和归纳。这样，把听到的知识重新整理归纳，就能帮助加深理解，便于记忆了。

其次，在家里学习要自觉。在家学习不像在学校里那样处处受约束，因此学得好坏完全要看本人的学习积极性。一般说，学习有成效，学业有明显进步，积极性就会越来越高；积极性越高，成绩自然会越来越好，这就进入了良性循环。

②可能对某些老师不喜欢、不接受。有的孩子因为对某科老师甚至就是班主任不喜欢而讨厌学习。父母如果发现孩子有这种情况，一方面要找出孩子不喜欢老师的理由，帮助孩子疏导情绪；另一方面父母诚恳地和老师好好交流一下，主动与老师沟通，以尊敬、虚心的态度，倾听老师的话，然后和老师探讨一下，采取明确的措施来缓和矛盾。老师一般也都希望改善师生关系，所以一般情况下，只要不是特别尖锐的矛盾和非常费力的工作，大都会满足父母的要求。

③孩子也许有了某种很占精力的爱好。孩子上了初中后也开始进入青春逆反期。开始形成自己的观点，有自己的行为模式，对周围的事物开始有了浓厚的好奇心，比如有的孩子突然热衷于对某类书籍的阅读，阅读就是他们探索周围寻找自我完美世界的一个方法。如果属于这种情况，父母就要和孩子一起商定看这些书的时间，使学习和娱乐有一些合理的搭配，从而不影响学习。如果实在父母不知道怎么办的话，建议一起去专业的咨询所找亲子教育方面有经验的咨询师，通

过第三方力量来调解这个矛盾，达到平衡。

我们的教育建议是：

①与孩子或者老师沟通交流，找到孩子学习出现问题的真正原因。一方面，孩子自己可能是因为个人的某些因素而导致了学习成绩下降，这需要父母帮助孩子一起来对待；另一方面，父母可能不太了解孩子在学校的情况，通过老师能够知道孩子在学校的情况，通过父母的介入，老师看到父母对于孩子的教育的重视，也会提高对孩子的关注。了解孩子成绩出现问题的真正原因，然后对症下药。

②让孩子调整自己的学习方式，尽快适应中学学习。在上课之前要预习，把老师课上要讲的内容先看一遍，再发现自己存在的一些疑问，带着这些疑问在课堂上主动认真去听，认真地记笔记，这样的效果会更好点。另外在家里面，上了初中的孩子应该有一定的学习时间来保证作业的完成，父母可以在这方面对孩子进行一定的监督。

16. 孩子学习发展不均衡怎么办？

问：我的儿子今年上初一。有个问题一直困扰着我们，大家常说男孩子理科学得好，但他和一般男孩子有很大不同，语文英语学得都很好，数学始终很差，从小学就是如此。而且可能因为他性格比较安静，比较坐得住，所以运动细胞不太发达，体育成绩也一般。我也明白孩子的发展不可能处处都好，但还是希望他发展全面。我们应该怎么办？

答：首先，孩子的学习同性别没有绝对的关系。所谓男孩子一定文科不如理科学得好，可能在部分孩子身上存在，不是普遍规律，因此不必为这个说法困惑。

作为孩子的父母，可能需要了解多元智能这个概念。

1993年，哈佛大学教授霍华德·加德纳出版过一本学术专著《多元智能》，智商测验方法才受到挑战。加德纳认为，支撑多元智能理论的是个体身上相对独立存在着的、与特定的认知领域和知识领域相联系的八种智能。这八种智能分别是：

①言语—语言智能。是指听、说、读和写的能力，表现为个人能够顺利而高效地利用语言描述事件、表达思想并与人交流的能力。

②音乐—节奏智能。是指感受、辨别、记忆、改变和表达音乐的能力，表现为个人对音乐包括节奏、音调、音色和旋律的敏感以及通过作曲、演奏和歌唱等表达音乐的能力。

③逻辑—数理智能。是指运算和推理的能力，表现为对事物间各种关系如类比、对比、因果和逻辑等关系的敏感以及通过数理运算和逻辑推理等进行思维的能力。

④视觉—空间智能。是指感受、辨别、记忆和改变物体的空间关系并借此表达思想和感情的能力，表现为对线条、形状、结构、色彩和空间关系的敏感以及通过平面图形和立体造型将它们表现出来的能力。

⑤身体—动觉智能。是指运用四肢和躯干的能力，表现为能够较好地控制自己的身体、对事件能够做出恰当的身体反应以及善于利用身体语言来表达自己的思想和情感的能力。

⑥自知—自省智能。是指认识、洞察和反省自身的能力，表现为能够正确地意识和评价自身的情绪、动机、欲望、个性、意志，并在正确的自我意识和自我评价的基础上形成自尊、自律和自制的能力。

⑦交往—交流智能。是指与人相处和交往的能力，表现为觉察、体验他人情绪、情感和意图并据此做出适宜反应的能力。

⑧自然—观察智能。是指个体辨别环境（不仅是自然环境，还包括人造环境）的特征并加以分类和利用的能力。

这八种智能独立而又平等，每个人的智能结构是不一样的，比方说有的孩子对数字非常敏感，对解题特别有兴趣，这一类孩子就属于数学逻辑智能比较发达；有的孩子对解字谜感兴趣，对于优美的句子记得特别牢，爱读好文章，喜欢讲故事，这一类孩子就属于语言智能发达；还有的孩子身体协调性、柔韧性好，善于表演或运动，就属于身体运动智能比较发达。

教育家陶行知说：真正的教育是心心相印的活动，唯独从心里发出来，才能达到心的深处。

充分地了解孩子，每个人的思维方式都与别人不同，就像成千上万的人当中不可能有两个人的眼睛完全相同。对于孩子的问题不要急于下结论。

我们的教育建议是：

①了解孩子，这是教育和培养孩子的前提。只有了解孩子的教育，才可能是成功的教育。了解孩子，是指父母亲要清楚自己孩子的特点。就智力特点而言，由于每个孩子的脑型是有区别的，智能的发展都不是均衡的，有智能的强点和弱点，不同的脑型决定着一个人不同的智能发展方向。如果父母觉得在了解孩子方面存在困难，可以求助于学校或者相关的教育机构，测试孩子相关的智能。父母要通过寻找智能的最佳点，发现孩子的潜能，使孩子的脑型和他学习方向、研究目标相吻合。

②找到孩子的智能的最佳点，并重点培养孩子这方面的能力。孩子有着自己的长处，这需要他自己和家长一起来发现，而如果发现了，这就要把这个长处扩大增强，让它逐渐成为孩子的一种核心竞争力，这也是孩子自信心的重要来源。

17. 孩子只喜欢副科不喜欢主科怎么办？

问：我的女儿今年上小学四年级了，她的学习成绩还不错，但是有一件事情我不知道对不对。这个孩子很喜欢副科，她的美术、音乐以及自然课成绩都很优秀，她也特别爱学。但是像数学、语文、英语这三门主科她却不太感兴趣。有什么办法能够平衡一下孩子的兴趣，激发她主动学习主科课业呢？

答：孩子喜欢副科超过主科，其实是很自然的事情。小学副科往往包括轻松有趣的自然科学知识，好听的歌曲、自己动手创造的手工和绘画等，而且不像主科那样考试严格、对成绩要求高，孩子们乐在其中的同时，也增添了获得丰富知识的喜悦。这也向我们揭示了一个道理：儿童只有在学习中感到快乐，才会对学习产生兴趣。

很多孩子的学习主要是在父母的督促下进行的，尤其是学校和父母比较重视的主科，父母会加大对孩子的监督和管教。久而久之，孩子虽然也能保持不错的成绩，但每当提起主科的学习，联想到的都是父母的叨唠、批评、管教等，感受其中的快乐自然少之又少，更不可能产生兴趣了。

我们的教育建议是：

①引导孩子自觉学习。和孩子商量好，每天不再一味监督她学习，而是根据平均作业量，在一个共同认可的范围内，相信孩子可以自觉学习和完成作业。同时，制定出相应的规则，有奖有罚，让孩子学会自我监督。

②根据孩子主科学习的内容，开展一些有趣的家庭活动。如：欣赏好听的英文歌曲，看好看的英文电影；一起做有趣的数学游戏、讲数学故事；设立全家讲故事时间（每天固定一个时间，如晚饭后 20 分钟，亲子共同读有趣的课外书，优美的小故事等，并分享其中的乐趣），接成语（或故事）比赛，外出郊游感受书中的意境，让孩子在游戏中，感受学习的快乐。

③相信孩子拥有自觉学习的能力，和孩子约定好，每天因为她的学习而叨唠的次数不能超过多少次。孩子感受到父母的信任，反而容易提高学习兴趣，养成自觉学习的习惯。

还应该看到的是，孩子对主科不感兴趣，是因为孩子还没有意识到语文、数学、英语和我们的生活密不可分。家长不妨创设一些情景来帮助孩子。比如对数学很发怵，分不清元、角、分的，可以在家开了个"小超市"，爸爸妈妈做收银员，孩子当消费者，超市有学习用品、玩具、蔬菜、水果，每种商品都是货真价实，买卖公道，孩子手里有各种面值的人民币，该收多少钱，该找多少钱，来不得半点马虎。渐渐地孩子算账会越来越准确。随着孩子能力的增强，以后家里有需要买的东西，就可以带着孩子一起到超市实地购买。这种与生活实际相结合的数学学习，能够培养孩子对数学的兴趣，数学的学习也就不觉得那么难了。

同样，语文课和英语课也同样可以找到好的、激发孩子兴趣的学习方法。只要家长有心，都可以在生活中找到相对应的学习点，从而让孩子把学习生活相结合，对这些课程树立信心，增加兴趣，孩子也会慢慢喜欢主科的。

18. 孩子总是隐瞒考试成绩怎么办？

问：我儿子上小学五年级，成绩不是太好。学校除了期末考试之外，平时还经常会有测验。如果我们不问，他从来不告诉我们他的考试成绩，即使我们问了他还常常不说实话。对这样的孩子应该怎么办？

答：如果一个孩子不愿意对父母谈自己的考试成绩，最大可能的原因是，他的成绩会给他带来很多让他惧怕或不安的东西，比如父母的训斥或是打骂。

有这样一对父母，儿子学习较差，过去每当孩子考差了，他们夫妻就互相埋怨，还训斥孩子是笨蛋，结果孩子学习越来越差，有一天终于这孩子考到全班最后一名。

孩子的爸爸心想：心烦也没有用，不如换一种心态试试，他接过儿子的试卷微笑着说：考了全班最后一名，太好了。听惯了训斥的儿子吃惊地看着爸爸："您是不是有病了？"爸爸说："爸爸没病，一个跑在最后的人再也不用担心有人会超过他了，他还有负担吗？所以，你只要往前跑，肯定就有进步！"

儿子大受启发，是啊，龟兔赛跑乌龟还能跑第一呢！于是心情也放松起来，第二次考试就甩掉了最后一名的帽子，继而跃居中游。爸爸则每次都高兴地说："太好了，你肯定还会进步。"当儿子考到第六名时，爸爸说："太好了，儿子你真了不起，离第一名还差五名！"

考试是对学生学习情况检测、评价的一种手段。考试的目的应该是让学生看到进步，找到不足，从而激励其更好地学习。因此，对学生一定不能以分数优劣论英雄。现在看学生的学习不能单看班级排名，而是要看学习意识和学习习惯，因为今天的学习，不仅仅是让孩子读课本，而是让孩子们学会培养自己的学习能力。

一般来说，人有四种学习需要：即认知需要、发展需要、报答需要、竞争求胜需要。

认知需要是以学习本身为目的的需要。用美国心理学家奥苏伯尔的话说，认知需要是"要求知道和理解（事物），要求掌握知识以及系统地阐述并解决问题的需要"。也就是说，认知需要是直接指向学习或知识本身的。

发展需要主要反映学习者与自我发展和自己成长的需要，是除认知需要以外，学习的主要动力，它使那些难以直接给学习者带来认知快乐的学习活动可以坚持下去。

报答需要反映了学习以知识报答父母、报效祖国的愿望，但这是一种类似欠债还钱的信贷关系。在这种需要驱使下，学生在学习活动中感受更多的往往不是学习的乐趣，而容易产生因无法使父母满意所导致的焦虑。

竞争求胜需要主要反映了学生把学习作为竞争的手段，从而提高自己在群体中地位的需要。竞争求胜需要的存在，是自尊不能满足的结果，如自身接纳程度低、伙伴关系不和谐、在家庭中感觉不良，不能受到父母的理解与尊重，得不到老师的欣赏等。

显然，从学生的前途和幸福着想，应当鼓励和表扬认知需要，认可和鼓励发展需要，反省报答需要产生的原因，争取消除产生竞争求胜需要的根源。因为认知需要是最稳定的学习需要和内在动力，更主要的是，认知需要的满足，是人类生活的快乐源泉之一，是其他任何满足都无法替代的。重要的是孩子的认知需要、学习兴趣和对学习的热爱高于一切。因此，急功近利是不明智的，考试成绩不是衡量孩子是否聪明的唯一标准。聪明的父母对孩子学习的要求是：只要自己尽力就行了。

我们的教育建议是：

①对孩子来说，关键是学习态度要端正，要有一个良好的学习习惯。有位父亲说得很好：我也很重视甚至在乎孩子的成绩，因为成绩会让我简单地了解到孩子的学习状况。但我更重视的是孩子答题的水平和学习的质量。我不唯分数，当我的孩子考试结束后，我会问："你尽力了吗？"当看到孩子一脸认真的时候，我更多的是给予肯定。

②无论学生成绩高低，都应该保护其人格尊严。分数是重要的，比分数更重

要的是学习，比学习更重要的是做人，因为只有真正的人才会真正地学习。

③考试成绩并不是衡量孩子聪明与否的唯一标准。即使门门功课考试优秀，也并不等于孩子一定有创造性。人类发展有其自身的规律，凡事要顺其自然，人是有差异性的，人的差异性决定了世界的多样性。俗话说：三百六十行，行行出状元。在家庭教育中，父母最重要的责任是让孩子学会做人的道理，使他们有平常的心境。因此，平时给孩子定的目标，应该是跳起来能够得着的目标。父母如果对子女期望太高，不关心孩子学习方法是否科学、学习是否有效率、是否适合孩子，而只是关心结果，这对孩子的成长是不利的。有的父母甚至在孩子取得了好成绩时，还不断地提醒孩子还有不足，这个错误不该犯、那个错误不应该犯，这可能让孩子对自己没了信心。如果孩子把父母的期望内化成自己的学习动力，在面对考试时，总是担心不能实现父母的期望，不能有好的结果，这样的心态恰恰难以考出好成绩。

④教育是一门科学，更是一门艺术。希望父母们正确地看待分数，利用分数发现孩子学业发展中的各种情况，及时进行相应的教育。在一个团体中，成绩总会有好、中、差之分，而中间状态的人占绝大多数，好的和坏的在团体中所占的比例很小。从统计学角度看，细微的差别，就学业水平来说没有明显差异，所以建议父母们不要为这微不足道的差异对孩子横加指责，因为这样反而会加重孩子的心理负担，引起过度的考试焦虑，影响认知的发展。

19. 孩子不爱向老师提问怎么办？

问：我的女儿马上就要上小学六年级了，学习成绩还不错。但就是有一个缺点，从来都不爱问老师学习上的问题，上课也不爱举手。虽然现在成绩还不错，但这种性格会不会对她今后的学习产生不良影响呢？我们应该怎么帮助她？

答：勇于质疑、敢于提问是良好的学习习惯。因此，孩子爱问问题，上课喜欢举手发言当然是一件好事，可以看出孩子学习的主动性。但是，孩子的性格各有不同，对成功与失败的体验不同，学习方法也不是完全一样。如果孩子虽然不怎么提问，喜欢自己琢磨，成绩也没因此受影响，不一定非要做个爱提问的学生。当然如果孩子可能不会提问或者不敢提问，这是需要仔细分析和巧妙引导。比如，通过谈心、讨论，沟通感情，细致观察孩子的内心活动，真正弄清孩子的真实想法，弄清孩子是由于哪些原因导致不爱问老师，才能有针对性地进行教育。

我们的教育建议是：

①培养自信心，克服自卑感。许多同学不爱问老师，其实是"怕"老师；不回答问题是"怕"回答错了被同学嘲笑或老师批评或者曾经遭受过这方面的挫折。久而久之，形成一种"恐问症"或"恐答症"。原因归根结底在于好面子和自卑感强，为了不丢暂时的面子，宁可让问题堆积起来。消除这一症结的方法就要靠培养自信心，鼓励孩子提问，大胆走出第一步。找一位孩子自己认为最亲近的老师提出一些问题请教，慢慢锻炼胆量，再过渡到问其他老师，以至习惯成自然。

②与老师加强联系，创设问答的便利条件。父母可以请求老师为孩子提问创造条件和机会，如请老师平时多提问孩子，多提简单一点的问题，或请老师在下班辅导时多接触一下孩子，慢慢拉近师生之间的心理距离，在这个过程中，增加师生间的亲切感，缓和、减轻学生的紧张感。

③在孩子成绩下降时，对他少反面批评多正面鼓励。当孩子成绩下降了，不要讽刺、打击、挖苦。不要说："你学习这么差，就怪你不爱问老师。"而应以正面教育为主，引导孩子谈谈班上学习成绩好的同学平时在学习上的表现，鼓励孩子向优秀生学习，但是应注意尽量避免总拿孩子的不足与别人的长处比，以免引起孩子心理上的抵触和自卑感，应充分挖掘孩子自身的优点，引导孩子自己和自己相比，以扬长补短。

④主动配合班主任工作。引导孩子多与那些活泼、开朗，在学习中勇于提出问题、善于分析问题的同学交往，与他们交朋友，观察他们是怎样学习，怎样提问题的，时间长了，会起到潜移默化的作用。

⑤教给孩子正确的提问技巧。引导孩子学会寻找问题、分析问题的症结在哪

里，有疑而问；和孩子探讨怎样提问才能使老师明白你所提的问题，尽量做到表达清晰准确，口齿清楚；还要教育孩子提问时要注意礼节，懂礼貌；一时不懂的问题，不要灰心着急，回去思考之后再问老师等。

⑥与孩子一起进行定期总结。如每月一次或每周一次，坐在一起讨论上一阶段有哪些进步、优点，还有哪些不足；而后再做出下一阶段的安排，应解决的主要问题是什么？应如何改进？并提出建议。

⑦及时表扬。每当了解或发现孩子在提问方面有进步时，都应及时进行表扬，哪怕是一丁点儿进步，父母都不要吝惜你的表扬，以鼓励其发扬光大，继续努力，争取不断进步。

20.孩子口算能力很差怎么办？

问：孩子今年上小学一年级了，虽然学前他已经学了一些10以内的加减法，但上学后发现他在口算方面还不是特别好，速度慢准确率低。老师让父母在家里多给孩子出题练习。除此之外，还有什么其他好办法吗？

答：口算既是笔算、估算和简算的基础，也是计算能力的重要组成部分，它是学习数学的基础。而且，口算能力的高低对孩子基本的运算能力有着极其重要的影响，口算能力的训练有助于培养孩子的快速反应能力。由此可见，培养孩子的计算能力，首先要从口算能力着手。口算能力的培养，要经过一个懂理、会算、熟练、灵活的过程，不是一朝一夕就能达到的。一般来说，学习能力主要是学校培养，但是，家庭有生活实践的优势，所以，父母也有可能帮助孩子提高学习的能力，养成学用结合的好习惯。

我们的教育建议是：

①每天都应该进行几分钟的口算练习，形式可以多种多样。视算和听算是口

算练习中的两种基本形式。视算是通过眼看题目脑算、口说得数；而听算则要求通过耳听、脑记和脑算，方能算出得数，难度较大。在口算中经常调换口算形式，将视算和听算相互结合起来，交替使用，可以提高孩子口算的兴趣，使他们的学习心理始终保持着渴求的积极状态。例如：视算训练、听算训练、抢答口算、孩子和父母对报口算等，每天安排3~5分钟的口算练习，长期进行，持之以恒，会收到良好的效果。父母可以根据学校的教学内容和孩子的实际情况，选择适当的时候，穿插进行趣味性练习。多种形式的口算训练能提高孩子的口算兴趣和计算速度。

在练习口算的过程中，可采用一些小手段，如：一段时间小结一次，如果孩子连续几次都算得不错，可以发些小奖品，或给孩子一些其他的奖励。

②坚持培养良好的口算习惯。在可能的情况下，每天晚上要求孩子完成10~20道口算题，开始是在父母的督促下完成，慢慢放手使孩子形成习惯，自觉、自愿，保质保量完成。父母在饭前、饭后闲谈的时间中，抽出几分钟，与孩子进行对答式的口算练习，或者由孩子出题，父母解答，让孩子当"小老师"进行批改，激发孩子的兴趣。

③鼓励孩子参加必要的社会实践活动。比如让孩子跟父母外出购物时，帮助父母口算应付的钱数，这也是培养孩子口算能力、反应能力的有效途径。

只有在教师和父母坚持不懈的努力、持之以恒的训练中，才能逐步培养孩子良好的口算习惯，从而提高孩子的口算能力。

21. 孩子写作业总是磨蹭怎么办?

问：我儿子刚上小学一年级，写作业特别磨蹭。我问了问别家孩子，人家30分钟就可以写完作业，我儿子最少要一个小时，有时都快2个小时了。每次做作业前我都嘱咐他别浪费时间，可他答应的好好的，一写起来就动动这儿，摸摸那儿，总也快不了。我应该怎么办啊?

答：写作业磨蹭的孩子很多，尤其是刚上学的孩子，往往几十分钟的作业要花整整一个晚上的时间。如果父母不管，第二天就交不了作业。我们也常常听到有些父母抱怨孩子："才写两个字就开始玩，要是他能拿出看电视的认真劲儿写作业，就不用操心了。"

遇到这种情况，父母要首先给孩子规定时间。孩子在学校里的学习是有严格时间规定的，如每天上课、下课都有固定时间，不能想上多久就上多久，也不能想玩多久就玩多久。孩子在家里也应该有固定的学习时间。根据脑科学的研究，孩子是需要劳逸结合的，一定要有玩的时间和充足的睡眠，放学后可以先玩，如难以控制也可以先完成作业后玩。

有关调查表明，学习好的学生，一般都在严格规定的时间内完成功课，这样做的好处，主要是帮助学生形成一种时间定向，到了什么时间就自然而然地产生了做什么事情的愿望。比如，到了规定的写作业时间，孩子的学习愿望和情绪就会出现。这种时间定向能在很大程度上使投入学习的准备时间减少到最低限度，使孩子能够很快地进入学习状态，开始专心学习。

父母还应该了解的是，孩子写作业拖拉的原因有很多种，父母要根据自己孩子的情况，通过教育训练加以缓解和改善。孩子做作业慢的原因大致有几种：课上没有学会相关知识；疲劳，注意力不集中；外界干扰严重；缺乏时间观念和效率观念，习惯不良；作业量大等。

同时，训练孩子的专注能力也是很重要的一环。有的孩子在写作业时喜欢摸摸这儿，看看那儿，迟迟进入不了学习状态。有的孩子写作业时总有许多毫无意义的停顿，刚写几个字就站了起来，或者说几句闲话等。表面上看，这些孩子一直在写作业，但实际上学习效率极低，既白白浪费了时光，又会养成做事心不在焉的坏习惯。久而久之，会造成思维迟钝，注意力降低，影响智力发展，使学业落后，以致形成拖沓的作风，学习、工作都没有效率。所以，在对孩子的写作业要求上，不要只满足于孩子"一坐就是几个小时"，而要教育他们在规定的时间内精神专注、高效率地完成任务。帮助孩子学会控制干扰，训练他们高度的专注能力。

为解决这样的问题，父母可从孩子做作业的准备工作是否充足、环境配合是否理想等方面去考虑问题，并运用一些辅导策略来帮助孩子按时完成作业。

我们的教育建议是：

①找出孩子不能顺利完成作业的原因。连续几天观察孩子做作业的情形，找出症结所在。一般初入学的孩子因握笔能力不佳、笔画掌握不好而速度慢，这时，即使父母一味地催促"快快快"，孩子也很难快起来。即使真的快起来了，作业的质量也难以保证。如果发现孩子有学习障碍，要及时去专业机构治疗。

②培养先完成功课再玩的习惯。作业是每天的例行工作，父母要向孩子说明作业与学习的关系，更应该坚持做完作业才能玩的原则。当然，如果有特殊情况，可以例外对待。但要对孩子讲明，为什么今天先做别的事情后写作业，让孩子认识到作业是很重要的，没有特殊情况就应该先完成作业。

③了解作业是否过多。低年级孩子注意力持续时间最多半小时。作业量过多，影响孩子的学习兴趣。如果孩子完成作业困难，要了解孩子的作业量和所需完成的时间，及时与老师沟通。另外，家长要把握好自己的角色，不要充当家庭教师，不给孩子留额外作业。有些家长喜欢给孩子购买练习册、指导读写等，这样会引起孩子的反感，故意拖延做作业时间，从而逃避增加的任务。

④找出干扰孩子注意力的因素。桌面上多余的东西常是转移孩子注意力的主要因素。孩子写作业之前，父母要和孩子一起清除桌面及临近区域的杂物，这样可以避免边写边玩的情况发生。渐渐地，父母还可以帮孩子养成好习惯，写作业之前自己先收拾好附近的杂物，不让这些东西干扰自己。这不仅是对自己负责任的态度，也是孩子做好写作业心理准备的重要环节。

⑤根据少儿的生理条件，以20分钟为一个学习的时间段。在开始学习之前，父母要督促孩子做好一切准备工作，包括喝水、削铅笔、找本子等。学习一旦开始，就必须专心学习，最好不要离开座位，更不要去干一些杂事。父母也不要打扰孩子，包括送水果、送水、和孩子讲作业以外的话题等，一切要等学习时段结束再说。

还可以鼓励孩子多做户外活动，比如篮球投篮、打乒乓球、剪纸、绘画、穿针线等可以锻炼孩子的手眼协调能力和专注力，跳绳、滑冰、蹦蹦床、走平衡木等活动可以培养孩子身体的平衡能力。

总之，面对自控能力差的孩子，我们要更有耐心，切忌不断焦急催促和责备，不要让焦虑的负面心态影响孩子。

22. 孩子不喜欢阅读课外书怎么办?

问: 我的孩子今年上小学三年级,除了学校的功课能够完成,老师布置的课外书看看以外,不爱读其他的书,怎么让他喜欢上读书呢?我们煞费苦心也不奏效,该怎么办呢?

答: 在回答这个问题之前,我们先讲一个妈妈的做法。一位小学二年级学生的母亲发现,要提高孩子的阅读兴趣,给孩子读半本书的办法特别有效。她选好一本生动有趣、图文并茂的故事书,先给孩子朗读,读到精彩处,等孩子的注意力全部被吸引过来时,她便借故离开,不但不理睬孩子眨巴着眼睛的哀求,还故意吊孩子的胃口。二年级小学生已经有一定的阅读能力了,孩子渴望知道故事的情节发展,只好自己指着书一个字一个字地读,到后来,孩子不再需要母亲讲前半段,而是从头至尾完全自己看了。

我们可以向这位母亲学习,当孩子有一定阅读能力的时候,就给孩子讲半个故事。

讲半个故事就是说你给他讲了一半的时候,就找个理由不给他讲了。你告诉孩子,后面的故事你可以自己看,你看了之后,再来告诉我后面是个什么结果。你找的理由可以是没有时间了,现在只能讲半个故事。当孩子的心思完全被故事吸引的时候,他就会自己去把故事看完。可能有的父母会担心孩子看不懂,其实孩子看故事有个特点,只要有图,他就能从图画中看懂故事,完全不用担心他认的字不够多。

故事是孩子童年特别神秘的伙伴,因为孩子的世界就是充满了好奇。你给他讲个头,他就想知道尾;他今天听了一个故事,他明天就要再听两个故事。给孩子讲半个故事,让孩子自己看后半个故事,其实这样的做法激发了孩子的想象力和创造力,能让孩子走上一条成功的道路。当孩子自己看书,自己以自己的理解读懂故事时,内心是一种无比的喜悦,因为这是孩子自己努力的成果。

这位母亲明智之处就在于让孩子体会到了读书的快乐,快乐的感受能激发孩子读更多书、看更多故事的愿望,这不正是养成孩子阅读习惯的重要的因素吗?

让孩子在阅读中感受到成功,激发孩子读书的兴趣。

我们的教育建议是：

①给孩子买"薄"书。父母给孩子买的书不宜太厚，这样能让孩子很快读完后，会有说不出的成就感，因此也就有动力继续看书，继续接受下一本书的挑战。

②准备一张"完成表"。当孩子每读完一本书，就在"完成表"上写上书名，做些记录，当孩子看到这张表，就看见了自己努力读书的成果，这样的感受也能激发他读更多书的愿望。"完成表"可以让孩子自己设计，能让孩子获得更多体验。

③让孩子参与表演。当孩子在课堂上学了很多课文，有了一些他很喜欢的人物，很喜欢的故事，通过课本剧的方式可以使他体验剧中的人物，会激起他对作品的理解。表演符合孩子的年龄特点和身心需要，是引导孩子读书的一个好方法。

④引导孩子多读一些杰出人物的传记。每个人都有崇拜名人的心理，对于孩子而言，在爱梦想的年龄会有一个追星的时期，这是正常的。父母可以引导孩子多读一些人物传记。从小学高年级开始就可以引导他们看一些伟人的故事，如爱因斯坦、牛顿、爱迪生、巴尔扎克、托尔斯泰、毛泽东、周恩来、曹禺、巴金等的人物传记。一般来说，喜欢读人物传记的孩子，表现得更有理想、更有奋斗精神和前进的动力。

⑤引导孩子背诵名句。背诵名句是一个读书的好方法，名句本身就包含人生的哲理，能给我们人生的启示。建议父母和老师应该引导孩子在他记忆力极佳的时候，记下一些名言，不仅可以锻炼他的记忆力，也有利于他的写作、学习。另外，当孩子背诵了名句，如一些著名的诗词，能在学校里表演或朗诵给同学听时，能极大地增强孩子的自信心，对于孩子的健康成长十分有益。当然背诵的名句要少而精，坚持每天背一点，不要让背诵加重孩子的学习负担。

⑥引导孩子交读书之友。养成读书的习惯并不是一件容易的事情，但是孩子都是喜欢交朋友的，孩子非常容易受到同伴的影响。所以父母要引导孩子交爱读书的朋友，发挥同伴的影响以促进孩子养成良好的读书习惯。

⑦让孩子随时在家里能看到书。建议父母在家里摆放书的时候，最好在孩子的床头、书桌、沙发上都放上一些书或画册，让孩子随手就可以拿到书看。因为孩子看书不像上课那样有计划，他往往是在偶然的状态下拿起书看，突然就有了兴趣。

⑧经常带孩子逛书店。让孩子置身于书的海洋当中，这个时候是对他的一种强烈的熏染。看到这么好的书，这么多的书，孩子忍不住就要去摸一摸，看一看，这时兴趣就来了。孩子还能在书店里看书，当孩子看了一些书之后，知道什么书是自己最需要的，买一本自己最需要的书，这是一种很明智的方法。如果说家庭困难，买不起书，其实越买不起的时候，越会珍惜书。可以让孩子攒钱攒一段时间再买书，他一定会更加珍惜。有一位作家说得好，穷的时候买的书读得最认真；富了以后，再买的书读得就不认真了。这就是读书的规律，所以说带孩子多去书店是非常好的方法。

23. 孩子阅读面太窄怎么办？

问：我女儿上小学四年级。我很支持她看课外书，也给她买了不少书。但我发现她看书很偏，只爱看漫画和童话类的书籍。亲戚家有个和她年纪相仿的小哥哥，那个孩子看书就很全面，除了我女儿经常看的书之外，还看一些科普、文学类的书。我觉得女儿到了这个年龄阅读面应该扩大，不应该只是看那些漫画书了。可她对我的建议不感兴趣，买回来的科普方面的书翻几下就放一边了。我是应该顺其自然还是有意识引导，怎样引导？

答：阅读对于儿童有重要意义，阅读可以满足儿童五种需要：

学习需要。在儿童的成长过程中，他们积累了许多问题，一方面他们能通过学习和向大人询问来解决问题，一方面也通过阅读来获得相关的知识。调查表明，当他们"需要学习社会生活知识"时，"需要认识自己"和"需要了解怎样解决自己的问题"时，他们会选择阅读书籍。

交往需要。当儿童在某种情境下发现没有可交往的对象时，有时会感到孤独。在这种情况下，他们可能选择书籍作为交流的对象。儿童自述在他们感到"需要有伴"或"需要摆脱孤独"时有读书的愿望。

缓解焦虑需要。焦虑是儿童由于不能达到目标或不能克服障碍的威胁时，致使自尊心与自信心受挫，或失败感和内疚感增加，形成一种紧张不安、带有恐惧的情绪状态。这时，"忘记烦恼"或"摆脱生活压力"就成为儿童阅读的目的。

放松的需要。调查表明，现代儿童在需要放松、娱乐的时候，他们一般选择听音乐和看电视，但也有相当一部分儿童选择读书。

消磨时间的需要。一般在假日和休息日，且儿童没有发现合适的游戏伙伴，常常感到"没什么事可做"的时候，便依赖读书来度过这段时光。

每个孩子的阅读兴趣都不太一样，没必要强求一致。美国有项调查表明，小学三至五年级孩子阅读书籍具有一定的特点，首选的是童话故事书，其次是科学幻想故事书，再次是传奇故事和英雄人物故事书，另外就是一些数学游戏、发明创造、科学知识、动物世界、传记和天文地理方面的书。其实不同孩子的兴趣是千差万别的，不同孩子喜欢的书也是有所不同的，孩子如果没有兴趣，也就领会不到阅读的乐趣，更不会从中受益。

当然，随着孩子年龄的增长，他们要了解的东西、掌握的知识必然会越来越多。阅读是获取知识的方法之一。父母希望孩子多学点东西是没错的，但要注意方法，最重要的是培养兴趣。

很重要的一点是要为孩子营造好的氛围，父母可以和孩子一起看书、学习。可以挑选报纸杂志上有教育意义和重大时事方面的文章和孩子一起讨论，也可以让孩子对世界或是国家在科技领域的新闻事件进行关注，进而让孩子对相关书籍产生兴趣，就此来开阔孩子的知识面。

让孩子喜欢科普类读物确实是个好选择。科普类读物可以帮助孩子获取丰富的科学知识，培养孩子的想象力和对自然界的好奇心。在阅读科普知识的时候父母要引导孩子将观察和读书结合起来，也就是引导孩子在生活中观察和体验书中看到的科学知识，同时鼓励孩子通过观察发现科学问题，并到书中去寻找答案。这种与生活相结合的读书方法不仅可以增长孩子的科学知识，而且可以激发孩子的求知欲望和学习兴趣。

孩子值得阅读的大致有三类书：

1. 儿童文学：儿童文学对孩子想象力的培养十分重要。人类历史上智慧极为突出的天才——爱因斯坦特别指出想象力的重要性，"想象力比知识更为重要，因为知识是有限的，而想象力概括着世界的一切，推动着进步，并且是知识进化的源泉"。台湾著名女作家三毛在小学期间就阅读了大量的童话故事。无疑，这极大地丰富了她的想象力，为日后创作打下了坚实的基础。

2. 知识类图书：包括保证个人安全意识和预防各种危险、疾病的知识类的书籍；获得劳动、工作并争取更大幸福的知识，如时间的管理，学习方法的改善，记忆力、潜能开发等内容的书籍；维持正常社会关系、满足个人爱好和感情的知识，如关于性教育方面的青春期教育类图书等。

3. 名人传记：传记和回忆录之类的书，把一些伟大人物的日常生活、苦难和喜悦、事业的成败都一一呈现在孩子面前，伟人的故事能激励孩子勇敢克服困难，不断追求更高的目标。

我们的教育建议是：

①帮助孩子选对书。针对孩子的兴趣爱好以及我们推荐的一些类型的书，给孩子提供一些有意义和有价值的书。这也需要与孩子进行沟通，也需要家长平时对孩子的观察，了解孩子的兴趣爱好。

②父母为孩子提供一个良好的读书环境。在家里，父母可以同孩子一起阅读书籍，尽量少看电视，或者进行其他娱乐活动。或者指定一些家庭共同阅读看书的时间，比如每周末下午，父母带着孩子阅读一些他的书籍，并讨论书中的一些问题，既增加了孩子的阅读量，也培养孩子的表达能力。

③鼓励孩子观察生活中的一些问题，并引导他去书中找答案。生活中的很多现象是可以从书中找到答案的，比如天上为什么会有闪电，父母虽然对这些都知道，但是在这时可以装作不知道，与孩子一起去看书，去找答案，培养孩子的求知欲。

24. 孩子爱看书却写不好作文怎么办?

问: 我家孩子10岁了,非常喜欢看书。平时没事的时候他不爱做其他事情,总是捧着书看。他什么方面的书都爱看,历史、科技、文学等。我们觉得孩子爱看书是好事,就尽量满足他。可是不知道为什么,孩子的作文却很差,甚至写出的很多句子都不通顺。如果孩子平时不看书还可以理解,可是他看了那么多书,作文却没有提高,这到底是怎么回事?有什么办法可以提高孩子的作文水平吗?

答: 这种情况在中小学生中比较常见。孩子爱看书,从表面上看应该是对写作文有好处的,一般来说,喜欢阅读的孩子的文字表达能力确实强于不经常阅读的孩子。

但是有些常看书的孩子,他们只是对书中的内容(故事情节、图片、科普知识等)感兴趣。对于文章的词句的使用、章节的分配等有助于提高文字表达能力的部分他们并不关心,这样就出现了常读书却没有提高写作水平的现象。

我们的教育建议是:

①引导孩子明白作文的定义。即作文就是用笔"说话",把平时说的话用笔记下来,就是"作文"了。这样,孩子对作文有了直观的认识,在心理上也不会再惧怕了。

②给孩子准备适合的书籍阅读,鼓励孩子大声地朗读出来。这个过程既能增强孩子的阅读能力,又能培养孩子的语感,是一举两得的好方法。阅读的过程中,也可以帮助孩子分析别人什么地方写得比较好,教会孩子用不同的方式写作文,站在不同的角度写会有什么差别等,孩子有了兴趣,写作文也就不再是难题了。

建议父母可以提前将孩子的书看一遍,在孩子阅读之后让他自己挑出文章中的好词、好句,父母帮助补充,然后再和孩子一起背诵这些好词、好句。孩子的记忆力往往比成年人好,当他发现自己比爸爸妈妈背得还要快时,就会有成就感。有了这种成就感,他下次再背诵时就会有更大的积极性。接下来是让孩子用那些好词语造句,让他更好地体会词语的意思,也可以加深他的印象。最后是让孩子复述所读的文章，复述文章对孩子写作时的句法、文法、章法都是很好的训练。

要注意的是，千万不要责怪孩子"读那么多书有什么用！写作文都用不上"，应该多鼓励孩子，告诉他"你看得书多，你的作文一定能写得好"。还有一点很关键，作为孩子的父母要有耐心，对孩子的训练要坚持，不要只陪孩子练习几次就放手不管了。相信经过一段时间的积累，孩子的作文水平会有所提高。

③要创造机会让孩子多看多说，让孩子表达自己的想法和看法。比如带孩子去公园观察景色和人物，让孩子按照时间和空间的顺序边看边说，然后再把这些语言用文字整理出来，就是一篇篇的作文了。孩子的想象力是无限的，如果孩子用了不合实际的比喻，父母不要打击孩子。另一个途径是给孩子机会去描述和讲解。回家路上看到什么新鲜事情，讲给父母听；手机上的新功能，讲解给爷爷奶奶听。这些都是在锻炼他的语言表达能力。

孩子写完的作文，先让他自己读一遍，自己就会发现一些问题，然后让他改过来，包括错别字、标点符号的使用、语句是否通顺等。孩子没有发现的，父母要帮助孩子及时纠正。

总之，要把读书、思考和实践结合起来，这样才会使读书促进写作能力的提高。

25. 孩子在学习上依赖性特别强怎么办？

问：我女儿今年上小学二年级。依赖性特别强，在学校依赖老师，回家依赖父母。写作业的时候总得我们在旁边陪着，如果没人陪她就不停做小动作不好好写作业。写完作业还必须让我们检查，害怕错的多了老师不给小红花。我们觉得这不是好习惯，但她的依赖性又很难改变。应该怎么做呢？

答：孩子对别人有一定的依赖性是正常的，甚至是健康的。然而，过度的依赖又会造成孩子不会检查、纠正自己家庭作业中的错误，在课堂上不能独立思考问题，或者不能主动结交朋友，这最终会使孩子丧失自信心。作为父母，应当正确地帮助孩子掌握这个度。

对于上小学的孩子，如果有以下一些依赖性行为，父母老师就应该予以重视了。

一是在休息时，只想和老师或班长待在一起，而不想与其他孩子一起玩耍。二是经常向老师请求太多的指示、说明和建议。三是如果老师不坐在旁边，手把手地教他应该怎样参加某项新活动，他就不愿参加。四是当父母没有可能辅导他作业时，他就不愿独立地完成这些作业。

我们的教育建议是：

①父母要先检查自己的行为，分析确认自己是否把孩子作为学生所应做的事，当成了自己的事。由于上学是儿童生活的重大转折，可能会出现难以适应的情况，因此，孩子一年级的时候，父母是可以适当陪读的，但必须记住一个原则，即陪是为了不陪，陪的目标是培养孩子养成好的学习习惯，而绝不是让孩子养成依赖父母的习惯。如果一年级没有养成好习惯，二年级可以用此方法补救一个学期左右，此后便要孩子独立完成作业。孩子做作业时，父母不要留在一旁监督、辅导，给孩子足够的独立完成作业的空间。父母不妨明确地告诉孩子："学习是你自己的事情。应该由你自觉地把学习学好，我们只用抽查的办法来监督。"

②应鼓励孩子独立自主地做事情，而不要怕犯错误。孩子将来必然是要离开父母独立生活的，因此独立自主的能力是需要从小开始慢慢培养锻炼的。在这个过程中，犯错是难以避免的，而且，犯错在某个层面上也有一定积极意义。

③与老师联合起来对孩子进行教育。在教育孩子的过程中，与老师联系，让老师知道您对孩子的担心，并和您互相配合，以便与您的措施和奖励保持连续性和一致性。

④根据家庭的实际情况，创造性地使用下面举出的一些自立自强的办法：

1. 按时上床睡觉，并按时起床。让孩子知道怎样使用闹钟。

2. 为孩子提供一个放置上学用品的专用箱。寻找昨晚的家庭作业本，那并不是父母的工作。

3. 安排家庭作业时间。对缺乏独立学习能力的孩子，父母可以和他一起看一下他的家庭作业，启发他读懂题意，然后安排一个 5 分钟的时间段，让他在这

5分钟内独立学习。持续练习一星期后，把时间段延长至10分钟。这样逐步地、连续增加孩子独立学习的时间，并在这一过程中对孩子的独立学习进行奖励，就会大大提高孩子的自主能力。

4. 为孩子制作一张"自我管理表"。每星期制一张图表，列出父母希望孩子达到的行为，例如：独立完成家庭作业；不需别人提醒地学习单词；给新结识的朋友打电话；按时叫醒自己起床上学等。让孩子检查并记录自己每天是否达到了这些行为标准，并根据达标情况对其进行适当奖励，如果孩子不可能达到上述某些标准，就应该把这张表的内容进行适当调整，以使这些指定标准在他力所能及的范围内。然后，等到困难的行为标准对孩子变得较为容易时，再把它重新列入这份表中。

26. 父母要给孩子检查作业吗？怎样检查？

问：我的孩子刚上小学一年级。因为刚刚开始学习生活，虽然我每天都检查他的作业，但我也很困惑。如果检查，他就只管写，觉得检查作业是父母的事情，导致了孩子平时作业准确率很高，但考试时成绩却不好。不检查吧，又觉得不了解孩子的学习情况，心里没底，而且总是出错又会被老师批评。应该怎么做才会两全其美呢？检查作业的重点应该放在哪里？随着年级的增长有什么不同吗？

答：如果孩子刚刚上小学，父母最好还是要检查一下孩子的作业的。一是有利于父母把握孩子对知识的吸收理解程度，看看孩子在学习方法上有没有偏差；二是要了解老师的教学进度和方法，以便有的放矢。

大部分父母为孩子检查作业的模式都是：监督孩子完成作业后，父母审阅并指出其中的错误让孩子改正。这虽然能让孩子平时的作业总是取得优秀的成绩，但是问题在考试中会充分地体现出来：孩子缺乏自我检查、修正的能力，依赖性越来越强。所以，父母为孩子检查作业前，首先明确目的——让孩子养成自我检查、独立思考的能力，才能更好地辅助孩子学习。如果父母一旦检查了作业，孩子就"只管写，不管对"，这是因为父母检查的方式不够妥当。父母要做的，不是替孩子把他自己应该完成的工作大包大揽下来，也不是放任自流、撒手不管，而是要通过检查作业，起到监督进步的作用。

我们的教育建议是：

①教育引导孩子养成自己检查作业的习惯。对于刚开始上学的孩子，家长要提这样的要求："每天的功课完成之后，一定要养成自己从头到尾认真检查一次的习惯，除了发现错题和改正错误之外，也要对当天的学习情况进行查缺补漏。"在孩子自己检查以后，觉得没有错误了，家长再检查，如果还发现错误，就要提示哪些地方出了问题，但并不要告诉孩子具体错在哪里，让孩子自己研究、订正。对于一年级初入学的孩子，可以用"约定奖励"的方法，如果孩子能够自己检查出错误并改正，可以奖给他一面"小红旗"等。如果孩子不知如何检查，父母需耐心教给孩子检查的方法，并不断鼓励他自己运用。如果孩子检查后仍然有未找出的错误，父母也可以用"有两道题算错了""第二行有个字写错了""找找看，能不能把错误逮出来？"鼓励孩子逐渐学会自我检查。

②当孩子养成每天自己检查作业的习惯后，父母可以逐渐减少帮孩子检查作业的次数。如从每天一查过渡到3天一查，再过渡到每周一查等，并及时鼓励孩子自觉检查并提高正确率的表现。如果孩子的正确率总是难以提高，需和孩子共同分析原因，找出最容易出错的题目或位置，原因是马虎、未理解题意还是概念不清等，并有针对性地辅导孩子改正，并和孩子共同商议减少错误的方法。对于中、高年级的孩子，还可以鼓励他们自己总结错误原因，并把经常错的地方写出来，找到方法自我监督。

③面对孩子在作业中不会做或难以改正的问题，父母不要马上给孩子讲解。而是先让孩子反复读题，有些孩子通常并非不会做题，而是还没读懂题意就忙于动笔或武断地认为自己不会。鼓励孩子多读几遍题，并相信他有能力自己思考，对改善孩子的依赖性、养成良好的阅读习惯都是很好的方式。如果孩子仍然不会做，就需要让他把题目分成几句，逐句检查他"究竟不会在哪里"，并引导其举一反三，既有助于帮孩子找到错误的根源，又可避免在讲题时孩子走神，真正让

孩子学会主动学习。

除以上几点之外，父母给孩子检查作业还应遵循两个原则：一是老师有需求，如背诵和听写等；二是孩子有需求，如孩子做作业时遇到了困难，父母可以和他一起回忆课堂学习场景，共同寻找解决问题的方法。总之，父母要相信孩子有能力独立完成作业，努力培养孩子自觉、主动、认真的学习习惯，鼓励孩子独立完成作业，随着年级的增长，学会自主检查作业。

27. 孩子总写错字怎么办?

问：儿子今年上小学二年级，他在学习上有个困难，就是总写错别字，怎么都改不了。有些字，天天说，天天写错。这次改正了，下次还这样写。他自己其实也很着急，但是就是改不了，我该怎么帮他呢？

答：经常容易写错别字，并难以纠正的孩子，通常分为两种情况。

第一种情况，孩子可能存在生理发展不成熟或学习障碍。这样的孩子通常视知觉记忆能力较弱，年纪小的孩子容易对字型的左右方位辨别倒错，较大一些的儿童虽能辨别字母或汉字偏旁的空间方位，但由于他们记不住所看到的数字、拼音或汉字的形状与位置，所以产生书写错误。面对这类儿童，一方面家长需及时带孩子就诊、筛查和矫正。另一方面，需要耐心等待、悉心指导，切不可着急发火，使孩子失去对学习的信心。

对这类孩子，可以采取以下措施：

①在家中放置一块黑板，让孩子在上面大大地书写汉字；让孩子用手指头在空中写字，体会运动的感觉。

②在教导孩子写字时要强调书写时的笔画顺序，让孩子养成良好的书写习惯，对容易写反的字不妨画个箭头指出方向。

③让孩子把经常写错的字放进一个单独的练习本，每天集中听写，并及时给予孩子鼓励。可以找出那些经常写错的字，总结在一起，第一个星期挑出 5 个来，

第一天把这5个错字每个抄写10遍，第二天也如此，第三天让他默写一遍这5个字，看看哪个字还没有掌握，继续抄写10遍，第四天、第五天再默写5个字，再抄写还出错的字10遍，第六天、第七天亦是如此。周而复始，孩子错别字问题基本上就被解决了。

要让孩子在改错的同时，增加对学习的兴趣和积极性，从而对自己更有信心。另外，有写字障碍（精细动作不协调）的孩子，在身体大运动方面通常也容易失调，跳绳、拍球、走直线等运动项目也不失为很好的训练。

第二种情况是：孩子没有明显的学习障碍，但是在孩子"马虎"的背后存在一些问题，如做事缺乏耐心和学习的信心、注意力不集中等。同是容易写错字，这种类型的孩子占的比例较大。建议家长用排除障碍法和阅读训练来纠正问题。"排除障碍法"就是排除一切视觉干扰因素，让孩子在写字的时候，视觉只集中在他需要看的一个点上，用不透明的尺子或纸张盖住抄写材料的上下部分，只留出孩子要写的这一行，写完一行字，就往下推进一行，训练孩子的视觉集中能力。阅读训练就是家长每天拿出10~15分钟的时间，陪孩子大声朗读精心挑选出的短小而有趣的课外读物。在读的过程中，让孩子用手点着字逐一认读，旨在在培养阅读和识字能力的过程中，既训练了注意力，又保持了阅读的趣味性，建议家长常年把这件事坚持下来。

我们的教育建议是：

①注意形近字。形近字就是长得比较像的汉字，具有相同的部首。比如二年级出现的"谈""淡"，这些都是孩子们反映出来的错误比较多的汉字。其实这些形近字让孩子明白字的意思就可以了，比如：口渴的时候想喝水，所以"渴"就是三点水；而喝水的时候需要用嘴巴，所以"喝"就是"口"字旁。同样道理来区分"淡"和"谈"："淡"指的是水分比较多，比较稀薄，所以是三点水旁；而"谈"指的是说，当然是"言"字旁。这样明白了字的意思以后，孩子再写这些字，就不会出错了。

②注意同音字。比如说"雷声大作"和"小题大做"，两个"zuo"，如果从字的意思来区分这两个字，对孩子来说比较难。所以可以让孩子单独记住这两个字。有时，在没有巧妙的方法的时候就可以靠记忆去识记。

③注意抄写错误。对于这种现象，可以教给孩子抄写汉字的方法，比如：从整体入手，整体观察，再抄写；或者从上向下抄写，从左向右抄写等。

针对孩子的具体问题进行分析，然后予以解决。随着孩子年龄的增长，写错别字的现象会很快得到改变。

28. 孩子面对不喜欢的老师就不好好听课怎么办？

问：我的儿子马上要上四年级了。他喜欢哪个老师，就会认真听哪个老师的课，喜欢数学老师，所以数学成绩名列前茅；不喜欢英语老师，所以英语成绩就不理想。英语成绩不理想之后，他就越来越产生畏难情绪，以至于难以扭转局面了。该如何打开孩子的心结？

答：孩子因为不喜欢老师而不学某门功课，通常包括两种情况，一种是孩子本身不喜欢老师的某些特点，继而对老师教的功课也产生不好的感觉，12岁以前的孩子对事物的认识还具有主观、形象化的特点，他们很容易把对某些人、事的不好的感觉和与他们相关的其他事物联系起来，这也就形成了"英语老师不可爱＝英语不可爱"的认识；另一种情况就是，孩子可能一开始在某一科目上弱一些，又由于老师顾不过来，没有及时给予帮助，造成孩子成绩不佳，而这又可能遭到老师的批评和否认，甚至无意中伤害孩子，使他失去信心导致成绩更加下降，形成恶性循环。无论是哪种情况，家长都要认真对待，争取尽快解决，不要让这种情绪影响到学习。

我们的教育建议是：

①父母要善于和孩子进行良好的沟通。为了解决根本问题，家长要和孩子好好沟通，弄清楚他为什么不喜欢英语老师。是授课方式？还是对待学生的态度？或是某次批评伤到孩子的心了？告诉孩子，每个老师都有自己特定的授课方式和个性态度，不会因为某个学生就轻易改变，而他的"不喜欢"很可能只是还"不

适应"。因此要鼓励孩子放下包袱，多发现英语老师授课的独特之处，摸索更适应他教学方式的学习方法。相信伴随着他的成长，会逐渐适应的。

②父母要引导孩子把功课本身的意义和老师形象分开来看。让孩子明白，老师是人，就可能会有不足，但这门功课并不等于老师，我们需要原谅和体谅老师的一些失误，并学会不受环境的影响去欣赏每一门功课的美好。

③父母需要在孩子的弱项方面加以引导，让孩子发现这门功课的可爱之处。例如和孩子一起看一些有趣的英文动画片，听一些英文歌曲，做一些英语游戏等；也可以找一些孩子喜欢的并且英语不错的亲戚朋友来帮助引导孩子，提升他的自信。还要注意这样一种情况，那就是孩子确实是在学习英语上有一定困难，而他将成绩不理想的原因"转嫁"到老师身上。如果是这样，父母可能要多在孩子的英语学习上下些功夫。

④父母可以私下和老师沟通，建立联系。让老师平时多在功课上给孩子一些鼓励，发现他的进步和优势，转变孩子的畏难情绪，从而打开孩子的心结。

品 德 篇

中小学时期是一个人道德品质形成的关键时期，也是道德教育的关键时期。中小学生正处于生理和心理迅速发育的时期，可塑性很大，容易接受外界的影响。所以，这个阶段的品德教育至关重要。重智轻德是道德行为习惯培养的最大障碍。我们把九年义务教育叫作基础教育。儿童时期既是优良品德养成的关键期，也是最佳期。基础教育的基本含义之一，就是从小培养未成年人养成良好品德，努力形成健康人格。

29. 孩子不会关心他人怎么办?

> **问**:我儿子今年 11 岁,可以说是个老师喜欢的孩子。因为他听话,学习又好,对老师也很有礼貌。也许老师的喜欢掩盖了一些问题,即便是和同学有了矛盾,老师也比较偏袒他。但我从他的同学那了解到,他不太关心同学,同学问他学习上的问题他也不愿意解答,有时还会嘲笑同学。我不希望他是这样一个不会关心他人的孩子,因此也批评过他,但他好像不以为然。我应该怎么帮助他改掉这样的缺点?

答:如果一个孩子是老师眼里的好孩子,那么他的自我感觉会很好。好孩子相对来讲能力比较高,接受能力强。当一个人的学业水平达到一定程度后,他的其他各种机会就会不断地增多,不断地得到锻炼机会,能力不断地增强。这样和那些能力一般的人相比,他们就会强很多。一些好孩子在帮助别人时,就觉得别人怎么这么笨呀,他们往往体会不出别人的难处。

有些孩子在才智方面确实很优秀,但这种孩子很容易养成唯我独尊的性格,非常缺乏平等精神。藐视普通人的思想,在好孩子当中特别容易滋长。在这些孩子身上,品质有时会很成问题,虽然这些孩子在智力上是出色的。

孩子之所以出现智强德弱的情况,最根本的原因是父母或教师对人的评价是重智轻德的,是以升学考试为中心的。如果孩子智力水平较高,学习成绩好,孩子一下就成为明星了,别的问题就容易被忽视了。智力上的光环遮盖了品性上的缺陷,这是一种情况。

还有一种情况是有的人办事能力很强,很圆滑,用贿赂的方式拉拢同学,这样的人有时点子很多,很有创造力,很有控制力。有的老师觉得这样的孩子不错,这就起了纵容的作用。总的来说，问题出在对孩子的人格健康教育的忽略上。

这种现象不光在学校有，家庭中也存在。中国的父母很容易说这样的话：只要你把学习搞好了，别的什么都不用你管，这是很典型的。升学的压力太大了，孩子觉得似乎只有学习最重要，对尊重长辈、助人为乐等事情都漠不关心。

我们的调查发现，父母最关心的就是孩子的学习。我们在调查未成年人犯罪现象时发现，走向犯罪道路的孩子的父母和正常孩子的父母相比，父母的关心点是不同的。出现问题的孩子的父母第一关心学习，第二是身体，对孩子的思想品德不关心。

很多父母只看硬件，比如考试成绩如何，是否当班干部和有才艺等。教育的核心是培养人格。小的时候没有重视，就是错过了最好的时机。最初出现的问题都是小苗苗，可能只是拿别人一次东西，打一次人。这时，父母要给孩子敲警钟，教育引导，他很快就改正了。这就是儿童教育要抢在春天播种的道理。

当人长大了走向工作岗位时，某些人的德性欠缺会让单位里有些同事很无奈，人不能说是坏人，但是就流露出品性的恶劣，这就是由来已久的东西。小的时候，该矫正的时候没有矫正，慢慢积淀下来，很难改变。这就是儿童教育的缺失，家庭教育的缺失。

父母和教师首先应该是人格之师，当你关注孩子的时候，首先要关注孩子的品性，因为学业固然重要，但关键还是人格的问题。有时费很大力气也不可能让孩子上一个好大学，而品性好却是人人都可以做到的。孩子小的时候，父母对待其学业上的问题要从宽，品性上的问题要从严，比如不能撒谎，一定要善良公正负责，对人友善宽容。这些品质要在孩子童年时打下基础，要采用各种办法努力做到。父母可以多带孩子参加公益活动，不为名利。要鼓励孩子和不同层次的人接触，这样孩子才能了解到各个阶层人群的生活状况，知道不同人的感受，渐渐地会变得关心别人。

让孩子在体验中成长是很必要的。要特别注意同伴关系，从关心孩子如何和同伴相处做起。孩子可能自私，这时父母要讲出其中的危害，一定要让孩子有高尚的体验。成功的教育会使孩子感到，帮助别人真快乐。拓展孩子的视野很重要，特别是家庭条件好的，住在高档社区的孩子，他们显然很难了解到真实的国情。我们提倡几个孩子去旅行，带孩子回老家等活动。每个人的家乡家族都是一个巨大的教育资源。如果只是坐在屋里讲道理显得很苍白，孩子没有感觉，必须要有真实的体验。所以父母要创造这个机会，让孩子学会了解别人和关心别人。

我们的教育建议是：

①关心孩子的品德。要抛弃以往的以成绩为中心的教育孩子的观点和方法，对于孩子的教育应以品德的培养为中心，培养孩子关心他人的良好品质，是成功的家庭教育所必需的。

②以身作则。身教重于言教，对于孩子品德的培养，父母要以身作则，而不能仅仅停留在言语上。父母关心他人的良好行为会感染到孩子，使孩子的品质在无形中得到培养和提高。

③加强家庭与学校合作。对于孩子关心他人的良好品质的培养，家庭、学校单方面的行为是难以收到良好的成效的，一个比较切实可行的方法是，加强家庭与学校的合作，通过合作来达到培养的目的。

30. 孩子自私怎么办？

问：我女儿8岁，最不好的地方是自私。自己的玩具不给小朋友玩，每次家里来亲戚朋友家的孩子，她都把自己喜欢的东西收起来。我说了她好多次都不怎么起作用。应该怎么教育才好呢？

答：一个8岁孩子不愿意把自己的玩具给别人玩，还说不上是道德问题，而可能是认知水平和合作能力发展问题。但是，作为父母，关心孩子的道德发展是非常有远见的。道德智能低下的孩子将无法适应10年后的社会，这个结论是韩国前教育部长、首尔大学教育专家文龙鳞教授做出的。我们不仅完全同意这个观点，甚至认为道德智能低下的孩子已经难以适应今天的生活。

在很多人看来，似乎应试能力是孩子的第一能力，只有会考试才会有前途。可是，他们可能不清楚，今天的考试正在悄悄地向素质教育转向。比如，前几年某银行举行一场招聘考试，考试内容不是坐在那里解答考题，而是应聘者不分学历，都要经过一段时间的集体宿舍生活，从而评价他们与人相处的方式和区分是非善恶的标准。最终发现，在被聘用的人中，普通学校毕业的人要比一流大学毕业的人多。与学习成绩相比，企业把员工的道德品质看得更重。

在文龙鳞教授看来，对孩子来说，道德首先是一种智能，是一种需要用心培养的能力。道德就是在人与人相处时，每个人都应该遵守的规范和判断是非对错的标准。因此，道德智能就是判断是非的能力，进一步说，就是在自己的伦理信念的支配下，拒绝不正当或不良行为的能力。这种能力包括同情并关心别人痛苦的能力、调节自己情绪和抑制欲求的能力、接受和理解与自己不同观点的能力、尊重别人的能力等。这种能力会让你拥有高尚的品格。有了这种能力，还能让你成长为一个头脑清醒、胸中充满激情的人。

实际上，世界上许多学者都认为道德能力是适应未来的关键能力。据2009年5月4日新华网介绍，美国著名心理学家霍华德·加德纳在其新著《迈向未来的五种思维能力》一书中解释了人类面对21世纪需要具备的五种思维能力，如条理性思维、综合性思维、创造性思维、尊重的思维能力和道德思维能力。他认为，道德思维能力反映的是人作为不同角色的适应能力，其中包含了美德、责任感和道德感。其实，尊重也是一种道德思维能力。这位以多元智能理论闻名于世的学者指出，在当下社会，事物瞬息万变，时间和空间概念都会随技术的发展而迅速地发生变化，市场变得越发强大，而且缺乏一种力量去改变它，因此在这样的环境下，人面对的挑战就是如何把美德、责任和道德结合起来运用。

那么，作为父母应当怎样培养孩子的道德智能呢？在《10岁之前教会孩子如何做人》一书中，文龙鳞教授提出了具体建议，即对于0~1岁的孩子，培养道德只需要无条件的爱。父母无微不至的关怀、体贴会让孩子感到安全，这是孩子积极感受世界的基础。但是，从孩子2~10岁起开始能够理解语言规则以后，父母就要坚决地对孩子说"不行"，并给孩子说明不行的理由。

我想，从小对孩子说"不行"或"可以"的意义在于，让他在认识人生与世界之初，就明确什么是好什么是不好，什么应该做什么不应该做，并坚定不移地坚持下去，进而养成良好的道德习惯。因为，道德智能简言之就是判断是非的能力，就是拒绝不正当或不良行为的能力。显然，培养儿童少年的道德智能是家庭教育和学校教育的首要职能。

我们的教育建议是：

①创造分享的家庭气氛。父母应该从孩子最在乎的食物开始，如果孩子独占的话，父母就要把食物拿过来公平地分开，不能再放任不管。一开始，孩子可能会大哭大闹或苦苦哀求，但父母绝不能让步，一定要坚持到底。偶尔的"旧病复发"也是正常的，只要父母坚持就一定能纠正过来。

②满足孩子的要求要适当。对于孩子的合理要求可以适当满足，对于不能及时满足的要让孩子学会等待，不过分迁就，即使孩子很强硬，父母也要把正确的做法坚持到底，不给孩子留余地。如果有一次妥协，孩子就知道下次有机可乘，所以，父母要有狠心、恒心、耐心。

③引导孩子懂得体谅他人。父母可以有意制造一些挫折，即碰钉子的机会，适时地进行教育引导，帮助孩子认识到自私是不受人欢迎的行为，只有友善和互助才能赢得大家的喜欢。如鼓励孩子多参加合作性的游戏活动，指导孩子在玩中感受尊重、帮助、谦让别人的乐趣，并学会控制自己不合理的情绪。

④父母要以身作则。在日常生活中无论做什么事都要互相关心、爱护，尤其要多孝敬长辈，给孩子树立模仿的榜样，长此以往，同样的品质和行为方式就会再现于孩子身上。

31. 孩子特别爱嫉妒别人怎么办？

问：我是一个中学老师，我们学校是一所重点中学，班里的很多孩子都学习不错，知道努力，不用老师在这方面下功夫。但有个突出的问题就是很多孩子的嫉妒心很强，尤其是几个成绩不相上下的学生。学校有心理老师做过辅导，效果还是有的。但我还是希望能有更多些方法，随时帮助孩子，让学生们身心健康地成长，而不仅仅是学习成绩优秀。我应该怎么做？

答：长期以来，人们已经适应了这个竞争的社会，在教育孩子的时候，有些父母教孩子要竞争，要取胜，要比同龄人强。

在孩子还很小的时候，有些父母就告诉孩子："别人打你，你就打他。""去幼儿园，可别叫小朋友欺负了，不用怕他们。""老师发水果，要挑个大的，别那么熊包。"等孩子上学了，父母又说："要有竞争意识，别的同学问你题目，不要告诉他，他会了就比你强了。""这是妈妈新给你买的参考书，可别借给其他同学看啊！""合唱比赛有什么意思？得了第一名也不是你自己的荣誉，还是省点时间看看书吧！"

大家可以仔细想一想，这种教育孩子的方式，培养出来的不是自私的孩子还能是什么？要知道，每一个人都不可能孤立地生活在这个世界上，我们必须生活在人群中，必定生活在人与人之间，不可能不与人交往。而谁愿意与自私的人交往呢？

在一些人固有的思维模式中，一直认为帮助别人自己就要有所牺牲；别人得到了自己就一定会失去。其实，帮助别人就是强大自己，帮助别人就是帮助自己，别人得到的并非是你自己失去的。《盲人挑灯》的故事就把这个道理讲得很透彻：

一个漆黑的夜晚，一个苦行僧走到一个荒僻的村落，他看到一盏昏黄的灯正从巷道的深处亮过来。身旁的一位村民说："孙瞎子过来了。"苦行僧百思不得其解，一个双目失明的人，挑一盏灯岂不可笑？于是问："敢问施主，既然你什么也看不见，那你为何挑一盏灯呢？"盲人说："现在是黑夜吗？我听说黑夜如果没有灯光的映照，那么满世界的人都和我一样是盲人，所以我就点燃了一盏灯。"

僧人若有所悟地说："原来你是为别人照明呀？"但那盲人却说："不，我是为自己！"

"为你自己？"僧人又愣住了。

盲人问僧人，你是否因为夜色漆黑而被其他行人碰撞过？我就没有。虽说我是盲人，但我挑了这盏灯，既为别人照亮了路，也让别人看到了我而不会碰撞我了。

有的孩子一听到别人成功了，就觉得自己失败了，心里很难受。这样的心理对于一个急于上进的孩子而言是真实的，也是可以理解的。但这种心态如果不能得到很好的调整，就会产生忌妒、嫉恨。北京人大附中的刘彭芝校长的做法可能值得教师和父母借鉴。

人大附中是尖子生云集的地方，刘校长那时担任实验班的班主任，自然面对激烈的竞争。于是，她在班里倡导消除"秘密武器"，经常在班里进行学习方法的交流。谁能够向同学介绍自己的学习方法，大家就为他鼓掌向他表示敬意。

结果这个班里出现一种风气，大家都是这样敞开胸怀，把自己的有效武器教给别人，大家共同来提高。因为这样一种胸怀宽广的做法，每个人都获益特别多，既得到了友情，又得到了智慧。他们觉得自己的办法比过去多了，而且会不断产生新的办法，使学习充满了自信。在这样的氛围中形成的集体，是温暖的集体，在这样的一个集体中成长的孩子比较容易形成高尚的人格，比较善于与别人合作。

老师或是父母不要让孩子仅仅为了名次、为了分数去学习，更不要鼓励孩子参与恶性竞争，如不和其他同学友好相处、不共同分享学习上的好方法，搞保密垄断等，这是狭隘的，有损心理健康的。正确的做法是要让孩子学会用大胸怀、大境界对待学习、对待同学，在班级里有朋友，人缘好，会更加有利于孩子的学习。大家互相团结、帮助，这才是真正的学习。

我们的教育建议是：

①关心孩子在班集体的情况。如果孩子学习成绩优秀，作为父母和老师就要特别注意他与其他优秀学生的关系处得好不好，当然也要关注他和班上其他同学的关系如何。

②消除孩子盲目的优越感。有些孩子因为学习成绩好，或者某方面发展得不错，就会很骄傲。比方说这些孩子看到一些工人、清洁工、厨房的师傅，态度都非常不屑，很不友善，或者会鄙视一些穷亲戚或者做普通工作的邻居，这实际上是一种盲目的骄傲，是一种非常愚蠢的表现。

③让孩子体验普通人的生活。人大附中有一个很好的做法，他们组织一些优秀的学生在学校里进行各种调查。如调查食堂的工作人员是怎样工作的，调查门卫是怎样站岗执勤的，调查学校的后勤各个部门是怎样保证这个学校的正常运转的。

经过大量的调查之后，回来进行交流，这些学生明白了：原来为了我们能安心地学习，有那么多人在为我们辛劳。比方说餐厅，天不亮就要准备早餐；门卫刮风下雨都要坚守在那个地方，而且不管什么样的人来都要有礼貌地对待，还处处要维护学校的声誉，不怕麻烦。

这种教育的成功之处在于哪里呢？在于它不是用说教的方式，它是用体验的方式，让学生去调查、去体验、去感受，感受那些普通人的崇高的境界，感受人与人之间的相互依存、相互尊重的关系。这样的教育，孩子是心悦诚服的，是从内心接受的。

④不要顺着孩子的不良或不当愿望。溺爱容易导致任性和自私，而一个任性和自私的人是无法与人合作的。所以，当孩子的想法不良或不当时，建议父母们不要满足孩子的心愿，要用适当的方法对孩子说"不"。

⑤正确对待荣誉。孩子们大都有非常强烈的荣誉心。对待荣誉的态度和方式往往也是影响孩子是否愿意合作的重要因素。既要鼓励孩子积极努力地去争取荣誉，同时也要鼓励孩子分享和谦让，不仅在乎自己的荣誉，更重视集体的荣誉。

32. 孩子说话不算数怎么办？

问：我儿子今年 10 岁了，我觉得这个年龄的孩子应该对自己说的话负责了，可我儿子不是。比如，我和他约定好每天放学回家后，就看 10 分钟动画片，然后就去写作业，写完作业才能去玩。可他根本坚持不了。如果我不一直催他他就会一直看下去。对这样的孩子我应该怎么办？

答：对于儿童问题要慎重归因。小孩子喜欢动画片是正常的，克制不住自己也是正常的。一个酷爱动画片的孩子，让他看 10 分钟电视就去写作业，是非常困难的。10 分钟，不管是什么动画片估计都演不完，这时候你希望让他能放下看了一半的动画片，自觉自愿地起身去做作业，那怎么可能呢？

从父母的本意来看，要孩子学会对自己的承诺负责任，这是对的。但从儿童心理发展角度来看，不到 10 岁的孩子，大脑皮质的兴奋和抑制机能还没有完全发育平衡（到青春期左右才能完全发育平衡），要他对约定负责，仅通过承诺是难以实现的。而且不到 10 岁的孩子对 10 分钟、半小时等这样的时间长度还缺乏相应的心理概念，很显然，他当时对于父母的规定，是抱着"只要能让看动画片就行"的心理答应的，而真正到执行的时候，如果缺乏必要的约束机制和心理自控能力，这个约定就很难执行下去。

因此，和孩子所制订的约定，必须是在和孩子充分沟通的基础上，由父母和孩子共同讨论制订，而且还要具备行之有效的惩罚和奖励措施，而奖励和惩罚措施也要孩子认可才可以执行。

约定一经形成，一定要坚持。首先父母要坚持，孩子才愿意遵守。当孩子出现耍赖、拖延时间等问题时，父母不用催促、唠叨、甚至打骂，而是要做到"温柔地坚持"。

除了上面所说的方法之外，我们还可以从更深层原因来探讨孩子说话不算数的问题。

心理学认为，儿童的道德意识和道德行为的发展，一般来说是紧密相联的。道德意识决定着道德行为，道德行为又反过来体现着道德意识。但是，由于儿童认识发展跟不上，常常会造成认识和行为的脱节。有的孩子，虽然明知自己的行为是不对的，但意志力薄弱、自制力不强都有可能使他们说了不算，答应人家的事却又不做。

所以，父母不要把孩子这种变卦行为看成是道德败坏、撒谎等，更不要因此而打骂孩子。儿童期的孩子意志还不够坚定，自制力较差，他们往往不能控制自己的行为，答应了别人要做某件事，却又"毁约"、变卦，不履行承诺。

另外，父母还应该考虑一下自己的言行。有些父母经常在孩子面前做些言行不一致的事，例如，答应星期天带孩子到公园去玩，却突然变卦，或者嘴上答应人家办某些事，却不认真去办，这些行为都会使孩子记在心里，并跟着学。成年人的种种不良行为都将极大地影响儿童的心理和行为。

我们的教育建议是：

①父母要言行一致。儿童的模仿力很强、易受暗示。成年人如果像前面所说的那样言行不一，不履行承诺，孩子就会受到暗示，跟着模仿。

②对孩子的言行不一行为，父母要及时指出，并讲明道理，不要因为孩子的年龄还小，就放纵他们的缺点。父母在发现了孩子的弱点以后，应给他们指出来，并督促他们按自己的诺言去做，履行自己的承诺。同时，父母还可以讲讲信义在人际交往中的作用，让孩子懂得履行自己的诺言在人的生活中是多么重要。

33. 孩子特别爱发脾气怎么办?

问：我儿子上小学三年级，他有一个毛病，在学校里为点小事就生气，生气了就和同学打架。我和老师批评过他很多次，但他说生起气来就克制不住自己，所以才和同学打架的。现在这孩子在家里发脾气的情况倒是不多，也可能因为他是家里最小的孩子，无论是大人，还是他的表兄表姐，凡事都能让着他，有了要求尽量满足他。在学校可就没有人让着他了。我该怎样纠正他这个问题?

答：我们首先来看看一个妈妈对类似问题采取的方法。

这个妈妈是这样说的：我女儿在上学以前有一段时间总是很任性，一点不对心思就发脾气、摔东西，经常把我的书本扔一地。那时有朋友帮我分析是因为孩子和奶奶生活在一起的时候太娇惯了，回到父母身边，一有不顺心她就忍不住要发脾气。朋友建议我不要理会她，不管她怎么发脾气，大人都不要去哄她。

头一次我们真的不忍心，孩子开始扔东西，累了就开始哭，哭得喘不上气，好像都痉挛了。我这个当妈妈的心都碎了，结果我实在忍不住，过去哄她，她要怎样就怎样——我失败了。

后来朋友又说，她那么卖力气地哭，是因为她知道你在注意着她，而且她知道你心疼她，建议孩子再哭的时候，我最好不要在旁边看着，这样孩子就无法揣摩爸爸妈妈到底怎么想。

于是，她再发脾气，我就找个借口出门，我把家门关上，在门外听着。开始，她闹得更凶，还把电视遥控器都扔到窗外了。后来发现门外真的没有动静，慢慢声音就小了。

等她几乎没什么声音了，我们再进去和她讲道理。就这样，折腾了几个月，她就不再乱发脾气了。

例子中的这个男孩子爱发脾气的行为与上面那个女孩的情况是相似的，是在与父母的冲突中不断受到正向强化而"习得"的结果。

当他第一次为一个不太合理的愿望得不到满足，开始哭闹、发脾气时，大人会因为心疼或不耐烦而妥协，满足他的要求。几次下来，孩子会发现用发脾气来解决问题的方式非常有效，习惯就这样被延续下来。

我们的教育建议是：

①父母首先要引导孩子学习其他有效的解决问题策略，开拓他的思路。比如，在公共场合遇到路人打架的事件，可以和儿子讨论："那两个大人如果不发那么大的脾气，还有没有什么方法可以解决问题？"和儿子一同讲故事时，也可以鼓励并启发儿子就一件事情想出多种解决办法。同时，当儿子在学校和同学发生冲突后，及时让他体会一下"通过打架，这件事解决了吗？""这件事，本来你的想法是好的，可为什么一打架，自己反而不占理了？"让儿子意识到打架不但不能解决问题，反而会把事情弄糟。

②家庭中还需要改变原有的亲子互动模式。对孩子的某些任性做法置之不理是最有效的方法。当孩子发现发脾气没有什么用处时，他的不良行为就会逐渐减少，而开始自觉去发现其他解决问题的办法。在这个阶段，父母最需要注意的就是一定要做到坚持，而不是对孩子心软甚至妥协。

③当孩子有了进步要及时鼓励。如果孩子在学校或家里遇到令自己不愉快的事情时，没有发脾气和打架，而是克制自己的情绪并用其他更好的方式解决，那么他就可以得到表扬和奖励。这样做可以使孩子把克制脾气、想办法解决问题和美好愉快的回应相联系，逐渐养成良好的行为习惯。

34. 孩子总是做些让人讨厌的事怎么办？

问：我的孩子因为家庭原因从小和爷爷奶奶生活在一起，是由爷爷奶奶带大的。孩子5岁的时候，我们才把孩子接到身边。回来后我们才发现这个孩子有许多让人难以忍受的缺点，尤其过分的是他总是做一些招人讨厌的事情，比如上课时他会故意弄出一些声音来影响课堂秩序；老师让他组词，他会组出一些很不文雅的词来。我们现在会朋友都不太敢带他去，就怕他会做出什么让我们难堪的事。

答：这个孩子可能是一直在为吸引别人的注意力而抗争。

孩子从过去自己熟悉的环境中，一下子换到一个新的环境，对于他来说一切都改变了。在旧的环境中，他可能很有优越感，家里人或是小朋友也很重视他，肯定他。换到一个新的环境中，他原来的做事方式一下子都不对了，他成了一个弱势者，他得不到肯定，常常被忽视。于是，为了满足自己的心理需求，孩子就常常做出一些怪异的事情来引起他人的注意。这可能就是孩子为什么总要制造麻烦的原因。

对于这样的孩子，父母一方面要给予充分的爱与重视，要让孩子体会到父母对他努力适应环境的肯定。父母要强化那些希望孩子做出的行为，也就是当孩子做出良好行为的时候，哪怕是一点点的进步，发生在别人身上是微不足道的，也要及时地对孩子给予表扬，给予重视。

当孩子出现那些不良行为的时候，要淡化这些行为。

我们的教育建议是：

①不要从品德培养的高度来认识孩子的某些行为。恶作剧行为往往是孩子无意间偶然的灵机一动，并不是其品德意识直接而真实的反映。但不重视它，任其发展，也将养成孩子不良的行为习惯。这是处理这类问题的立足点。

②要积极引导孩子正确认识恶作剧的后果，促进孩子形成良好的品德意识。父母要向孩子讲明其危害，引导孩子认识这种行为不光对其自身有一定的不良效果，而且给他人也带来一定的损害，从而教育孩子从小树立关心他人的良好品德。

③要认真分析孩子做事的动机，注意区别对待。孩子做某些招人讨厌的事情的时候动机有所不同，有的是对父母未满足其要求的报复，有的是出于对事物的好奇，也有的是认识上的局限，等等。因此，不可一概而论，而要区别对待，该批评的要批评，该引导的要引导，该教育的要教育。

④发现孩子恶作剧时要及时处理，同时要讲究场合，注意保护孩子的自尊心，使孩子易于接受。

35. 孩子总是拿家里的钱怎么办?

问：我的儿子快 10 岁了，一直是个比较听话的孩子。我们基本上对他想要的东西都会满足他，他也很少向我们要钱自己买东西。但是最近我发现放在家里的钱总是不翼而飞，我知道是儿子拿走了。尽管数目不大，但是我还是想制止孩子的这个行为，但是又怕给孩子留下什么不好的影响，我该怎么办?

答：首先大人要坐下来认真地与孩子沟通，告诉他，尽管这是你的家，但是，你要拿钱花要先告诉爸爸妈妈，要与爸爸妈妈商量才行。没有经过爸爸妈妈的同意就把钱拿走是不对的。

沟通的过程中，一定要避免提到"偷"这个字眼。孩子已经 10 岁，如果把这个字用在他的身上，可能产生很消极的后果。要告诉孩子如果是合理的支出，爸爸妈妈绝对会给你的。同时把是否合理的标准告诉孩子，让孩子知道什么钱该花，什么钱不该花，让孩子从小就有分辨的能力。

父母可以和孩子讨论通过何种方式去拥有他喜欢的东西，钱只是实现欲望的工具和桥梁之一，不要就钱的问题纠缠不清。12 岁以下的孩子，一般没有管理金钱的能力，每周几块零花钱就可以了。如果他需要什么东西，父母应该给他机会让他说出愿望，并共同来讨论哪些愿望是可以马上实现的，哪些愿望需要等一等。或者，哪些需要父母可以无条件满足，哪些需要父母要跟他谈条件。比如，孩子说他喜欢某个游戏软件，朋友都有，他也想拥有，这得需要几十元钱，父母可能会因为游戏影响学习而简单地拒绝，这样做会使孩子通过正常途径满足自己的努力落空，甚至心理受挫。

孩子偷偷拿父母的钱，内心也会遇到很大的道德冲突，承受很大的道德压力，若不是因为想得到什么东西的欲望很强，一般也不会轻易涉险。从根源上看，常常目睹父母大手大脚花钱的孩子，对金钱的欲望会大一些，因为他知道花钱可以买来快乐。节俭的家庭，孩子更知道钱的重要性，也轻易不敢乱花钱。从方法上看，父母随意放置钱会让孩子时时刻刻面临内心的冲动，可能会使孩子养成乱拿钱的行为习惯。如果父母善于管理金钱，孩子的非分之想也自然会得以收敛。

偷拿家里的钱是许多小孩子都会犯的错，作为孩子的父母，首先要降低这件事的重要性，不要说那些"小偷针，大偷金"之类无限上纲的话，更不要提"偷"这个字，12岁以下的孩子心理都很脆弱，会以为自己不是好人，形成创伤体验。现在的独生子女，普遍都以为家里的就可以是自己的。12岁以上的孩子，可以帮助他学习对钱的管理，给他稍微多一些的零花钱，要求他建立一个账目，时不时看看，然后夸奖几句。如果这样管理的效果不错，孩子不乱花钱，可以奖励他更多的钱，让他在钱的管理上更有成就感。如果乱花钱，就克扣一些零花钱，让他觉得这样做得不偿失，他就会改变做法。

另一方面，也要适当增加孩子的零用钱数量，或者让孩子通过劳动赚得零花钱。孩子手中钱的数量多了，有了支配权，加上父母的适当引导，不仅可以避免"偷钱"的问题，还可以培养、锻炼他的理财能力。

还有很重要的一点：一定不要让孩子和父母产生对立情绪形成对立关系。一旦对立情绪出现，孩子就会把爸爸妈妈不想给自己钱花与不爱自己联系起来，这样的问题要解决可就费时费力了。

我们的教育建议是：

①父母要满足孩子合理的需要。当孩子合理的需要得不到满足的时候，他就会采用特殊的手段来拿家里的钱以满足自己的需要，而往往不会经过父母的允许，因此如果父母要避免孩子不经允许就拿家里的钱，就必须首先满足孩子合理的需要。所以父母要了解孩子拿钱背后的原因。例如，对孩子的零食控制比较严格，孩子的口腔欲总是处于饥渴状态；或者从孩子幼年期开始，父母总是习惯让孩子自己去妈妈钱包里取钱买东西等。都有可能导致孩子没有经过父母允许去自己拿钱。

②父母要用积极的方式来处理孩子的拿钱行为。如开家庭会议，和孩子一起讨论钱的用途，讨论用钱的原则；说明不能拿别人钱的原因，告诉他拿钱会给别人造成伤害；最后讨论解决拿钱问题的方法。

③教育孩子正确对待金钱。当孩子出现不良行为时，往往也是一个新教育起点的关键期。孩子拿钱的行为给父母提了一个醒：孩子理财教育的敏感期到了。我们可以查阅理财的相关知识，对孩子进行理财教育，了解银行知识、投资的知

识等来扩大孩子的知识面。

当然，这也是进行道德教育的良好契机。告诉孩子，只有通过自己的努力劳动获得的金钱才是属于自己的和有意义的，家里的钱是父母通过自己的劳动获得的，如果想用的话，需要经过父母的允许。并且，父母要鼓励孩子通过自己的劳动去获得金钱。

36. 孩子总是不让批评怎么办?

问：女儿上小学五年级，在班里学习成绩处于中下游。她主要的问题是懒惰、贪玩，不求上进。自己做得不好，还不允许别人批评她。每当我指出她什么地方不行，或者她不如别的孩子做得好的时候，她就会大发脾气，还眼泪汪汪地说"根本就不爱我"，"还不如不要我，去给那些好孩子当妈算了"，等等。我真不明白，她怎么就不像别的孩子那样让人省心呢？虽然我有时对她要求是很严格，那不是为她好吗？而且要求严格了她都不让我满意，如果不要求不就更不行了吗？我应该怎么办才能教育好这个孩子？

答：在回答这个问题之前，我们先来看一个妈妈的现身说法：

我小的时候，父母管教很严厉，一点错误都不能犯。可人哪能不犯错误？因此挨训是家常便饭。而我偏偏又是个敏感的人，他们一教训我，我就觉得自己浑身是缺点，一无是处。久而久之，对别人对自己的态度特别敏感，说我好不行，说我不好也不行。

就这个问题，我一直在调整，也经常和自己说，当年父母对我要求严格是希望我更好，他们批评我并不代表我其他方面也不好，只是某个特定的地方需要改进。成年以后，偶尔也能从父母的口中了解到他们还是以我为骄傲的，认为我是家中最努力、最有能力的一个，这些都说明父母是肯定我的，但是因为当年没有及时听到肯定的话，我一直都无法让自己真正自信起来。

所以，在教育我的孩子的时候，我特别注意这个地方。每次批评儿子的时候我都要和他先讲清楚这件事他什么地方做对了，做得很好，然后再说他什么地方做的不够好，下次需要怎么改进。

儿子很容易接受我给他提的意见，改正错误也很及时。因此不要总是埋怨孩子，孩子出问题的背后肯定是父母的行为先出了问题。

再结合问题中的例子来看，一方面，女儿似乎非常在意妈妈对自己的评价，甚至会因为妈妈的批评而担心妈妈不爱自己；另一方面，母亲把全部目光放在女儿身上，喜欢拿女儿和别的孩子做比较，觉得女儿处处做得不如别人优秀。

这样一来，就不难理解女儿为什么不肯接受批评——长期缺乏自信的孩子，当面对批评时，往往关注的不是被批评的具体事件，而是感到自己整个人都被否定了，认为"我是不可爱的"。自卑的孩子在学习上也难以保持动力，遇到困难就会出现退缩、恐慌，"无论怎样做，妈妈也会觉得我不如别人好"。

其实，每个孩子的性格特点不同、兴趣爱好不同、能力取向不同、特长不同、理想不同、成长环境不同、所接受的家庭教育方式不同，未来的发展道路更不会相同。我们不能要求所有的孩子成长道路是一样的。

我们的教育建议是：

①作为母亲，要善于发现孩子身上可爱的特点和优势。对于孩子的长处以及哪怕点滴的进步都要及时发现并把这些发现表达给孩子，让孩子能够明白妈妈对自己的爱和欣赏。

②在需要批评孩子的时候，也不要总是和别的孩子相比较，而是要就事论事地指出问题，然后最好能和孩子商量一下以后怎么做才能有进步。

平时与孩子沟通和交流的过程中，尽量多运用疑问句、多征求孩子的意见并认真对待孩子的建议。如"这件事你认为该怎样处理？""如果换成你，你会怎样做？"从而逐渐调动孩子成长的内在驱动力，让孩子时常看到自己的能力和妈妈的信任，建立自信和主观能动性。

37. 孩子有很多秘密瞒着父母怎么办?

问: 我的孩子今年上初中了。从小他就是个比较听话的孩子。特别爱和我聊天,我和孩子之间没有什么秘密。但随着他年龄的增长,好多话都不和我说了,有时问他,他还不高兴。我也知道孩子大了,又到了青春期,难免会有自己的想法,我也能理解。但如果他很多事都不告诉我,怎样才能知道他都在想些什么,怎样教育他呢?

答: 很多父母都说:孩子大了,不像小的时候什么话都和父母讲,小秘密越来越多。有的父母开始担心,怕自己不能对孩子的所思所想了如指掌,从而没法教育孩子。

做父母的和当老师的往往希望孩子像个水晶人一样,是个透明体,这实际上是不可能的,也是不好的。

据了解,学生中流行着这样一句话:防火防盗防父母。有的学生每看完短信就赶紧删除,有的在自己的日记本上加锁,有的还特意准备两本日记,一本写点故作积极上进的东西,然后放进抽屉里专门让父母偷看,另一本则写下自己的真心话,收藏在隐蔽的地方。显然,父母们与自己孩子之间出现了沟通的"鸿沟"。

在生活中,成年人总是强调他们对孩子应该行使的保护权,而孩子总是抱怨父母不尊重他们的个人隐私。

甚至有这样的极端事例:尽管价格不菲,还是有些父母通过请私人侦探来调查子女行踪。调查的对象一般是初二到高二的学生,主要内容是跟踪他们是否去不良场所,和什么样的人交往等。一位工作人员解释说,父母因为忙于工作无暇顾及子女,但又担心他们走上不良道路,因此希望通过私人侦探帮助掌握孩子的动态,发现问题好对症下药。这是父母缺乏儿童权利意识的体现。受传统思想的影响,有些父母认为孩子是自己的私有财产,还有的父母认为父母对孩子有监护权,无论行为怎样过激,都是对孩子的负责。父母要明白,对孩子的监护权不意味着剥夺未成年人的隐私权。这样做不仅违法,也会加重孩子的逆反心理,加剧父母和孩子之间的冲突,使父母失去孩子对他们的尊重。

加拿大教育专家马克思·范梅南教授在《儿童的秘密》一书中指出,保守秘密是儿童走向成熟和独立的一个标志。范梅南教授访谈了众多儿童及成人，呈现了大量的有关儿童对秘密体验的叙述，改变了人们长期以来认为秘密是不好的、不健康的和不应该有的这一传统的错觉。研究证明，秘密能够让孩子们意识到自己逐渐拥有的内心世界和外部世界，这种认识反过来又帮助他们形成一种自我感、责任感以及自主性和人际交往间的亲密性。在保守秘密的过程中，他会感到对父母有一种既想亲密又必须疏远的感情，会怀念在没有秘密的时候的那种毫无芥蒂的亲子关系，从而形成一种珍贵的感觉。所以，儿童的隐瞒行为是有一定的教育意义的。

中国青少年研究中心一项调查发现，近30%的中小学生的日记和信件被父母偷看过，除了看孩子日记，有的父母还偷听孩子的电话，这都算是侵犯了孩子的隐私权。随着年龄的增长和独立性的增强，孩子开始有了自己的一些"秘密"，日记就变成了孩子倾诉的"朋友"。电话也是孩子和同龄人沟通的方式。但很多父母以对孩子"负责""关心"为由，想方设法翻看孩子的日记，偷听孩子的电话，殊不知父母亲的这些做法却正是孩子们最反感的行为。

父母偷看孩子的日记、偷听孩子的电话这些行为，其实都是对孩子关心不够、缺乏信任的表现，容易造成孩子对父母的不满情绪，产生新的沟通障碍。这实质上反映了目前家庭教育的缺失。父母或老师在侵犯了孩子隐私权的同时，也对他们的心理造成了很大伤害。如果长期下去，原本浓厚的亲情也会淡薄很多。

每个人心中都有不愿告诉他人的秘密，孩子也不例外。特别是处在青春期的少男少女，总爱把自己的抽屉锁上，似乎有什么秘密。其实这是一种正常的心理特征，它体现了一种独立意识和自尊意识，宣告了他（她）已成长为一个拥有个人行为秘密的成人，不再像童年时期那样，心里有什么话都愿意向父母"敞开心扉"。这个"隐秘世界"是孩子自由个性的集中体现，包括父母在内的其他人再不可随意进入自己内心世界的"警戒线"。

哲学家康德说过：被告知一个秘密，就是被赠予一份礼物。可见秘密是很有分量的一个东西。对孩子来说，秘密意味着什么？每个人都有自己的秘密。秘密是人们掩藏在内心的、隐蔽的、看不见的、神秘的空间或想法。人们保护自己内心的想法，不被别人知道，实际上就是在某种程度把自己和别人隔离开来。

当孩子拥有自己的秘密时表明：他已经将自己同其他人、同客观世界区分开了；当他考虑要不要把秘密说出去的时候，就表明他已经具有追求独立的愿望；当他意识到要为他人保守秘密的时候，就表明他已经具备了初步的责任感。

秘密可以让孩子意识到自己的内心世界，同时也让他们形成自我意识和责任感。

从教育学的角度来说，拥有秘密对于孩子的成长具有重要作用。走向独立是现代人的基本特征，而拥有个人秘密并能恰当处置是走向独立的要素。对个人来说，秘密往往与责任紧密相连，并且要独立承担责任。从这个意义上讲，没有秘密的"水晶人"是永远长不大的，有远见的父母与教师应当允许孩子有自己的秘密。

如果父母过于窥视孩子的隐私，首先会打击孩子的自信心。对自己能力的信心就是自信心。孩子希望有一定的独立性，希望自己的某一领域不受干预，这正是有自信心的表现。做错了事，想偷偷改；学习落后了，想暗自追上去，这也正是不丧失自信心的表现。轻易地破坏他们这种希望，侵犯他们这方面的隐私，就会无意中打击了他们的自信心。

其次会麻痹孩子的羞耻心。孩子因知羞耻才把某些过失、缺陷看作隐私，随便被揭开、公布、宣扬，孩子起初还会觉得难堪、痛苦，以后便会麻木了。俗话说"破罐子破摔"就是这个意思。

如果孩子的隐私常被侵犯，父母又不善于补救，其结果必定是孩子对父母反感，不信任。一旦双方形成隔阂，再对孩子进行有效教育就困难了。

有些父母会问："一切由着孩子，难道孩子的私事都不能过问了吗？"

父母可以过问，但要明确指导思想，讲究方法。不是所有的秘密，父母都无权过问。如果碰到较大麻烦甚至危险，应当立即告诉父母，以免发生意外，这是每一个孩子应当具有的常识。如果你确实意识到了孩子面临危险是可以采取必要措施的，但要小心，不要误解了孩子，低估了孩子，那样会让孩子产生一种不被信任的感觉，会对教育产生障碍的。

我们的教育建议是：

①需要在日常生活中长期积累、培植孩子对父母的信任感。比如，培养孩子与父母交流思想感情的习惯，当孩子和父母说些心里话时，父母要给予充分的理

解。即便不同意孩子的某些做法和说法，也要用商量的口吻协商，达到与孩子情感上的沟通，营造家庭中平等、民主、理解、宽松的气氛和行为模式。要使孩子感到自己和父母之间不仅仅是血缘上的亲子关系，更是生活中可以信赖的朋友。这样一来，孩子也很愿意把自己心中的秘密告诉父母。

②父母平时应多抽时间和孩子聊聊天，问一问孩子学校的事情，人际关系情况，对一些事物的看法等。如果孩子告诉你一些真实感受和想法，要站在孩子的立场先去理解他，然后再告诉他该怎么办。对于孩子遇到的一些人生困惑，父母要耐心地给他们指导帮助，为他们解疑答惑。这样，孩子感受到父母对自己尊重和信任，他们也会越来越信任父母，就会把父母当成倾诉对象，而不是保密对象了。

③不要找各种理由偷看孩子的日记，私拆孩子的信件。不要偷听孩子的电话和谈话。写日记是孩子自我成长的极佳方式，但是，如果得不到父母的理解和尊重，很少有孩子能坚持写下去。

④如果承诺为孩子保守秘密，一定要守信，需要揭开某个秘密时应动员孩子自己揭，而不是由父母代办。

上面几点，如果父母真正做到，那么孩子就会认为父母是值得信任的，在做某些比较大的事情之前，会和父母商量，从而避免危险。

38. 孩子追星怎么办?

问：我女儿今年上初中了。这孩子各方面表现都还不错。就是特别喜欢追星。有时是影视明星有时是歌星，又买海报又买碟的。其实我也知道现在好多孩子都这样，有的孩子还跑外地看演唱会。我只是担心久了会影响她的学习。我要制止她吗?

答：对孩子来说，有喜欢的偶像是很正常的事情。偶像是人的精神伴侣，也是人的一种信念的支撑，偶像崇拜也绝不仅限于青少年，每个年龄段的人都是有自己的偶像的，只是青少年表现得更加强烈而已。他们对偶像的崇拜往往如热恋一般地热血沸腾、不能自抑。孩子在成长过程中会放弃很多偶像，而选择另外一些新的偶像，这就是孩子成长的过程。

很多父母、老师对孩子偶像崇拜有着很多的偏见和误解。比如，有的孩子模仿偶像的着装、举止，墙上贴满了偶像的画像，往往会引起父母的反感和不解。许多大人不明白孩子为什么如此追捧偶像。

人在青少年时期的自我意识特别强烈，青少年在成长过程中常常会思考自己要成为一种什么样的人，或者梦想自己成为一种什么样的人，但是却不能够确立，多处于彷徨和迷茫之中。这时，偶像的出现就像夜空的星星一样，让青少年一下子看到了希望。他会发现这个人唱的歌让他很动心，那个人的生活让他很向往，于是他就特别希望自己能够成为这样的人，于是就有了偶像崇拜。因此，青少年偶像崇拜实际上是青少年理想的一种投射，是偶像让青少年理想中那种梦幻一般美妙的东西，有了附着和依托，像个拐杖一样支撑、辅助着青少年的成长。

因此，无论是父母还是老师，作为成年人，都不可嘲笑、贬低孩子心中的偶像，那样做是无知、不明智的，甚至是非常残忍的。尤其是对于青春期的孩子来说，这个时期的孩子对自己充满了怀疑，很容易对自己产生不自信，而且他们特别注意自己的形象，害怕别人的嘲笑。因此大人如果嘲笑孩子，就很容易对孩子的心理造成影响。

我们的教育建议是：

①在尊重孩子的前提下，去了解孩子，从而正确地引导孩子。可以采取讨论的方式去引导孩子。让孩子把喜欢偶像的感受说出来，然后和孩子一起讨论偶像崇拜中的价值选择是什么，什么样的偶像值得崇拜，什么样的偶像不值得崇拜；什么样的东西是美的，什么样的东西是丑的，父母要给予孩子正确的引导和点拨。

②平衡孩子的偶像追求，让单一的偶像崇拜变成群星灿烂。父母可以向孩子介绍很多其他领域的优秀人物，比如科学家、发明家等，让孩子有机会了解中国的神舟飞船，中国的宇航员，知道各个领域的专家、学者等。偶像是人的精神伴侣，只崇拜单一偶像的青少年也是不能够健康成长的，让孩子的偶像追求平衡化、多元化了，孩子才会知道，三百六十行，行行都可以出状元。

③变偶像为榜样。偶像和榜样的区别在于偶像是个性化的，是个人选择的，而榜样是社会化的，是社会或者一些机构认定、推广，然后得到青少年认可的。那么，如何变偶像为榜样呢？喜欢运动的人，可能会喜欢宁泽涛、朱婷等人。宁泽涛、朱婷就是他们的心中偶像。要引导孩子看到他们身上强烈的爱国心，顽强的意志品质等，挖掘他们身上的榜样因素。所谓榜样因素，是和社会倡导的价值观一致的因素。即使是歌星影星，很多人也会有许多艺术上的努力是值得孩子学习的。

④对于孩子追星用禁令和打击都是不明智的，最好的方式是替代。丰富孩子的视野，可以多听音乐会，多欣赏其他艺术。让孩子发现还有更多更好的杰出人物遍布各个领域，让孩子心中有个群像，替代唯一的一个偶像。

39. "窝里横"的孩子怎么管?

> **问**：儿子8岁，读小学二年级，是那种在家里很骄横的孩子。因为他这一辈就他一个男孩，老人比较娇惯，所以这孩子在家脾气特别大，说一不二的。但在学校又很懦弱，连一些小女孩都呵斥他。这两种情况都不是我们想看到的，但又无计可施。有什么好的办法吗？

答：确实有些孩子在家和在学校表现不一，这是很正常的现象。隔代的娇惯所造成的家庭关系的失衡，确实已经让孩子形成了"地球都得围着我转"的错误观念。可在学校这个小社会中，彼此平等是交往的基本前提，谁又会吃你那一套？孩子在家中所拥有的过度的自信和骄傲，却在与同龄人的正常相处中处处受挫，而他有苦没处诉，又会转向"百依百顺"的家人撒气。长此以往所产生的恶性循环，势必会对他的性格养成形成负面的影响。

家中老人对孩子疼爱有加，甚至娇惯，容不得他受委屈，孩子的"权力"在这里被无限放宽了，自然要显得骄横一些。但是在学校，家中的特权一律行不通，遵守规则是唯一的出路。要想在同龄人中间获得地位，良好的人际沟通和问题解决能力是必不可少的"法宝"。但是这个男孩子在家中的"说一不二"，使他缺少了面对困难的机会和自我解决问题的锻炼——所有他想要的家人都替他做了。而一旦处在失去家人保护的环境，比如学校，面对同伴之间的问题，他很可能会不知所措。要想让孩子在家不"横"，在外不"懦"，最好的办法就是规范爱孩子的边界，减少孩子的特权，制定家庭的规范，培养孩子面对困难积极解决问题的能力。

我们的教育建议是：

①分清娇惯溺爱与关心孩子真正需要之间的区别。很多家长对孩子的要求过度满足，从而削弱了孩子成长的真正需要（比如通过自己解决问题所获得的成就感和喜悦），更多地体现了家长自己的情感需要（例如被关心和体贴），这也是很多老人容易溺爱孩子的原因之一。老人的娇惯会对孩子个性和习惯的养成产生种种害处，可要想真正改变他们的心态和做法，谈何容易？建议孩子的父母可以在私下和老人沟通，说明道理，相信再心疼孙子的老人也会为了孩子的健康成长而调整自己。当然，也可以适当地帮助老人培养一些个人爱好，分散他们对孩子的过分关注。

②可以通过设立家庭规则的方式，让孩子知道什么是可以做的，什么是不可以做的。例如"不能对长辈没有礼貌"、"属于自己的事情必须自己完成"等。为了让孩子容易接受，一家人可以一起制订每个家庭成员各自需要遵守的规则，这也让孩子能够更好地理解规范行为的重要性，同时互相监督。慢慢的，孩子在平等、平和的家庭关系中，就会学会享受彼此之间的尊重。

③培养孩子自己解决问题的能力。当孩子遇到困难时（做不出作业或受了同学的欺负），家长不是替他解决，而是引导和鼓励他自己想办法解决问题。在这个过程中，可以用提问的方式启发他思考，与他讨论各种办法的可行性并鼓励他尝试。每当孩子能够成功地面对和解决哪怕是很小的事情时，家长都要给他积极地关注和鼓励。坚持下去，相信孩子在同伴之中也会变得强大起来。除此之外，我们还应该多鼓励孩子进行同龄人的社交活动，为促进孩子和其他孩子的正常交往，也可以适当地帮助他做一些假想演练，这样，孩子即使在面对某些特殊情况时，也会有得体的应对。

习惯篇

请父母们记住非常关键的一句话：习惯决定孩子的命运。而家庭是习惯的学校，父母是习惯的老师。父母的本事要用在孩子习惯的培养上。习惯是人的一种稳定的自动化的行为，习惯培养是一个由被动到主动再到自动的过程。在这个过程中，要关注两个转化：由被动到主动的转化，由主动再到自动的转化。训子千遍不如培养一个好习惯。习惯培养的原则是要尊重孩子，尊重孩子的主人地位。习惯培养的目标是解放孩子的大脑，让孩子从一些低级的、束缚自己的不良行为习惯中解放出来。

40.孩子总也改不掉坏习惯怎么办?

问:我儿子8岁,上小学二年级。最近学校在抓孩子好习惯的培养,我觉得学校的做法特别好。但我儿子更多的是有好多改不掉的坏习惯,比如写作业磨蹭、上课不好好听讲乱讲话、看起电视就没完没了,等等。对于孩子的坏习惯应该怎么办?

答:人的行为习惯一旦形成,矫正非常困难。坏习惯是人的致命弱点。习惯被称为潜意识自动化的行为。当然,尽管坏习惯改起来很难,也还是有办法的,关键是要有科学的态度和恰当的教育方法。

《少年儿童研究》杂志介绍过一个很好的例子。

北京有一个妈妈,儿子上五年级,写作业磨蹭。在心理学专家的指导下,妈妈开始采取习惯培养的措施。

有一天,妈妈下功夫观察儿子到底是怎么写作业的。发现儿子写一个小时的作业站起来7回,一回打开冰箱看看有什么好吃的,一回打开电视看看动画片开始了没有,不到十分钟站一回转两圈,这样写作业能不磨蹭吗?

妈妈于是对儿子说,你是一个很聪明的孩子,但是我刚才给你数了数,一个小时站了七回,是不是太多了。我看你写一个小时的作业站起来三回就差不多了吧。儿子一楞,想不到妈妈挺宽容的,说三回就三回。妈妈继续说,你如果一个小时内站起来不超过三回,当天晚上的动画片随便看。儿子听了高兴的不得了。妈妈又说,先别开心,有奖必有罚,如果你一小时写作业站起来超过了三回,当天晚上的电视就不能看,包括动画片。

母子协议达成了。

　　结果是五天下来，儿子三天做到了，一小时写作业站起来不超过三回，兴高采烈地看了动画片。但是有两天忘了，一到6点钟，就急，因为不能看动画片，可怎么央求妈妈也不能看。

　　真正的教育是自我教育，真正的控制是自我控制。孩子就这样慢慢地变化了，一想到一个小时只能站起来三回，就会慢慢地控制，并用争取晚上看动画片来激励自己。

　　就这样，经过三个月的训练，这个孩子终于养成了专心写作业的好习惯。

　　我（孙云晓）觉得这个妈妈是一个了不起的妈妈。我从她的成功经验中，总结出了习惯培养的基本方法——加减法，培养好习惯用加法，改正坏习惯用减法。你想让孩子养成什么样的好习惯，就千方百计让他把好的行为不断地出现，出现的次数越多，好习惯越牢。我们可以借鉴这个做法，就是给孩子一个可以接受的过程，让他们慢慢地把坏习惯改掉。

　　有的外国学者说培养好习惯就像缠缆绳，每天缠一道，用不了多久，好习惯就变得牢不可破。用减法：当你发现孩子有坏的习惯时，你要求不这么做，他也一下改不了，要用递减法，只要坏习惯行为出现的次数在减少就应该被允许，逐步递减的结果会使坏习惯减少到最低点直至消除。实际上培养好习惯与改正坏习惯是结合进行的，矫正任何不良习惯，都是在培养好习惯。你是用好习惯代替坏习惯，实际是替代过程，也是加减法的过程。

我们的教育建议是：

　　①选择适当的标准。对于孩子不良行为或坏习惯的改正，必须要选择适当的标准。如对于写作业，每小时有1次走动是正常的，所以，没有必要把标准定成零次。如果我们不希望儿童的某种行为存在，如乱扔脏物，那么就可以采用零次的标准。

　　②要了解孩子的喜好。要改正孩子不良行为，必须要有所奖励。选择什么样的奖励则必须了解孩子的喜好。如孩子特别喜欢动画片，就可以把动画片当成孩子改正不良习惯的刺激物，而且最好只有一个。特别要注意选择的必须是儿童非常喜欢、强烈希望得到的东西，否则效果就无法保证。

　　③耐心坚持。任何坏习惯的改正都需要采用渐进方式，逐步要求儿童递减不

良行为的次数。这需要坚持耐心，冰冻三尺非一日之寒，父母不能希望坏习惯在一夜之间踪影全无。

41. 孩子总是培养不出好习惯怎么办？

问：从孩子开始上学我就知道孩子的习惯培养很重要，但让我感到无奈的是，给孩子培养好习惯太难了。孩子不爱写作业、贪吃零食、乱花钱、整天看电视，每次我说了他之后，管用一段时间，但稍微放松一些，就又和以前一样了，培养好习惯怎么这么难？我应该怎么做呢？

答：实际上，没有一个孩子不想成为好孩子，也没有一个孩子不想好好学习。孩子学习不好一定是碰到了困难，这个时候孩子需要的是具体有效的帮助，而不是唠叨或训斥。

今天的很多父母已经开始重视孩子的习惯培养，可是为什么效果不明显呢？问题在于许多父母还是把习惯培养当成了说教的内容，而忽略了习惯培养的根本途径是坚持不懈的行为训练。换句话说，习惯培养有一套科学的教育方法，需要按照其规律来做才会见效。

现在无论是学校教育还是家庭教育，很多提法和做法都是很好的，但问题是，我们经常有一个轰轰烈烈的启动仪式，后面的执行怎样、是否最终落实到孩子的行动上了，反而没有人关注了。就像烧一壶水，我们只关注了前面那50度，剩下的50度没有人管了。家长在培养孩子习惯的时候也存在这样的误区，经常把要求"武装"到了嘴，但是最终没有落实到行动上。

自2001年起，我们进行了教育部全国教育科学"十五"规划课题"少年儿童行为习惯与人格的关系研究"。长达10年的研究，让我们有了很多重要发现。习惯培养是一个由被动到主动再到自动的过程。其中，被动阶段的心理特征是遵从，主动阶段的心理特征是认同，自动阶段的心理特征是内化。在这个过程中，要关注两个转化：由被动到主动的转化，由主动再到自动的转化。

因此，习惯的最终形成需要一个持之以恒的训练过程。美国心理学家研究发现，一种行为重复21天就会初步成为习惯，90天的重复会形成稳定的习惯。当然，这只是一个大致的概念。根据我们的研究发现，不同的行为习惯形成的时间也不相同，总之是坚持的时间越长习惯越牢。因此，习惯培养的开始一个月是关键时期。

良好习惯的养成对一个人的成长有着重要的作用，五条有助于孩子健康人格形成的习惯是：学习、仁爱、负责、尊重和自制。

习惯的养成可以分为六步走。

第一步是提高认识，引导孩子对养成某个好习惯和改掉某个坏习惯产生兴趣，产生一种强烈的认同、向往和自信；第二步是明确行为规范，让孩子对养成某个良好习惯的具体标准清清楚楚；第三步是适时进行榜样教育，让孩子对养成某个良好习惯产生亲切而向往的感情；第四步是坚持不懈的行为训练，让孩子由被动到主动再到自动；第五步是及时评估和奖惩，让孩子在成功的体验中养成良好习惯；第六步是形成良好的环境或风气，让家庭生活和学校环境乃至社会风气成为孩子形成良好习惯的支持力量。

家庭是培养习惯的学校，父母是培养习惯的老师，儿童教育就是培养好习惯，我们通过培养好习惯来缔造孩子的健康人格。

我们的教育建议是：

①提高认识，引导孩子对养成某个习惯产生兴趣。比如，适时进行榜样教育，让孩子对养成某个良好习惯产生亲切而向往的感情。

儿童时代就是榜样时代和偶像时代，因为儿童的学习特点就是观察和模仿。当然，儿童的榜样和偶像并非都是名人，更多的是他们的伙伴。因此，父母和教师既可以选择孩子喜爱的名人榜样，也可以选择孩子的伙伴。

②明确行为规范，让孩子清楚某个良好习惯养成的具体标准。

坚持不懈的行为训练，让孩子由被动到主动再到自动，养成某个良好习惯。

举一个例子，孩子洗手就得给他训练，不洗手就不能吃东西，只要是吃东西就必须洗手。吃饭的时候洗手了吗？老问孩子，还老看孩子，孩子慢慢就习惯了。开始一看妈妈，就知道"哦，我要洗手"，到以后他就不用提醒了，这就是习惯！

养成了习惯就成了稳定的自觉的行为。

行为习惯的养成是一个由被动到主动再到自动的过程，因此要训练。培养习惯需要持之以恒，但开始的一个月是关键期。过了这一个月，孩子就能够养成初步的习惯。很多好习惯都是这么一步一步训练出来的。

③及时评估和奖惩，让孩子在成功的体验中养成良好习惯。

有的父母经常对孩子提一些笼统的要求。比如说："假期到了，这个假期你要好好把写字握笔的姿势练好，开学前我要检查。"

这种做法恐怕不行，孩子经常管不住自己，笼统的要求对他们难以起作用。因此父母要把大计划分割成多个小计划，并不断地与孩子一起总结评估：今天做得好，可以奖励1颗小星星；7颗小星星可以换1颗大星星；获3颗大星星，就可以获得更高的奖励。这样，孩子每天都会知道自己是否进步了，并期待着明天的进步。

我们想让孩子养成什么样的好习惯，就要千方百计让他的好的行为不断地出现，出现的次数越多，好习惯越牢。培养好习惯要给孩子一个可以接受的过程，让他们慢慢地把坏习惯改掉。

④形成良好的环境或风气，让家庭生活和学校环境乃至社会风气成为孩子养成良好习惯的支持力量。

培养孩子好习惯需要注意，一定要形成一个良好的环境，因为环境对人的影响是巨大的。比方家里都不能骂人，孩子如果骂人，全家人都不理他，就是好的环境。当孩子在学习的时候，父母千万别打麻将。有的父母边哗啦哗啦打麻将边说："儿子，好好学习啊，考北大、考清华。"孩子能立下远大志向吗？

培养习惯不是一件简单的事情，但是这并不是说习惯培养不起来。家庭是习惯的学校，父母是习惯的老师，儿童教育就是培养好习惯。只要父母认真按照这5个步骤耐心去做，孩子的好习惯会逐渐培养起来的。

42. 孩子做事效率低怎么办?

问: 我女儿 10 岁，兴趣广泛，精力旺盛。什么都喜欢学，什么事都想做。我也支持她多学多做。但她的问题是，看上去很忙，但效率很低。我总说她：按下葫芦浮起瓢。时间用了不少，但收效不大。她倒不是方法态度问题，就是不太会安排时间。应该让她怎么做？

答: 孩子的生活除了学习，还应该包括更加丰富的内容，比如课外活动、交友、整理房间、锻炼身体、玩耍，等等。这些事情都是孩子发展的必需，是孩子成为一个全面的、均衡发展的个体所必须面对的事情。因此，孩子的时间也需要进行规划和管理，这样才能使自身获得各方面的均衡发展。

在我们周围，能够真正把每天、每周、每个月的时间规划好的人可能并不是很多。许多人经常借口"没有时间"去做计划。然而要知道，越是不做计划的人，花费的时间往往越多。

对于孩子来说，开始的时候可能也会觉得每天制定日程表浪费时间，而且这个习惯的效果并非立竿见影。给孩子讲讲下面这个"磨刀不误砍柴工"的故事，或许能够帮助孩子认识到"磨刀时间"的重要性。

苏联昆虫学家柳比歇夫在短暂的一生中取得了丰硕的成果，发表了 70 多部学术著作，写了 12500 张打字稿纸的论文和专著，内容涉及昆虫学、动物学、科学史、农业遗传学、植物保护、进化论和哲学等。但他每天仍有 10 小时的睡眠时间，还经常参加体育锻炼和娱乐活动以及各种社会活动。他在管理时间方面有何诀窍呢？他的一个重要诀窍就是时间记录法。

柳比歇夫自 1916 年元旦，直到他去世的那一天，56 年如一日，每天都记录时间利用的情况。写一篇文章，看一本书，甚至散步、休息、看报等，都要记下花费的时间。并从记录中发现哪些是可以有效利用的大段时间，哪些是无法保证的零碎时间。

在可以有效利用的大段时间里，他都用来看书学习、写文章，专心致志，注意力高度集中，因而时间的利用率很高。至于零碎时间，他则用来演算习题、学习外语，查阅资料，做一些不需要长时间集中注意力的工作。

我们的教育建议是：

①列事务清单。所谓事务清单，就是一个人每天要做事情的罗列。列事务清单可以防止孩子遗漏掉重要的事情，而且列事务清单的过程，其实也是孩子整理思路的过程，有助于孩子把思想和精力都集中于这些要做的事情之上。

父母可以试着指导孩子列出某一天的事务清单，把孩子从早上起床一直到晚上上床睡觉这一整天要做的事情都罗列出来。在列每日事务清单时，最好对照着学校的课程表进行罗列。尽可能把所有的事务都考虑到，甚至连要买什么东西，要给谁打电话这样的小事情也要考虑到。一定要把事务清单写下来，落实到纸面上。如果不写下来，我们就很容易忘掉某些事情，因为每个人的记忆容量都是有限的，容易发生遗忘，正所谓："好记性不如烂笔头。"

②估计每项事务的时间长度。做任何事都需要花一定的时间，因此，在制定日程表的时候，一定要考虑某一项事务需要花多长时间，这样才能科学地安排日程表中的事务。在估计每项事务所需时间时，一般要高估，可以高估出25%，甚至50%的时间。这样做，可以使孩子感到不是那么紧张，在做每件事的间隙有放松的时间，也有利于留出时间处理突发事件（比如接电话）。多余的空闲时间，孩子也可以做一些自己感兴趣的事情，作为对他有效管理时间的奖赏。

列出事务清单，估计完成每项事务所需时间以后，孩子会惊喜地发现，有一些事情可以一起做，比如购买生日礼物和购买新的彩笔就可以一次完成，这样就比两次购买省下差不多二三十分钟时间。再仔细一想，购买这些东西可以在放学回家的路上进行，多绕一点路，多花10分钟时间，这样就不用专门跑一次商场，又省下不少时间。

③执行日程表。每日日程表制定以后，孩子要做的就是按照日程表去行动。每天晚上睡觉前的最后一件事情，就是先检查当天日程表执行的情况，然后对照课程表、每周日程表制定第二天的日程表。

执行日程表对孩子来说并非一件容易的事情，除了需要孩子的自觉以外，还需要父母多指导、多监督。通过三个月的坚持，这种习惯就有可能成为孩子终生的习惯，孩子会受益终生的。

根据每日日程表，还可以制定每周日程表和每月日程表。跟制定每日日程表差不多，只不过线条粗一些，主要记录一些比较重大的事情，不用特别具体。每周日程表和每月日程表的目的是为了总体把握时间。

④及时评估。评估是习惯培养中一个必不可少的环节。通过评估，孩子可以知道哪些地方做得很好，哪些地方还有待改善、有待调整。

每天晚上在孩子睡觉前，父母有必要与孩子一起评估孩子当天事务完成的情况。看看今天哪些事务完成得很好，今天哪些事务没有完成或完成得不好，然后及时调整和改进。

通过三到四周的坚持，不断地评估与调整，孩子会对列日程表日渐熟悉，孩子列日程表所用的时间也会越来越少，需要父母指导和监督的时间也将越来越少。

归根结底，习惯的养成最终要落实到孩子身上，日程表的制定和执行关系着孩子每日的生活。因此，父母在培养孩子制定日程表习惯的过程中，要特别注意尊重孩子的生活，尊重孩子的选择。只有孩子按照自己的意愿制定的日程表，才有执行的主动性和积极性。

43. 孩子做事总是半途而废怎么办？

问：我的女儿今年8岁了。她5岁那年，自己选择学习小提琴，一直很顺利。可最近一段时间，她忽然就对学习小提琴很厌烦，说什么也不学了。我很生气，虽然我也知道女儿学小提琴也不可能成名成家，但是当初学是她自己选择的，而且一路都很顺利，现在没什么特殊原因，她怎么能半途而废呢？

答：这个孩子5岁的时候就开始学小提琴，她是凭兴趣开始的，并能一直坚持，不管是孩子还是妈妈都是好样的。但是做妈妈的忽略了一点：不管是学习什么，学到一定的程度，都必然要经过一个"瓶颈期"，那是在学习的过程中，有一段时间所学习的技能并不能随着练习的增加而相应提高。孩子的学习如果到了这个阶段，枯燥的练习并不能让技巧随之提高，得不到老师的认可，自然影响到学习的积极性。

　　建议换一种方式，将枯燥的小提琴练习变成表演，变成孩子表达自己的一种方式，帮助孩子度过这段艰难时光。比如家里来了客人，可以让孩子来段表演。客人和老师的标准不一样，肯定要夸孩子拉得好。也可以邀请孩子的朋友到家里来玩，开个小型晚会，唱歌跳舞，都可以让孩子来伴奏。这样做一方面能够给孩子信心，另一方面也是一种全面的练习。获得的掌声让孩子能够更顺利地走过"瓶颈期"。如果在这段时间里，孩子真的过不去这道坎，也没必要一定坚持。让孩子休息一段时间，几个月或者半年，再重新开始，虽然避不过"瓶颈期"，但是在状态上肯定要好得多。

　　我们再来谈谈半途而废这个话题。日常生活中，我们常见到有的孩子做件事不是虎头蛇尾，就是半途而废，不能善始善终。一般地讲，做事不能有头有尾的孩子，往往心理比较脆弱，意志力较差，情绪不稳定，注意力也不太集中和长久。从整体上看，这样的孩子自立自理的习惯少，能力也差。由于孩子做事很少成功，养成自信心不足，甚至严重的自卑感，或马马虎虎，对人对事都抱一种不在乎的无所谓态度。如果孩子有这样的表现，父母应该对孩子予以纠正。

我们的教育建议是：

　　①父母要做好表率。父母首先要做事完完整整，不半途而废，并注意让孩子模仿，同时经常提醒孩子注意父母做事是怎样坚持到底的。

　　②父母要注意孩子的意志力和竞胜心的培养。对于意志力差和竞胜心不强的孩子，父母应注意激励培养他。孩子有了较强的意志力，有了不甘落后的竞胜心，那么做事就有了驱动力，从而就有了要把一件事做完的想法。

　　③父母要指导监督孩子做事。孩子做事的全过程中，父母在关键时刻要给予指导和提示，这不是代替而是启发孩子想办法，以防孩子碰到解决不了的问题时灰心丧气。当孩子想不出办法又不愿去想，有偷懒或依赖父母的迹象时，父母不可给予帮助，而应注意说服鼓励。必要时给以批评并监督孩子独立地做完某件事。这样长期坚持下去，孩子的能力提高了，习惯养成了，做事也不再半途而废了。

　　④父母老师让孩子做事时，应注意适合孩子的实际水平。如果过难，使孩子尽最大能力亦不能成功，孩子就会伤心失望。如果偶然一件事还不至于的话，那

么连续几件这样的事就很可能使孩子不再去想，不愿去做，而丧失自信心。

44. 孩子阅读习惯不是太好怎么办?

问：现在的孩子学业任务越来越重，我们也知道如果为了学习减少课外阅读的时间是不利于孩子的全面发展的。我家孩子还是比较喜欢看书的，但看书的时候有很多不好的习惯，比如看书姿势不正确，有时边吃东西边看书等。我们也批评纠正过，但一看起书来她就忘记了。应该怎样做才能让她养成良好的读书习惯?

答：孩子小的时候，读书大多是随意的行为，随着年龄增长，的确需要父母给孩子提供一些指导，教孩子一些技巧，重要的是培养孩子的良好读书习惯。

首先，父母要学会让孩子改变一些观念，如对孩子说：现在你的阅读速度实在是太慢了，要改变并不难；如果你渴望读快一点，你真的就能够读快；阅读速度可以成倍、成十倍提高，一目数行并不是天才的专利；阅读速度的提高与理解文章内容没有根本上的矛盾。

另外，及时纠正孩子的一些不良阅读习惯，是十分必要的。如眼睛距离书本很近；默读的时候总是轻声地读出声来，或者虽然没有声音，但是感觉到喉结在动；歪着脑袋，躺着或是伏在桌子上阅读；喜欢一口气读几个小时等。

这些习惯都不利于孩子的身心健康。眼睛距离书本很近，一是损害视力，二是会极大妨碍读书速度。眼睛应该距离书本远一些，大约一尺左右为宜。因为眼睛离页面越远，眼睛看到的视野就越宽阔，视网膜成像的文字就越多。这样一来，一次摄入的文字不再是一个字、一个词语或几个词组，而是一大块、整段甚至几段。只要养成习惯，一目几行是非常容易做到的事情。

朗读出声音是阅读速度慢的另外一个阻碍。我们比较看电视和看报纸就知道，听电视一分钟播报的新闻大大少于我们一分钟阅读报纸的文字量。如果在阅读的时候出声（喉结在动，表明也是在发声），理解速度就大打折扣。因为大脑接受信息通过了声音这一个不必要的环节："文字→声音→大脑"，如果不发声，就是"文字→大脑"，少了一个发声环节。当然，读出声对记忆是有好处的，因为这是一种多重刺激。但是记忆和理解是有区别的，少了一种记忆手段并不意味着理解能力会下降。

我们的教育建议是：

①全家有个固定的读书时间。合理安排一个时间，父母每周应该安排一次或数次专门用于阅读的时间，全家人都聚在一起，可以共同读一本书，也可以各自读自己喜欢看的书，读书时大家要尽量保持安静。

②注意孩子的读书姿势。聪明的父母一定要意识到正确的阅读姿势对孩子成长的重要性。要经常观察、提醒孩子，帮助孩子正确阅读。理想的阅读姿势是双腿与地面保持平行，背部直立。椅子不能太硬也不能太软，椅子应该有一个直的而不是斜的靠背，椅子的高度应该足以让大腿与地板平行或比平行稍高一点。

③定期借书。教给孩子利用图书馆的技能，如图书馆是怎样对图书进行分类的，怎样能找到他最想看的书等。最好让孩子申请图书证，帮助孩子有效利用图书馆。

④爱护图书。要教孩子爱惜图书。要告诉孩子，手很脏时不能看书，一定要先把手洗干净；手上有汗，一定要擦干净；书不能折页，要学会使用书签；刚买的书要给书包上书皮，把它放在一个干净、好保存的位置；保持图书整洁，给书加注时要工整、清晰，字迹要写工整，画一些重点的标记，用波浪的符号或者横线，一定要画得很规范；鼓励孩子保存看过的图书。父母要从点点滴滴做起，才能培养起一个孩子爱读书、会读书的良好习惯，良好的习惯养成了，就一定会让孩子受益终身。

⑤引导孩子做读书笔记。对于孩子来说，读书尤其要做笔记。因为孩子看书有个特点，喜欢看热闹，很快地翻，哪热闹我看哪，没热闹就过去。这样他对书的理解是不够的。毛泽东在回忆他的老师徐特立先生时，就总结了一个读书的经验：不动笔墨不动书。毛泽东读过的一些书，有很多加了眉批，就是在书的边上加了批注。我们可以要求孩子读书时，顺手记点什么，慢慢地孩子就会形成记读书笔记的习惯。一般说来，读书要记住作者、记住年代、弄清背景，读出它的

精华奥妙所在。而且在孩子动笔记录的过程中，也会使他养成动脑筋的习惯，如作者生活在什么样的时代？他为什么会写这本书呢？作者主要表达了一个什么主题？孩子会一边记一边思考。让孩子建立一本读书笔记，也不要求快，也不要贪多，当然首先他要选择比较适合他的、有价值的书读。

让孩子养成好的读书习惯，长大后孩子一定是一个会读书的人，爱读书的人，一定是一个热爱学习、热爱生活的人。

45. 家庭经济不富裕，孩子花钱大手大脚怎么办？

问：我儿子今年12岁了，他有个不好的习惯，花钱特别大手大脚。我们家的家庭经济情况不富裕，但是从小都是先紧着孩子，觉得不能亏着孩子。现在孩子上了初中，开始和别的同学比吃比穿，要买名牌运动鞋。我们对孩子讲我们家没那个条件，他就特别不高兴。我们也觉得委屈了孩子，但又不愿意省吃俭用给他买那些我们买不起的东西。怎么教育他才好呢？

答：随着生活水平的提高，人们都渐渐"大方"起来，尤其是对孩子，更有"千金散尽还复来"的味道。其实，节俭是一种美德，无论贫困的年代还是富裕的时代，我们都应当崇尚节约。从小的方面看是为了居家过日子，从大的方面看是为人类后代节约资源。所以，有责任心的父母要教育孩子有社会责任感，而且大可不必因为节俭而感到低人一等。

现在的许多孩子不懂得节俭，乱花钱、随便浪费的现象比较严重。中国的古训是：成由勤俭败由奢。成功由勤劳节俭开始，失败因奢侈浪费所致，即使到了很富裕、很有钱的时候，这个朴素的真理也不会过时，何况我们是发展中国家，我们的人民仅仅走在奔小康的路上。节俭是一个人的重要品质，很难想象，一个从小大手大脚、随便浪费的人能创造一番事业，建设好家庭。

当前节俭精神的缺失不是宣传教育不深入、不到位，而是生活体验教育的缺位。节俭精神不是孤立存在的，艰苦奋斗与勤俭节约是一对孪生兄弟。毫不夸张地说，具备艰苦奋斗精神的人，往往都是节俭之人；有过艰辛经历的人也大都能深刻体会到节俭的重要性。

节俭不是小气，也不是吝啬，而是一种"平凡的风度"。为摆脱贫困而节俭是一种本能；为养成习惯而节俭是一种毅力；为形成文化而节俭是一种美德；为打造文明而节俭是一种品格；为促进社会发展而节俭是一种责任。然而，这一切都是建立在生活体验和人生经历的基础上的。

很多时候，我们不要轻易责怪年轻一代没有节俭意识和观念，相反应该反思一下家庭教育和学校教育。有多少父母和老师从小重视过孩子们的生活体验教育？等孩子的浪费行为成为一种习惯的时候，我们再要求孩子讲究节俭，这只会是一厢情愿。试想，一个从小没吃过苦而被宠坏的孩子怎么可能会有节俭精神呢？很多父母的共同想法就是，如今生活富裕了，不能再让孩子受苦，所以用不断满足孩子无休止的欲望来表现自己的爱。

有一位妈妈对这个问题有自己的看法和做法：她家刚刚按揭买了一套房子，价格不菲，除了银行还贷，还欠了亲朋好友的钱。每个月要还的钱都不是小数目，她省了又省。但是无论是去银行还按揭，还是给别人还钱，只要情况允许，她都让孩子清楚地知道家里的状况。

她认为爹妈省吃俭用，一味地满足孩子的需要，养出来的不是"白眼狼"就是"啃老族"，以为钱是大风地里捡来的，一切幸福来得稀松平常。相反，让孩子清楚家里的财政支配情况，她才会知道钱的可贵。以前，她家孩子吃名牌蛋糕、喝进口饮料，现在为了还房贷，全家齐动员，她主动在家吃早饭，也不吵着要这要那了。

有人问她，就不怕孩子知道家里穷，心里自卑紧张？这位家长说她会讲道理给女儿，我和她爸有工资，足够养活她，供她上大学。至于她长大了，想过好日子，就要靠自己努力去奋斗了。

因此，家里的经济情况可以适当对孩子讲述，尤其是当孩子有铺张浪费倾向的时候。如果一味纵容，对孩子的要求不顾家庭经济状况而极力满足，也许就会培养出一个既自私又爱慕虚荣的孩子。

我们的教育建议是：

①培养孩子有正确的金钱观，不在于家庭的物质条件如何，关键在于父母对待物质条件的态度，在于如何利用与改善物质生活条件。

②让孩子参与家庭理财，了解家庭的收支状况，让孩子了解父母挣钱的不易。另外，给孩子多少零花钱要讲究科学方法。可与孩子协商，制定一个合理的零花钱数目。正常的消费要给予鼓励，如学习用品、书籍等。

③制定合理的消费数目。可采取短期记账的方式，比如让孩子在一个星期内将自己的花费记下来。一周后，父母对其进行指导，告诉孩子哪些钱不该花，哪些是必须花的，哪些是可以省着花的。在这个过程中，教会孩子统筹安排零花钱，合理消费。

④父母对孩子消费的管理和指导应该是非常具体细致的。比如在家庭中，父母不要让孩子享有任何特权，应该让他们清楚自己在家庭中的消费份额。

⑤对孩子过高的物质要求要敢说"不"。现在有一些父母是在超越自己经济能力的情况下过度满足孩子的消费要求，这种做法不是爱孩子，而是害孩子。父母要学会对孩子的某些消费要求说"不"。

46. 21 天真的能养成一个好习惯吗？

问：我看了许多家庭教育方面的书，也听过不少专家的讲座。了解到培养一个好习惯，初步需要 21 天的时间。但我的女儿写日记已经两年了，如果离开我的督促，她就不写。这是怎么回事？难道我要一直督促下去吗？这时间也未免太长了吧？

答：根据美国心理学家拉施里的动物记忆实验，行为主义心理学认为，一种行为重复 21 天就会变为习惯，重复 90 天会形成稳定的习惯。也就是说，初步养成一个习惯需要 21 天，而形成一个稳定的习惯需要 90 天。当然，这只是一个大致的概念。不同的行为习惯形成的时间也不相同，总之是坚持的时间越长习惯越牢。而且这样的结论是根据条件反射的形成过程进行的推断，对处于被动地位的实验动物来说可能适用，但是对有情感、有意识、具有主观能动性、追求独立自主的人来说就不一定都能奏效了。

为孩子培养一种好习惯或兴趣爱好，最重要的是能够吸引孩子的兴趣！具体到写日记这件事来说，如果孩子已经在不断督促下写了两年，还没有养成习惯，那是不是应该考虑一下，她为什么对写日记没有产生任何的兴趣？如果只是为了完成每天几百字的任务而写，哪怕是让我们成年人来做，也会觉得枯燥厌倦吧？

显然，女儿写日记是在父母的督促下完成的，她是在被动地完成父母的任务。经过两年还没有形成习惯，就说明她没有懂得写日记的意义，也没有能够从写日记的过程和结果之中体会到成功与快乐。因此，照这样下去，恐怕再过两年，她也不一定能养成自觉写日记的习惯。

不妨来打个比方。大家也许多少都读过《五分钟一道家常菜》这类菜谱，上面写到，某道菜只要翻炒五分钟即可出锅，色香味俱全。假如我们只记住了翻炒五分钟，而完全不去关注要加什么菜、什么佐料，是中火还是大火，就真的能做出这道美味了吗？培养孩子的好习惯，不是定下一个 21 天的时间表，然后坐等收获就一定能够实现的，需要周到的准备和全方位的努力。

我们的教育建议是：

第一，要让孩子发现并享受写日记过程中的快乐。先不要做"每天一篇"的硬性规定，而是让孩子学会有感而发，家里发生了什么有趣的事，和孩子一起看了场好看的电影，都可以适时鼓励孩子"如果能把它记下来，一定是非常美妙的回忆"。哪怕孩子只是记了寥寥数语，只要是真实有感而发，就可圈可点。我们把写日记和引导孩子学会感触生活、抒发心情联系起来，如果长久坚持下去，迟早有一天就不必父母辛勤督促了。培养一种习惯一般需要"被动－自动－主动－乐动"的几个环节，父母必要的督促应当继续坚持，只是不必刻意追求天天写日记的形式，而要强调日记的意义和作用。提醒孩子把有意义、值得回忆的事情记录下来，既是自己的精神财富，也是将来写作的素材。努力让孩子体会到坚持写日记是一件对自己成长有益的事情，完成从被动到主动的过渡，形成真正的习惯。

第二，如果家长以前有写日记的习惯，那么可以有意识地拿出自己多年前的日记，与孩子分享当年的情景和故事，感慨多亏当年的日记给自己留下了美好的记忆。也可以找出女儿两年来的日记，一起回忆那些已经模糊的场景，夸赞女儿的文笔，褒奖日记的作用，让孩子真切感受到日记的作用与魅力，引导她认同写日记的行为，让她在面对两年来的日记时感知到快乐和幸福，努力激发女儿的内部动力。

环境的影响力也不可低估。如果父母要求孩子写日记，平时自己也要经常动动笔：把重要的事情记录下来，临时外出给女儿写个留言条，把书报当中优美的词句积累起来等。让孩子知道日记可以给每个人都带来许多方便和益处。

第三，"写"日记其实也可以有许多形式。孩子今天学会了一首新歌或新诗，为什么不可以把它录下来？再让孩子说几句感想，这不也是一段音频日记吗？一幅画、一段视频、一段文字，只要记录心情，都是日记。更何况在信息时代的今天，丰富的形式更能引发孩子多方面的兴趣。写博客也好，写微博也好，都不失为一种新颖的方式。

47. 女儿为什么对上兴趣班坚持不下去？

问：我的女儿上二年级，一共报了三个兴趣班：绘画、乒乓球、声乐。这都是她自己提出要学的，我也讲过，报名后，就必须坚持下来，否则就不报，现在的情况是，孩子除了画画学的不错外，对其他的都产生了反感，我认为必须要坚持下去，不知这样做对不对？

答：心理学家李子勋老师在《家庭成就孩子》一书中，有这样一段比喻：第一次到九寨沟类似的风景区旅游，你看到第一幅美景，会惊讶、感叹、愉悦、流连忘返，有恨不能终老于此的想法。但我们还是会依依不舍地离去，仿佛知道前面还会有很多美丽的风景在等待我们……孩子对这个世界的好奇就像我们在观光，他会被新鲜的活动吸引，会有一段时间的痴迷和兴奋。很快如果新的兴趣吸引了他，旧的行为就会被他厌倦。对他们来说，理性是一种超然的东西，前行就是成长……

虽然我们提倡关于孩子的事情要征求孩子的意见，但是这并不意味着孩子对自己的事情有判断和把控的能力。孩子的一些兴趣往往是与好奇心相关的，他想学什么，往往也许是因为一时兴起，或是因为自己的小伙伴学了，或是一些其他的原因。家长在与孩子讨论这些特长学习的时候，不能只简单地用自己选的就要坚持下去约束孩子。

我们的教育建议是：

第一，允许孩子尝试，让孩子了解自己的兴趣。孩子的知识和经验积累有限，因此在他们有兴趣接触一些事情的时候，父母应当给孩子机会。有时候，孩子只有尝试了，接触了，才能明白那项特长的学习意味着什么，才能知道自己是否适合，自己是否真的喜欢。

第二，做时间规划，让孩子学习考虑时间安排。像这位家长，孩子光是兴趣班就参加了三个，很可能孩子还要参加一些课堂学习的课外补习班，这样的安排会让这些固定的学习占去孩子大量的业余时间。加之很多特长班为了达到学习的效果，课外还必须拿出一定的时间练习，这样一来，孩子是不太好应付的。所以当孩子选择特长班的时候，可以把这样的想法与孩子交流。让孩子知道喜欢是一回事，但是时间是有限的，我们不可能所有喜欢的事都有时间去做。如果孩子都想上，可以对孩子说，你可以先试两个月，然后再做选择，我们建议选择一项，那个时候孩子选择下来的可能是孩子相对比较喜欢也更擅长一些的，那个时候再说让孩子"坚持"下去的话也不晚。

孩子会对某些兴趣爱好产生厌倦，是很正常的。为什么孩子会对本来执意想学的乒乓球和声乐"产生了反感"？是单纯因为失去了兴趣，还是因为家长和教导老师的要求太过功利？或者是"必须要坚持"的要求，让孩子产生了逆反心理？

因此，不要执着于把孩子阶段性的兴趣爱好过早"固化"，兴趣更不能等同于兴趣班。孩子最喜爱的画画，当然要鼓励她继续学下去；而乒乓球作为强身健体的爱好，声乐可以陶冶情操，不一定要通过专业训练的形式。相信这些兴趣爱好带来的愉悦与体验，对孩子的成长是大有裨益的。

即使成年人做出的决定，有时候也要根据情况的发展做些调整，怎么能要求孩子做的决定就一定要坚持下去呢？特长班选择与特长学习的过程，也是一个让孩子学习如何做决定，如何做时间规划，如何分清事情的轻重缓急等技能的过程。对于孩子的教育，过程往往比结果更重要，父母不能用一个孩子简单的承诺解决这个问题。

48. 孩子好玩不好学应该怎样教育？

问：我女儿 8 岁，我一直跟孩子说学习的时候要踏踏实实，玩的时候要痛痛快快，结果孩子是玩的时候开开心心，可是轮到学习就不那么认真了。这个应该怎么办呢？

答：对于一个 8 岁的儿童来说，"玩的时候痛痛快快"完全符合她的天性，玩也是孩子了解世界、锻炼思维、学习与人交往的过程，也是某种意义上的学习。一个只对课本学习感兴趣的孩子，他的人生一定是枯燥乏味的。开开心心地玩，这就是 8 岁的孩子的"任务"。责任、规则、人生目标，也许还不是这个年龄的孩子思考的事情。可"学习的时候踏踏实实"就需要通过培养孩子良好的学习习惯和启发儿童的学习兴趣来实现，决不是简单讲个道理就能够做到的。

十二岁以前的儿童大脑兴奋和抑制水平还未完全发育平衡，让她通过自律来学习实在有些"强人所难"，除非她能对学习表示出极大的兴趣，因此如何激发孩子的学习兴趣是学龄儿童的家长最需要关注的问题之一。

我们的教育建议是：

①让孩子了解到学习不仅仅是"任务"。父母平时在陪孩子聊天时，可以找出一些和孩子现在所学功课有关的小故事和有趣的知识和孩子分享。这样可以激发孩子主动求知的欲望和积极思考解决问题的能力，让孩子知道她所学习的功课不仅是"任务"，更是有趣有用的知识；也可举办一些家庭"知识问答比赛"，让孩子通过

和父母"竞争"的方式，积极主动寻找问题的答案；同时，在孩子日常的练习中，及时发现孩子的进步并给予鼓励，也对激励孩子学习的积极性有很大帮助。

②培养良好的学习习惯也是孩子自觉学习的重要条件。父母要逐步培养孩子把握学与玩的平衡。首先要帮助孩子明确学习的目的性——锻炼思维能力，获得知识，开阔思路。培养良好的学习习惯，计划性安排学习时间等，使孩子尽快适应学生身份，感受到成长的责任。父母要指导女儿为自己创造良好的学习氛围，例如在她做功课的时候周围只放课本和必需的文具，环境也尽量减少喧闹（例如关掉电视）。

③父母和孩子一同制订"作业时间表"。每天孩子能够在规定时间内有质量地完成作业，可得到一朵小红花，或累计分数换取奖励，敦促孩子养成限时完成任务的习惯。另外，也可以每天抽出10分钟的时间和孩子一同读书和分享故事，这也是培养孩子阅读习惯和注意力的好方法。父母还可以引导孩子进行一些寓教于乐的游戏，或者培养一些固定的爱好，鼓励孩子在对知识的渴求中，找到学习的乐趣。

④如果父母本身能够以身作则每天坚持学习，也会为孩子树立好的学习榜样。在家庭中，父母就是孩子学习的对象，父母的一些好的行为习惯会对孩子产生潜移默化的巨大的影响，如果父母能够坚持学习，那么孩子就会在很大程度上养成学习的好习惯。

49. 儿子有说脏话的习惯怎么办？

问：我的儿子7岁，有一个坏习惯就是喜欢说脏话。有些话明明是一个很好的意思，但是从他口中说出来就是让人听着很反感。我不知道他是从哪里学来的。他也知道说脏话不好，但就是改不了。他的很多同学已经渐渐疏远他了，还暗地里叫他小流氓。我该怎样帮助他呢？

答：孩子说脏话大致有三种情况：一是模仿性脏话。年幼的孩子往往没有是非观念，别人说一句骂人的话，他觉得很好玩，也跟着骂人，这是孩子说脏话的一种普通心理。二是习惯性脏话。如果孩子的模仿性脏话得到成人的默许或者赞赏，孩子说脏话就会成为一种习惯。三是有意识的脏话。孩子到了一定的年龄，他们能够初步理解脏话的含义，并对特定的对象说脏话，这就是一种有意识的行为。也有些孩子是在与小伙伴发生矛盾或者受了欺负时，以说脏话来发泄自己的不满。

因此家长要细心观察，看看孩子属于哪种情况。如果是模仿性的，就要看孩子是模仿的谁。也许是家长平时不注意随口爱说脏话，也许有爱说脏话的同学、伙伴，也可能是影视剧、电子游戏中某些角色爱说脏话、粗话，语言环境的不健康导致了孩子爱说脏话。如果是这些因素，成年人要注意自己的言行。如果发现孩子和小伙伴说脏话、粗话，更要给予纠正。同时要引导孩子玩文明、健康的游戏，教会孩子辨别媒介中的不健康语言。

我们的教育建议是：

①父母要明确表达出对孩子说脏话的反对态度。一味训斥不是改变孩子说脏话的好办法。面对说脏话、粗话的孩子，父母的态度很重要。如果孩子经常重复说一些脏话，父母应该严肃地告诉孩子这些话不文明、不好听，爸爸妈妈和所有的人都不喜欢听。父母也可以在孩子每次说脏话时，都表示出不高兴的态度，用异样的眼光看着他。

②适当采取惩罚措施。如果孩子知道说脏话是个坏习惯但改不了，可以在和孩子商讨后采取一些惩罚措施。如每说一次脏话就做 10 个俯卧撑、禁看动画片、缩短玩游戏时间，等等。这些措施要根据孩子的具体情况选择能够制约他的，经过一段时间，孩子就不会再说脏话了。

③父母除表明态度外，也有必要让孩子了解某些脏话的含义。有的孩子一味模仿，但并不了解所说的脏话是什么意思，而一旦了解后会立刻意识到脏话的不文明，所以父母在制止孩子说脏话的同时也要和孩子好好谈谈，向他们解释某些脏话字眼的含义，说明为什么说脏话是不好的行为。不妨明确地告诉孩子：如果你用这样的词语去和同学打招呼，是会失去好朋友的。通常来讲，伙伴关系是很为孩子看重的，不受同学欢迎的局面是孩子不愿意看到的，为了与同学友好相处，孩子也愿意在父母的帮助下改掉这个坏习惯。

成长篇

培养孩子健康长大是每个父母的心愿。在孩子成长过程中，既要遵循科学的、具有普遍性和共性的成长规律，又要遵从每个孩子的个性，找到适合自己孩子的独特成长轨迹。而孩子的成长过程同时也是父母的成长过程，父母帮助孩子成长的同时，也会和孩子一起经历成长的欢欣喜悦。在孩子成长过程中最重要的爱是对孩子的尊重和理解，这是孩子顺利成长的前提。学习和运用现代的教育理念是当今父母的必修课题。

50. 表扬孩子没有效果了怎么办？

问：在教育孩子的过程中，听有的教育专家说多表扬对教育孩子有帮助，我也开始有意识地多表扬孩子。开始他很高兴，表扬的作用特别明显。但最近我发现这招越来越不灵了，有时表扬他之后他没有什么反应。有时他居然还会说：你表扬我不就是想让我光听你的吗？这招真的不管用了还是我的方法需要改进？还要继续表扬他吗？

答：首先，鼓励和表扬确实是个教育孩子的好方法，但一定要注意方式。让我们先来看一条相关的信息：

《中国妇女报·育儿周刊》2009 年 2 月 6 日讯：日本专家研究发现，人在受到表扬时，学习和工作热情就会高涨。这一现象在孩子和成人身上都存在。

日本大阪市立大学等机构的专家进行了这一研究。他们对受试者进行了两项测试，事先告知他们这是智力测试，并在测试时用仪器分析他们的大脑活动。在第一项测试中，电脑屏幕上会显示相应的图标，让受试者即时知道自己的答案是否正确，在答对后，屏幕上会出现奖励的图案和鼓励的词语。第二项测试内容相似，但被试者不知道自己的测试成绩，即使回答正确也不会受到任何表扬。结果发现，在第一次测试中，受试者的大脑明显活跃，回答正确率也很高。

"人受到称赞或表扬，和获得金钱奖励一样，都会让大脑更灵活。"研究人员表示。

没有受到表扬的孩子可能导致没有成功感，总的来说，对孩子要表扬多于批评，这是一个基本的原则。父母有个天职，要千方百计让孩子相信自己是个好人，是个聪明的人，是个充满希望的人。因为父母与孩子之间好的关系非常重要。而表扬孩子可以体现父母对孩子的信任、理解、尊重、欣赏。

特别是孩子小的时候。孩子年龄越小，越认不清自己。儿童时代是个非常容易自卑的时期。孩子不论是年龄还是身材都那么小，他看大人是仰视，在他看来，每个大人都是巨人。

而且父母还有天然的权威性。年幼的孩子知道，他所需要的一切都来自父母。所以父母的表扬会让孩子认识自己的潜能。实际上，表扬孩子是让孩子认识自己，认识自己美好的天性。即使是再内敛的父母，也要对孩子慷慨表扬，及时表扬。

对孩子的赞许不仅仅是对孩子所做的某一件事、某一个行为的肯定，也不仅仅是为了使孩子产生一时的愉悦，而是关系到孩子在社会化过程中，为其规定怎样的标准，设立怎样的目标，以及孩子是否为达到这一目标做出自己的努力、怎样去努力。这些赞许就其本身而言有时可能是微不足道、无关紧要或是极其平常的，未必会产生什么成就。之所以这样做，在于其对孩子行为产生的效果，尤其是孩子的成就是建立在需要赢得他人的重视和赞许的基础上的，如果孩子为取得成功所做的努力得不到他人的赞许，那么他就很有可能不再努力去争取成功。

一个人只会听表扬，从来没有听过批评，这很危险。但是如果这个孩子一直都听过批评，而没有听过表扬，这会缺乏自信。批评、宽容、鼓励、赞美都要根据不同的情况综合使用。

家庭教育中的表扬同赏识、夸奖、赞许等方式类同，都是对孩子的积极评价，是对其行为的"良性刺激"。在社会心理学看来，人的社会动机之一是赞许动机，即指人们期望获得他人及社会的赞扬、肯定、承认和鼓励，以得到心理需要的满足。社会赞许动机对人的行为的培养具有极其重要的意义。

但是，如果表扬不当，会给孩子带来负面影响。第一，过度的赞美会使孩子形成盲目骄傲自大的人格品质。因为孩子在年幼时，不具备自我评价能力，外界对孩子评价的恰当性，直接影响到孩子自我评价的准确性。如果父母对孩子的赞扬言过其实，过分夸大，频繁使用。就会给孩子造成一种错觉。认为自己完美无缺。使孩子渐渐形成自以为是、骄傲自负的不良品格。第二，过滥的赞美会造成孩子行为自觉性差的人格品质。父母在赞美孩子时，常常意识不到过度的赞美容易使孩子为了得到赞美而表现好，这种好的表现并非是自觉的，而是具有一定功利性目的的。这样易使孩子养成自觉性差，看他人眼色行事的习惯，做任何事都要外力推动，长大后个性表现倾向为他人取向，使自己的言行表现受制于他人的赞扬。第三，过多的赞美会使孩子经受不住批评与挫折。我们常听到有的父母称自己的孩子只许赞扬，不许批评。这种孩子往往不能面对失败，不能抵抗挫折，心理承受能力差，长大以后就难以经受得住人生旅途发生的风风雨雨，变得脆弱、退缩、逃避。

表扬孩子对孩子的成长有积极的作用毋庸置疑，但是表扬孩子不能没有原则、不讲科学。不恰当的表扬不仅教育效果会大打折扣，不能激励孩子，相反会挫伤孩子。

作家毕淑敏曾写过一篇短文，题为《请为你的夸奖道歉》，说的是她的一位朋友到北欧某国做访问学者，周末到当地教授家中做客。

一进屋，问候之后，看到了教授5岁的小女儿。这孩子满头金发，极其美丽。朋友带去了中国礼物，小女孩有礼貌地微笑道谢。朋友抚摸着女孩的头发说，你长得这么漂亮，真是可爱极了！教授等女儿退走之后，严肃地对朋友说，你伤害了我的女儿，你要向她道歉，朋友大惊。教授说，你是因为她的漂亮而夸奖她，而漂亮不是她的功劳，这取决于我和她父亲的遗传基因，与她个人基本上没有关系。你夸奖了她，孩子很小，不会分辨，她就会认为这是她的本领。而且一旦认为天生的美丽是值得骄傲的资本，她就会看不起长相平平甚至丑陋的孩子，这就成了误区。不过你不要这样沮丧，你还有机会可以弥补。有一点，你是可以夸奖她的，这就是她的微笑和有礼貌。这是她自己努力的结果。"请你为你刚才的夸奖道歉。"教授这样结束了她的话。

毕淑敏在短文中说，后来我的朋友正式向教授的小女儿道了歉，同样表扬了她的礼貌。朋友说，从那以后，每当我看到美丽的孩子，我都会对自己说，孩子不是一件可供欣赏的瓷器或是可抚摸的羽毛。他们的心灵像很软的透明皂，每一次夸奖都会留下划痕。

表扬过度的时候，有的孩子鄙视说父母很虚伪。这就是表扬出了问题。比如有个孩子，是个四年级的男孩，学习成绩总是在班上倒数前几名，老师、同学都认为他是个"差生"。经测试，他的智商水平并不太低，于是专家们建议他的父母对他少责备、多表扬。其父母采纳了这一建议，确实收到了积极效果，这个孩子学习的主动性增强了，成绩也提高了。但遗憾的是，父母在尝到表扬孩子的甜头后却走向了另一个极端：在家时，这个孩子无时无刻不在受到表扬，既听不到批评，也听不到任何忠告或指点。这种过度、过滥的表扬带来的最大危害是：孩子被自己的一时成功冲昏了头脑，甚至因过度自负而不能正确或准确地评估自己。当在学校里听不到老师和同学如此表扬的环境中，他产生了比以前更强烈的失落感，结果一蹶不振，甚至发展到厌学、逃学。

我们的教育建议是：

①表扬一定要是及时的、准确的、具体的。

有的父母会这样表扬：你真是个好孩子。你真聪明。你真用功。这样的赞美看起来确实是在表扬孩子，但这种表达含糊不清，无助于孩子认识自己。表扬孩子要及时、具体、准确。比方可以这样说：孩子，你今天的碗刷得很干净，你今天的地扫得很干净，你今天的被子叠得很整齐，我很高兴，我觉得你真是干家务的内行；表扬孩子学习好的时候说，你学习的时候很专心，没有站起来走动，或者说比过去走动少了，你的字写得很认真；对于孩子自觉控制娱乐时间来说，你能够按规定时间玩游戏机，能管得住自己，真的很不容易。所以说表扬孩子是一门艺术，表扬要及时而具体、表扬聪明不如夸奖努力等。儿童需要这样的表扬，这样的表扬才是正确有益的表扬。

还有就是表扬孩子要及时：孩子做了好事后都有个心理期待。有的孩子做了某件事情后，一天的心思就是等老师表扬这件事。可老师一天都不提，小孩就会一天都不舒服。小孩的注意力容易转移，假如过了一星期再来说这件事，再去表扬他，对他来说效果就大大贬值了。

有这样一个故事：某小学的校长曾经做过这样一个实验：期末考试之后，他分别在不同时间内对两个班级考试成绩差不多的两组孩子做出评价。对第一组孩子，校长在考试成绩出来的当天就表扬了他们："成绩真不错，你们都是聪明的孩子，继续努力吧。"对第二组孩子，校长一直等到下一个学期开始之后，才对他们说："你们上学期考试成绩不错！"一个学期以后，第一组孩子因为受到了校长及时的赞扬和鼓励，学习成绩有了明显的提高。他们一致认为是校长的赞扬让自己对学习充满了信心，学习劲头也更足了。而第二组孩子的学习成绩却没有明显进步。虽然校长赞扬了他们，但时间已经相隔太久，所以他们根本没有察觉到这种表扬，所以他们的学习积极性也没有太大的变化。

这说明要正确把握赞扬孩子的时机。一般来说，在孩子取得成就以后，及时给予赏识和赞扬的效果最好，这时候，最能激发出孩子的潜能，孩子最容易从父母的赞扬和鼓励中获得继续努力的动力。如果不是及时赞扬，而是在一段时间以后再赞扬，效果则会相差很多。那时候，孩子已经因为没有得到父母的肯定和赞扬而失望，即使后来再补也无济于事了。

还有要注意的是，表扬还有着复杂性：孩子做事有时对中有错，错中有对，还会好心办坏事。这时父母恰当的评判和表扬是非常重要的。

父母表扬孩子要让孩子感觉你说的是真话，而且父母本来就应该说真话。

②表扬孩子要"就事论事"。

父母对孩子的关心应该是全方位的。对孩子在日常学习生活中出现的好的思想、出色的表现以及点滴的进步予以表扬，可以起到强化的作用，使之得以巩固、发扬，成为孩子持久的习惯。而如果父母和老师在对孩子所做的某一件小事表扬时，随意上升到人格的高度，甚至涉及对人生的评价，有可能会起到相反的作用。

有的父母和老师夸孩子做的某一件好事时总会说："你真是个好孩子！"孩子也许就会反过来想："那我不做这件事就是坏孩子了吗？"对身边其他没有做这件事的孩子来说更容易有这样的想法。所以，表扬孩子还是"就事论事"为好，使他产生愿意继续做这样的事的愿望，这也就达到了表扬的目的。而大可不必给孩子"戴高帽"，造成孩子的错觉或心理压力。

表扬和鼓励孩子的形式是多种多样的。除了口头表扬外，也可以是爱抚的，比如父母摸摸孩子的头或脸，或是拥抱一下等，孩子也会感到父母对自己的赞许和喜爱。

51. 惩罚越来越不管用怎么办？

问：我的孩子现在刚上初中，在他的成长过程中，我对孩子的优点及时表扬，当他犯了错误后，也会运用惩罚来进行教育。孩子小的时候，尽管惩罚用的不多，但很有用，孩子改正错误很快，但随着他年龄的增加，惩罚越来越不管用了。难道惩罚失灵了吗？我以后应该怎么办？

答：孩子在成长的过程中，应懂得为自己的过失负责任。一个能承担责任的人，才是真正的人。无批评教育是伪教育，没有批评的教育是不负责任的教育，是虚弱的教育，是危险的教育，因为经不住批评的孩子是脆弱的。

批评和惩罚是惩戒教育的两个阶段。批评是第一阶段，帮助孩子明辨是非，指出错误错在哪里，以后注意改正。这是一种轻微的惩戒。实际上，惩罚是比较严重的处罚。多数情况下，到批评这个阶段就足够了，孩子的多数错误都是轻微的，没有严重后果的。惩罚，是因为孩子的错误造成了严重的后果，这时特别需要让孩子接受惩罚。目的是让孩子对自己的过失承担责任，方法则是唤醒心中沉睡的巨人。

一个孩子犯错误是正常的，不犯错误才是不正常的。犯了错误就要受到相应的惩罚，这是天经地义的道理。不过，父母需要注意的是，要对孩子出现的错误行为进行归因分类，比如在求知过程中出现的错误包括学习态度方面和认知能力方面的。在品德方面的错误，有明知不可为而为之的，有不知不可为而为之的，有应当为之而无力为之的，等等。有些错误造成的结果对犯错误的孩子本身就是一种惩罚，让其自食其果已经足矣。

心理学研究表明，认识到自己犯错误的人，都会有承担责任、接受惩罚的心理准备，以求得心理平衡。因此，当孩子犯了错误的时候，不进行适当的惩罚不符合科学原则。所谓惩罚教育实际是通过批评、责罚、处分等手段使犯错误的人产生相应的紧张、焦虑、畏惧的心理反应，从而产生自律内驱力的一种手段。一定程度的紧张、焦虑和畏惧是人内驱力的一个源泉，是人们行为的一种动力。

捷克著名教育家、教育科学的奠基人夸美纽斯认为：惩罚是必须的，学校没有惩罚犹如磨盘没有水。孩子如果在犯错误的时候，教育者或视而不见，或轻描淡写，或隔靴搔痒等，就会打乱学生的心理平衡，使其侥幸心理得逞，放纵自己的错误行为，失去辨别是非的能力，对其发展成长是有害的。应该说对犯错误的孩子，有分寸地惩罚一下孩子会收到令人满意的效果。

当然，我们在惩罚孩子时一定要根据事实的具体情况，认真分析其动机、行为及其结果的性质，并给以相应的适当的惩罚。否则，孩子的怨气就可能增长，逆反心理就可能产生，达不到教育的效果。

我们的教育建议是：

①惩罚孩子的前提是肯定孩子。每个孩子都有值得父母赞扬的优点，当父母要惩罚孩子的时候，内心里首先要相信孩子还是好孩子。同时，父母也要在惩罚时把内心感受跟孩子说清楚，让孩子知道他在父母眼里并非一无是处。

②犯错后立即惩罚。一些父母常常说："看我回家怎么收拾你！""你等着，等你爸回来了有你好看了！"这些话对孩子来说可能会起到两种作用：要么诚惶诚恐，只想赶快逃离家庭；要么不当一回事，把父母的话早忘了。这样无法起到惩罚作用。所以，当孩子做错了事，要赶快执行惩罚措施。

③平日要把对孩子的要求讲清楚。有些父母平时很少和孩子谈要求，即使谈了也未必清楚明了，总觉得自己明白的孩子就一定明白。但孩子毕竟是孩子，他的理解力和成年人之间是有差距的。所以，父母们要把自己的希望、要求、规则都对孩子讲明白，并且与孩子达成共识甚至约定。这样，当孩子违反规则时才可以惩罚他。

④惩罚之前可以先对孩子进行警告。小孩子的自我控制能力往往不如成年人，因此，父母务必慎用惩罚，在惩罚之前告诉孩子，如果再不改错就要受惩罚。这样就可以给孩子一个自我纠正错误的机会。

要向孩子说明惩罚的原因。在对孩子进行批评之前先给孩子讲道理，让他明白为什么惩罚他，这样有利于改正错误。如果孩子在迷迷糊糊中被惩罚，他会感到很委屈。

⑤惩罚前后要一致，要说到做到。如果告诉孩子，因为他犯了错而惩罚他，不允许他去看最喜欢的电影了，您就一定要做到，说话算数，不要一时心软又改变主意，那样将使您所说的许多话都失去效力。

⑥惩罚不要"翻箱倒柜"。有些父母爱唠叨，孩子一旦犯了错，就忍不住把孩子过去做错的事情都拿出来唠叨一番，在父母没完没了的唠叨声中，孩子往往已不记得自己的哪一个错误才是需要惩罚的了。

⑦惩罚要适度。父母给孩子的惩罚，要因人因事而定。有些孩子性格比较内向，敏感，对这样的孩子，也许瞪他一眼，或者冷落他一会儿他就受不了了。而有些孩子则比较皮实，即使父母打他的屁股他也不觉得怎样。因此，父母要了解自己的孩子，知道他是个怎样的孩子，以免惩罚过轻、过度或无效。另外，父母也要根据实际情况来惩罚孩子，如果在公共场合，或者孩子所犯错误不那么严重，就不要用过于严厉的方法对待孩子。

⑧要对事不对人。父母之所以要慎重使用惩罚方法，就是因为不当的惩罚会给孩子的心理带来巨大的伤害。因此，建议父母们在惩罚时要让孩子明白，惩罚的只是他的错误行为，而不是否定他这个人。

同时，我们建议父母可以尝试一下自然惩罚法。让孩子自己承受行为过失或者错误造成的后果，感受因此产生的不愉快甚至痛苦的心理惩罚，这就是自然惩罚法。

自然惩罚法是法国教育家卢梭提出的一种教育方法。就是当孩子在行为上发生过失或者犯错误时，父母不给孩子过多的批评，而是让孩子承担行为上发生过失或者错误直接造成的后果，使孩子在承受后果的同时感到不愉快甚至是痛苦的心理惩罚，从而引起孩子的自觉弥补过失，纠正错误。

卢梭说："我们不能为了惩罚孩子而惩罚孩子，应当使他们觉得这些惩罚正是他们不良行为的自然后果。"这也许就是自然惩罚的要旨。

自然惩罚法并不是对孩子的所有行为都能适用。一般来说，只有当过失后果不会损害孩子身心健康的时候，父母才可以让孩子尝尝这种后果带来的惩罚，如孩子挑食，父母可以让孩子尝尝挨饿的滋味；孩子不好好穿衣服，父母可以让孩子尝尝受冻的滋味；孩子固执，父母可以不管他，让孩子体会固执带来的麻烦。如果过失造成的后果可能给孩子带来心理上的严重折磨，父母最好不要用，因为孩子的自尊、自信比什么都重要。

52. 我们经常利用吃饭的时间教育孩子，但孩子很抵触怎么办?

问：我们夫妻工作都很忙，白天一家三口上学的上学，上班的上班。基本上就是晚饭的时候大家才能坐在一起。有时忙起来甚至不能陪孩子一起吃饭。所以，我们常常在吃饭的时候问孩子的功课和在学校的情况。大部分时间是和睦的，但也不排除有时会在吃饭的时候批评孩子。特别是孩子的爸爸，脾气上来就压不住。结果孩子越大越嫌我们唠叨。有时我看他表面在听，实际上根本不上心。我知道吃饭时训孩子不太合适，可是只有这时候大家才会有交流时间。我们应该怎么办呢?

答：作为父母可能会因为没有多少时间陪孩子而感到十分内疚。我们在调查中发现，一周之内，能够每天都跟孩子一起吃晚饭的母亲仅占 64.8%，10.8% 的母亲一周跟孩子一起吃晚饭的次数少于 4 次。对于父亲来说，情况更为严重。能够每天都和孩子一起吃晚饭的父亲仅占 45.6%，而有 15.8% 的父亲一周跟孩子一起吃晚饭的次数少于 4 次。

父母们虽然为此感到内疚，但并没有充分利用和孩子一起吃晚饭的机会，往往会表现出对于孩子学习方面十分急切的关心，在餐桌上关心孩子的学习成绩如何，而完全没有顾及孩子的真实感受，导致有些孩子害怕晚饭时光。

在有些孩子眼里，餐桌是个既诱人又可怕的地方，因为父母们常常在这里进行"餐桌教育"，而且大都是因为学习上的事。在有的家庭中，父母在餐桌上训孩子几乎已经成为家常便饭，一般每周都要有 3 次～4 次。如果是临近期中、期末考试，那么餐桌上训孩子的次数就会明显增多，有的是顿顿吃饭时，父母都要唠叨学习上的事情。

一位小学生说："我要是成绩不好，我妈虽然让我吃饭，可她不理我，饭桌上一句话也不和我说，有时连续几天都是这样。我吃饭时，也没有食欲，心里特别难受。"还有一个学生说："饭桌上只要父母一查我的学习情况，我就饱了，什么也不想吃了。可他们偏偏在这个时候问个没完没了，查个水落石出，好像有心不让我吃饭似的。"

其实，吃饭的时候训斥孩子对身体健康有害，这个道理相信绝大多数父母们都是明白的，但危害到底有多大，许多父母都说不上来。

研究表明：人的情绪不好，可引起交感神经兴奋，致使血管收缩；同时胃黏膜血流量明显减少，因而胃液也随之减少。这是因为胃液的分秘，必须有足够的血液。所以为了使吃进体内的食物得到良好的消化和吸收，吃饭时必须保持良好的情绪。也就是说，为使食物在体内得到充分的消化，父母们在孩子吃饭的时候，不仅要注意饭菜的色、香、味等质量，还特别要注意孩子吃饭前后的精神状态，也就是心理状态。

生理学家巴甫洛夫曾用最原始的方式做过一种动物胃液分泌的实验，说明人的情绪不好，也会影响胃液分泌。将一支管子通过狗的腹部插到胃里，胃液可通过管子流到外面的试管里。当给狗吃东西时，突然将一只猫放在狗的面前，这时狗的胃液就停止流出，直到把猫拿走，狗才恢复正常。同理，孩子在吃饭的时候经常受到训斥，胃液的分泌也会逐渐减少，同时胃等消化器官的蠕动也会出现异常，显然要影响食物营养的消化吸收。如果经常如此，还可能形成不良的条件反射，致使孩子产生不愿意回家吃饭、害怕同父母一道吃饭等心理障碍。这样的教育势必导致失败。

可见，餐桌上训斥孩子，不仅对孩子的生理健康有很大危害，对其心理健康也有着巨大的影响。另外，也有的家族几乎是"无语家庭"，全家人很少交流，吃饭的时候也不说什么话，父母不说孩子，孩子也不顶撞父母，这样的家庭，对孩子的成长也是很不利的。

快节奏的现代生活使一家人总是聚少离多，从早晨起床开始，一家人就忙忙碌碌，中午饭也大多是孩子在学校吃，父母在各自的单位吃，只有晚饭的时候才是一家人相聚的美好时光。这时候，全家围坐在餐桌前，吃着可口而丰富的饭菜，幸福自然是不言而喻。

我们的教育建议是：

①父母尽量不要在餐桌上询问孩子的学习情况。父母可以在饭前或饭后通过聊天的方式了解孩子的学习情况，但不要在餐桌上这样做。即使选择饭前饭后也要与吃饭的时间相隔1个小时以上。如果马上就要吃饭了，把孩子训斥一顿，那么孩子同样不能愉快地进餐。

②餐桌上说些愉快的话题。吃饭的时候的确是一个忙碌的家庭交流的好机会，但要尽可能和孩子交流一些各自知道的信息或说些愉快的话题。现在信息很多，父母们和孩子们每天都接触很多不同的事情，吃饭的时候大家交谈一下，既互补了各自的见识，父母们又可以通过和孩子的交谈了解孩子的生活，与孩子缩短心理距离。

③播放就餐音乐。舒缓、柔和的音乐能增进就餐时的愉快心情，如果条件允许的话，父母可以在吃饭时在家播放一些高格调的、健康的音乐，不仅能调节一家人的就餐情绪，也是一种潜移默化的音乐熏陶呢！

④不要让孩子在吃饭时看书或看电视。在一般情况下，从小要求孩子吃饭的时候不要看书或看电视，因为看书或看电视会分散孩子的注意力，同样不利于孩子吃下饭菜的消化吸收。父母要求孩子做到，当然自己也要以身作则，这样才能营造出一个真正温馨的就餐氛围。

53. 孩子总嫌父母唠叨怎么办?

问: 我家孩子上小学 6 年级了。我自认为是一个负责任的母亲。但儿子却总嫌我唠叨，甚至告诉了班主任。因为他说的太严肃，所以老师来和我沟通。我认真想了想，确实自己在教育孩子时说的话比较多，有时孩子根本不听。但是难道看到问题不去管吗？我觉得自己很难做到。请问应该如何做才能既不让孩子反感又很好地教育了孩子呢？

答: 如果问孩子你最烦父母什么？多数孩子都会回答：唠叨。在一项儿童心理问卷调查中得出结论：九成以上的孩子认为母亲"太唠叨"，唠叨成了父母的通病。

当听见孩子抱怨"别唠叨了，烦死了"的时候，做父母的常常很生气：我这不是都为了你好吗？怎么这么不明白大人的良苦用心呢？其实，在孩子眼里，这样的父母就像《大话西游》里的唐僧一样，喋喋不休，教诲不停，似乎鸡毛蒜皮的小事都会被他掰开揉碎，上下五百年地说上一遍。殊不知，说得越多，孩子听话的机会就越小。很多孩子一听父母唠叨就烦。做父母的不妨自己想想，如果别人总是对你唠叨，你会怎么想？会不会也很烦？那么孩子也一样，不要因为他们年纪小就必须接受成年人无休止的唠叨，尤其是有些唠叨还是数落式的，特别是容易表现在学习方面：你怎么不用功啊？你怎么总是犯错啊？这种数落常常有谴责性质，破坏孩子的学习状态，把孩子学习的积极性给压制住了。

父母和孩子之间的沟通如果出现了问题，最大的可能首先是父母和孩子之间缺乏信任。交流是在彼此信任的基础上进行的，如果彼此没有信任还怎么沟通呢？其次是缺少沟通的氛围。在孩子小的时候没有形成平等沟通的气氛，等孩子长大了，再想和孩子有效交流，就有一些难度了。最后是缺少沟通的方法。有些交谈技巧不是每个人天生就会的，是需要学习和思考才能掌握和运用的。

孩子上小学六年级了，这时，他的自我意识开始觉醒。也许，以前妈妈的唠叨孩子会耐心听下去，但是现在他有了更多自己的想法，所以对于妈妈的"陈词滥调"就显得特别不耐烦了。因此，父母一定要注意到这一点，适当改变自己的教育方式，尤其是和孩子的谈话方式。

我们的教育建议是：

①学会积极倾听。这是一种语言反应技巧。它要求在孩子表达自己感受时，父母应采取以下三种行为：第一，倾听孩子的诉说；第二，立即根据孩子所说的情况整理出要点；第三，把孩子所说的以父母的口吻再次向孩子表达出来。用这样的方式和孩子交谈，孩子会感到父母真正了解自己。孩子开始多半谈的是一些表面的事情，父母常常还没有弄清问题所在就批评指责，这样既妨碍双方触及深层问题，也会造成反感情绪。

②允许孩子发脾气。父母应当把情绪和行为划出明显的界限。孩子有权利愤怒，并且表达出来。但是孩子没有权利因为愤怒做出伤害他人的行为，不论是身体的还是心理的，这样可防止孩子把父母的接纳误解为允许他们不恰当地发泄愤怒。

③发生冲突时，父母避免说出伤害孩子自尊心的话。因为过度的愤怒会影响人的判断力，孩子对父母的教导也难以接受，而且会给今后的亲子关系增添障碍。

④避免借题发挥。每次在要开口之前，父母先在心里把要说的话过一遍：这件事有没有必要唠叨？说一件事的时候会不会扯到别的几件事上去？有一点需要特别注意，有的时候孩子已经认识到了自己的问题，正在逐步改正的过程中，可爸爸妈妈还是忍不住把孩子曾经的错误拎出来不断敲打，不仅会伤害孩子的自信，也会让他产生逆反心理，这是大忌。

⑤教育孩子不在话多，而在于实际效果如何。对孩子的过错，应坚持"犯一次错，只批评一次"的原则。如果非要再次批评也必须换个角度、换种说法，而不要简单地重复。这样才会避免孩子"疲疲沓沓"，什么都不在乎的消极表现。而孩子的厌烦或反抗的心理也会随之减低。

54.孩子过于贪玩怎么办？

问：我儿子今年8岁，特别贪玩，上课的时候手里的铅笔也能玩半天。在家里写作业的时候也是一样，玩一会儿写一会儿。只要外边有小朋友，在家里根本待不住，我觉得这孩子有时简直就是"傻"玩。我也明白男孩子免不了淘气、贪玩，可他也太爱玩了，我应该怎么教育他？

答：儿童了解世界有他们自己的方式，也就是说，他们可以在玩中感受这个世界，学习着规则、学习着成长。

父母不能用成人认识世界的方式取代儿童认识世界的方式。

不仅是儿童，小动物也是在玩中学习、增长本领的。著名作家严文井先生曾对我（孙云晓）说：所有的小动物都没有学校，它们的本领怎么学来的呢？是从玩中学来的。玩中有许多技能，技能关系到生存。如猴子爱跳着玩，从很高的一棵树跳到另一棵树，跳过去就是生，跳不过去就是死。你说，这玩中的技能重不重要？这玩是不是一种不可缺少的学习呢？所以，严文井先生说：玩也是一种学习。

我很赞成这种说法。小动物们正是在玩耍中学会了捕食的本领，学会了生存的技巧。但是，是不是当玩不是学习时，就不能玩了呢？当然不是的。对于孩子来说，玩比学习有更广阔的空间和定义，甚至从一定意义上说，一切的学习都是游戏，都是玩。没有玩的孩子，不能成为一个完整的孩子，他可能是半个孩子，因为他的潜能没有得到释放，于是他的收获也就大打折扣。

玩有两类：一是和学习有直接关系的，如智力游戏、语言游戏；二是和学习没有直接关系的，仅仅是玩而已。对于玩，父母要确立一个大学习的观念，确立一切的玩都是学习的观念，将玩看作是学习认识世界、学会认知的手段，学习合作、学习创造的课堂。只有确立了宽泛的大学习观，才能避免狭隘的小学习观。

同时，我们也应当承认，玩不是认识世界的唯一方式，学习也是我们认知世界的一个重要方式，而且有时还是更直接有效的方式。这种学习可能就不是玩能学会的。我们要重申的是，在幼儿园和小学阶段，玩是特别重要的。这一阶段可以说，玩是儿童的基础教育，游戏方式是他们学习的重要方式；而且年龄越小，玩越重要，越具有探索的性质。到了中学阶段以后，求知的任务就相对比较重了，玩的方式也就不再只是单一的玩了。

玩是否也有规则？怎样指导和帮助孩子去玩，即：好好玩、玩得好，这也是需要父母思量的问题。对此，在玩的过程中父母应注意些什么？

玩是有规则的。让孩子拥有玩的权利，并不等于放纵孩子玩的内容或方法。父母可以和孩子谈一谈，告诉孩子外面的世界是怎样的，有些东西可以玩，有些东西最好不玩，有些东西根本不能玩。告诉孩子规则是必须遵守的。这些规则包括：一是要安全，不能玩危险的游戏；二是要健康，如玩网络游戏不能时间过长，时间长了，上瘾了，就不健康了；三是不能妨碍他人，不能伤害别人。如有的孩子在游戏中折磨同学、打坏玻璃等，这都不可取。

父母非常有必要和孩子一起玩，这是玩的一个很高的境界。尤其是当今时代，独生子女家庭的孩子比较孤单，没有兄弟姐妹。而孩子的成长是需要伙伴的，所以，父母参与进来与孩子一起玩，会使玩变得更为孩子所需要。

父母在与孩子一起玩的过程中，一是注意考虑什么样的玩是孩子适宜的，因为只有适宜的才是最好的；二是在玩中不要教训孩子，不要总想给孩子增加智力内容，玩就是玩，不要用功利的眼光看待玩；三是在玩中帮助孩子，孩子毕竟是孩子，孩子需要指导，当你和孩子一起玩时，可以有意识地在对待输赢的心态上，在自信、细心、耐心等方面对孩子进行帮助和引导；四是经常鼓励孩子外出和别的朋友一起玩。父母不可能有那么多的时间，而且孩子也需要外出接触更多的同伴和更宽广的世界。所以，父母要经常鼓励孩子到外面和大家一起玩，在玩中，孩子不仅放松身心、增长智力，还学会与他人交往、处理突发事件的方法等。

我们的教育建议是：

①多鼓励以增强孩子的自信心。孩子在玩的过程中，父母要不断地鼓励孩子，不以成败论英雄。要善于发现孩子的优点，多鼓励。我们小时候都有这样的体验，即第一次玩游戏的时候也都是胆战心惊的，也要经常地看父母的脸色，尤其是当我们玩时不注意打坏了东西的时候。有经验的父母，就要及时地鼓励孩子，宽容孩子，孩子只有在反复地体验成功之后，才会更加自信；反之反复地体验失败之后就会变得自卑。因此，我们要告诫父母，千万不要因为自己的言行而让孩子变得谨小慎微。

②培养孩子的观察力。孩子在玩的过程中，父母要有意识地、不断地和孩子交流，提出一些问题，多问一些为什么。一个问题可能会像一个课题一样，不同时期的孩子的回答可能是不同的，答案也可能是不断提高的、变化的，父母要给予一些适当的指导。同时，在回答孩子的提问时，不要把所有的答案全部都告诉孩子，要给孩子留下空间和观察的余地，等待孩子去发现。

③让孩子多些独立性和个性。父母要善于发现孩子与众不同的地方，小心翼翼地找出孩子的独到之处。独立的孩子要给他独立做事的机会，如买东西、做事情。做得越多越有经验，做得越好越有能力，反复成功的孩子越有独立性和个性，自信心和能力也就越高。这些能力不是外加的，都是由内在产生的，是体验出来的，这是关键。

④让孩子具备收集和处理信息的能力。今天的时代，已经进入了信息化时代，收集和处理信息的能力已成为一种重要的学习能力。因此，要交给孩子一些方法，首先要提出玩的方案，比如提出"大象是什么样的"问题，可以借助网络搜索相关知识，其次再学会判断、分析、比较、取舍，最后总结。在信息大量集中时，要知道什么是对自己有用的，学会分辨和处理；在玩的过程中，不是要记住所有的知识，而是要学会当我们需要某种知识时知道去哪里找的能力。

⑤激发孩子的想象力。一是要让孩子举一反三。一个游戏结束了，让孩子思考：我们还可以做什么，同类的游戏还有哪些，不同类的游戏还有哪些，还可以放大、变化成哪些游戏？在这种种的变化中激发想象力。二是将现实和未来接通。在模拟游戏中畅想未来生活，比如，想象"20年后的自己"、"20年后见面的情景"。三是将不可能与可能接通，比如，想象"树可以飞翔的样子"，对未知的世界进行探索和想象，也是培养想象力的一个方法。

55.孩子特别爱拔尖怎么办？

问：我女儿现在快上初二了。她从上小学起就是一个好学生，除了成绩优秀之外，自理能力也很强。我们对她还是比较满意的。她一直很要强，特别是对待考试，特别不允许自己有失误。最初我还觉得这是件好事，也鼓励她这样去做。但随着功课负担的加重，她的学习也不像小学阶段那么轻松，她对自己功课要拔尖的要求让她很辛苦，情绪也受影响。我不知道如果一直这样下去会有什么后果，我应该怎样开导她？

答：关注孩子的心理变化是非常必要的。有些父母会认为学生想"拔尖儿"，顶多就是有些虚荣心，但可以促进学生努力学习，因此不能算是坏事，至少不是什么严重问题。但实际上，对"拔尖儿"的追求可能代表了一种不健康的心理倾向：成就焦虑。

学者刘晓红对成就焦虑做过分析。她认为"成就焦虑"是一种因希望超过他人而担心被他人超过所引起的持续的紧张不安、带有恐惧性的情绪体验。在学校中最典型的表现是，有"成就焦虑"的学生总担心在考试中不能"拔尖儿"或名次被别的同学超过，把名次的高低看成自己成功或失败的标志。如果这次考试名次提前了，就是进步了，名次退后了，哪怕只是从第一名降到第二名，就是失败，就不能容忍自己。因为想要"拔尖儿"，别的同学，特别是那些与自己实力相当的同学，就成了自己的竞争对手，如果自己考砸了，也暗中希望自己的对手也考砸。

刘晓红认为，有"成就焦虑"问题的学生还特别在乎别人对自己的评价，对一切和别人比的情境都很敏感，容易把那些在一般同学看来没有比较意味的情境看成是对自己的评价情境。例如，他们会把回答课堂提问，和同学一起聊天等都看成是一种评价情境，更多地关心老师、同学怎么看自己，而不能专注于谈话的内容或自己能从课堂提问中学到什么。他们决定自己是否参加一项活动时，主要考虑这个活动能否提供表现自己的机会。能拔尖的活动才参加，不能拔尖的活动就不参加。

"成就焦虑"是一种不健康的心理倾向，对学生的健康发展有不良影响。首先，因为"成就焦虑"者把学习或其他活动当作超过别人的手段，因此无法享受学习或从事活动本身的乐趣。

一项调查表明，在成绩优良的好学生中，如果有"成就焦虑"问题，可能会认为"学习本身没什么乐趣，但当学生不得不学"。另外，有"成就焦虑"的学生为了得高分，就要争取任何一门功课都不丢分，每门功课的每个细节都不放过。这就妨碍了他们客观地分析自己的优势和劣势，不知自己爱好什么、擅长什么，不知自己将来向什么方向发展有利。

其次，因为总担心不能超过别人或自己被别人超过，因此常常处在焦虑状态，还常有不易入睡、头疼、易感疲劳等现象。又因为，要想超过别人，不但取决于自己的能力，而且还取决于竞争者的能力，而竞争者的能力是无法把握的。即使在10次考试中都得了第一，也不能保证下一次。所以，"成就焦虑"不能通过达到超过别人的目标来缓解，它是一种持续的情绪体验。

从以上分析看，"成就焦虑"通常发生在学习成绩优良的学生身上，因此很难引起学校、教师或父母的注意。而且，"成就焦虑"通常不是以自杀这种极端的形式表现出来，相反，"成就焦虑"者常常学习特别努力，成绩特别突出。

一个学习努力、成绩优良的学生也许并不感到快乐，反而可能时时处在某种严重的焦虑中，他所做的某些努力对他自身的发展也许不但无用，还可能是有害的。这才是真正的悲剧——学生本人的悲剧、教育的悲剧。因此，"成就焦虑"问题应当引起学校、教师、父母的充分注意。遗憾的是，人们似乎很容易忽略这个危机，照旧疯狂地竞争，照旧有"成就焦虑"，照旧孕育新的悲剧。

我们的教育建议是：

①给孩子适当的期望。如果父母们对孩子的期望不能和实际情况相符合，则很容易使自己陷入一种焦虑的状态里，那么自然无法保持平常心。所以，重要的是了解孩子，尊重孩子，根据孩子的具体情况来设定期望值。

②给孩子留出发展的余地。父母可以给孩子提出一些要求，但同时也要告诉孩子，人生必然有挫折和失败，只要努力了就是好孩子，不必要求孩子"志在必得"。

③教给孩子生存之道。在整个人生中，幸福才是最重要的。父母应把这个目标当作自己的主要责任，给孩子一些为幸福生存锻炼的机会。比如，在课余时间让孩子去参加一些社会活动，让孩子与别人交往，在交往中学会合作等。这些生存的能力比学习成绩更重要，也更有可能通向幸福之门。

56. 孩子总抱怨属于自己的时间少怎么办？

问：我女儿自从上学以后，和其他孩子一样，除了学校的学习之外，还在校外上了几个课外班。她接受能力还可以，也没有觉得很辛苦，但就是经常抱怨没有玩的时间，没有自己支配的时间。我们也希望她能多些自由的时间，但又怕时间被浪费了，所以很矛盾。应该怎么办呢？

答：父母抓紧对孩子的教育是可以理解的，但如果教育过度也是一种不好的倾向，教育过度就是时时处处都把孩子当作自己的教育对象，不断地施以各种教育。

衡量孩子是不是一个现代的儿童，标准之一是看他可自由支配时间的多少。父母可能有一个误区，觉得要做一个负责任的父母，就要把孩子的每一分钟都安排了，以为这样就是充分利用时间了。儿童时期是一个成长时期，他的发展具有无限的可能性，如果孩子像机器一样运转了，就会把无限的可能变成了唯一的可能性，这是一种不明智的做法。

孩子特别需要独立支配的时间，要给孩子自由飞翔的空间，这是孩子内心涌出来的动力，这对丰富孩子的人生大有好处。孩子在双休日，至少有一天是玩的，不能都学习，玩是孩子童年的需要。社会学大师费孝通对我（孙云晓）说：孩子懂道理是看会的不是听会的，是看小伙伴怎么做的。因此，父母要给孩子选择一个比较有利的环境，给孩子自主选择的时间。

孩子需要有自己自由支配的时间，应该让他自己看，自己听，自己想，自己玩，应该有足够的时间让他自己去发展。他们的想象是非常丰富的，他们的心灵需要自由驰骋。过度教育等于他得全听别人的了，相当于给他套上了精神桎梏，这对培养孩子的独立性和创造意识都很不利。另外，孩子容易对此产生厌烦情绪和抵抗心理。

大家知道，孩子是最好奇和最好动的，但他们的专注持续时间又比较短，他们需要的是有趣的知识和生动活泼的领悟式教育。如果我们老是以教育成人的方法向孩子灌输知识、讲述道理，他们不但会厌倦，甚至会产生严重的逆反心理。

因此，教育孩子要把握好度，教育过少不好，教育过多同样也不好，只有把握好度，才能使孩子心情舒畅地自由成长。

我们的教育建议是：

①不要怕孩子空闲下来。给孩子安排得过满只会让他们觉得不堪重负。一些父母给孩子安排了各种学习班，孩子一空闲下来父母就紧张，实际上应该每天给孩子留出可支配的时间。别让孩子成为父母指挥的机器人。

②松紧有度，一张一弛。父母可以合理安排孩子学习和玩乐的时间，保证孩子娱乐休息的时间，会促使他在短时间学出高效率。

③给孩子体验生活的时间和机会。父母们往往觉得学习好才是最关键的本领，却忽略了一个很重要的事实：光让孩子学习而不让孩子体验生活，孩子是无法真正成长的。这样的结果是让很多孩子缺乏基本的生活和生存技能，体验也是一种学习，而且是一种更贴近生活的学习，一种快乐的学习。

57. 为什么书上的教育方法不管用呢?

问：我看过很多家庭教育方面的书，中国外国的都有，也试着用其中的方法教育自己的孩子。有的还挺管用，但说实话更多的是不太有用，对我的孩子效果不大。难道这些书真的没必要读吗？还是我使用的不得法？

答：凡是增进人们的知识和技能，影响人们的思想品德的活动都是教育。教育的目的是使受教育者成为社会（家庭）所期待的人才。教育的特殊性在于接受教育的是人，具有主观能动性。换句话来说，加工玉器，是对物进行改造，璞玉没有生命，没有思想，任凭外界的雕琢。而人有生命，有思想，有个性，只有在利于他自身生存和发展的情况下，才改变自己，而这种改变未必是教育者所期待的。

教育的理论都来自实践的总结和提升。教育研究者从实际生活中找出具有代表性和规律性的东西，指导未来的教育行为，调控教育的方向和成效。家庭教育的书籍大多是把一些经典的教育案例记录下来，辅之以相关的理论加以佐证，供读者分享。通过读书，学习教育理论，积累成功的教育案例，这是好事，无可非议。关键在于怎样理解教育原则，怎样运用教育规律。

我们的教育建议是：

①不要机械照搬别人的教育经验。要认真分析那些经典教育案例的教育背景，如孩子的个性、能力，家庭组成成员的状况，社会文化差异等，仔细揣摩教育成功的根本原因，学习他们的教育思想，而不是简单地复制和照搬他们的教育方法。因为，时代、地域、家庭和孩子诸多因素不尽相同，简单模仿不一定能达到预期的成效。在不同的环境下，施行同样的方法也有可能造成截然相反的结果。有句老话"尽信书不如无书"，如果照单全收而不知变通，想必孩子也成为了各种繁杂的教育理论的"小白鼠"。任何理论只有与实践有机契合，才能有意义。

②要冷静分析孩子的特点。每一个孩子都有自己的兴趣爱好和个性特征，父母应努力做到因材施教。如果孩子的个性是一板一眼，顽固刻板，就别照着某些

书上说的要严格"立规矩"，而是更倾向于帮助孩子开拓更自由的成长空间，培养他的想象力和创造思维；反之，如果孩子聪明活泼，但比较散漫，这时候，一个对他过分随意的行为进行制约和奖惩的规矩才是非常必要的。

③父母要反思自己的教育期待，力争理性面对现实。有时父母把教育目标定得过高，不考虑自己孩子的实际情况，以为用了别人有效的方法自己孩子也会取得相应的成就。要做理智父母，努力营造理性教育氛围，通过环境、情感、方法等因素的控制，来帮助孩子健康成长。

所以说，琳琅满目的教育书籍我们应该看，关键是该如何吸收利用，摸索出更适合家庭情况和孩子个性的教育方法。我们要做的，不是读一百本别人的教育书，而是用心"写出"一本最符合我们自己的孩子成长历程的教育书来。

58. 孩子在家里听不得批评怎么办?

问：儿子 7 岁，上一年级，在班上非常听老师的话，经常被表扬。我们在家里发现这个孩子自尊心特别强，听不得任何批评，和朋友玩喜欢争强好胜，稍不如意便生气哭闹，但听老师说他在学校并不这样，请问该怎样引导他控制情绪？

答：时下网络上有个流行的说法——"求关注"，以某种吸引人的言论或者表现，来博取更多人的关注。我们的孩子为什么会变成小小"两面派"？其实也或多或少是孩子在谋求"关注度"。在学校里，年幼的孩子，渴望获得老师的关注，赢得更多赞赏。在许多孩子之间，彼此互相竞争、比较、争强好胜，而只有各方面表现都足够优秀，才能获得足够的关注，获得成就感。在家里，孩子就自然而然地从"竞争模式"转化为"中心模式"，他早已习惯于全家人都以他为中心，一举一动都是家人关注的焦点。无论什么要求，爸爸妈妈也都会尽量满足。倘若稍有不如意，只要生气哭闹，多半也能达成愿望。

当孩子在家中表现得过度争强好胜，敏感且易生气哭闹，而在学校却完全两样，这就要考虑孩子的"自尊心特别强"究竟是他本身的特点，还是对家长态度的特定的反映。孩子在班上"听老师的话、经常受表扬"，是被父母所期望的好表现。如果孩子感到父母对他的要求过高，他也容易无意识地倾向于做事尽量争取最好，争强好胜，抗拒失败，由于这些压力的存在，孩子在父母面前更容易对失败表现出焦虑和脆弱，这种焦虑与其说是孩子自身的问题，不如说是对父母焦虑的反映。

想改善孩子娇纵的性格，营造家中平衡的关系是非常重要的。父母可以这样告诉孩子："爸爸妈妈都非常爱你，也会给你足够的爱，但是你同样要懂得，就像地球永远不会围着某一个人转，爸爸妈妈也不会一切以你为中心。"尝试适当地把全家人的焦点，从孩子身上移开，不再对他过分关注、宠爱。只有当孩子做出优秀的表现，比如主动帮忙做家务等，才适时对孩子进行表扬。当孩子开始学会享受这种平等的家庭关系的时候，相信其行为也会逐渐趋向良性与健康。

因此，建议父母对孩子日常的一些行为尽量大而化之，即使孩子在因输掉和朋友的游戏而哭闹时，父母也不要做过多的评判，只是适当地表达一些对孩子不开心的同情："哦，这次你没赢他所以有些难过，确实，谁输了都会不太开心。但刚才你们一起玩儿的过程却很快乐（强调过程而不是结果）。"

此外，平时和孩子相处中，多关注孩子的一些闪光的想法，关注他遇到问题时去积极解决的态度，并及时给予鼓励，把孩子的目光逐渐从成绩目标上移开。当孩子感到来自父母方面的压力在减小，他的焦虑情绪水平也就很容易相应地降低了。

同时，既然孩子渴望获得老师的表扬，不妨跟老师多多沟通，通过老师的教育和激励，让孩子的表现得到改善。

我们的教育建议是：

①父母要适度关注孩子。现在有相当多的家庭是独生子女家庭，家里只有一个孩子，所以父母把所有的关注都放在了孩子身上，而这对于孩子的成长来说有不利因素，因此父母要适度而不要过度关注孩子。

②父母要多跟孩子讲道理而不是一味批评孩子。批评孩子，有时候会引起孩子的逆反心理，孩子大吵大闹，反而达不到一个理想的结果，所以父母要尝试多

跟孩子讲道理而不是一味批评孩子，当讲明道理之后，很多孩子就会明白自己的错误所在，也就会自然而然地达到效果。

③父母要跟学校、老师多沟通。成功的教育，是家庭、学校、社会多方合力的结果，所以父母应该多跟学校、老师沟通，了解孩子在学校的表现，及时应对处理孩子的一些问题，发现孩子的优势所在，积极地教育孩子。

59. 孩子不会玩怎么办?

问：假期回家时发现，我表姐家9岁的孩子课余的时间被各种课外班占得满满的，而且这个孩子不会玩，闲下来的时候也就是看看电视。我问她怎么不出去找小朋友玩，她居然说没意思。我感觉她不是一个快乐的孩子，表姐也说自己的孩子不爱和外界接触。我虽然不懂什么教育孩子的大道理，但本能地觉得孩子这样下去不好，只是不知道怎么对表姐讲，这样的孩子应该怎么办?

答：这个问题非常有代表性。

据2011年4月13日《山西晚报》发表报道：《调查显示多数孩子不会玩》。报道指出：记者近日在省城部分中小学走访发现，在这样一个有理由玩翻天的年纪，却遇到了大把不会玩的孩子。课余时间孩子们最爱玩什么呢? 记者随机采访省城近百名中小学生，80%以上学生的回答和电脑有关，玩电脑成为大多数孩子学习之余的休闲娱乐方式，而他们所谓的玩电脑主要是：网络游戏、聊天、上网听音乐、看电影等。而提及弹玻璃球、丢沙包、跳皮筋等老游戏时，答复却是"没玩过""不知道""怎么玩啊"。一些家长也试图把孩子从网游中解脱出来，却发现很难改变。一位姓赵的家长表示，因为不会玩，女儿渐渐变得不愿意出门活动，都小学三年级了却连跳绳也不会。

儿童时期是人的一生中成长最快速的时期，是生理、心理发育的快速时期。儿童期的成长决不仅仅是知识的增长，也不仅仅是体力的增长，它是一个全面的发展，如：视觉、听觉、嗅觉、触觉等，他的很多的器官都需要在各种体验中发展，需要各种刺激。儿童长大是一个社会化过程，在这个过程中表现为两个方面：一是实践性，就是在体验中学习成长；二是群体性，就是在与同伴的交往中学习成长。在这个成长过程中，玩是儿童成长的巨大引力。

一项新的研究发现，每天疯玩20~40分钟的儿童更能学好功课、写好作业和学好数学。没有玩的孩子可能会造成畸形发展，这对孩子的一生影响很大。

第一，不会玩的孩子没有朝气和活力，甚至身体表现僵硬、笨拙，表情呆滞，智商低，能力低，对问题的理解力差等。现在有很多孩子写作业慢，造成慢的原因有很多，但其中一个因素不能忽视，那就是因为当代孩子缺少动手游戏，他们的手的精细肌肉不发达了。像我们小时候经常玩的翻绳游戏、拆装组合游戏、弹球游戏等，就锻炼了手的灵活性，所谓"心灵手巧"也是这个道理。

第二，没有玩、不会玩的孩子几乎在所有的成长发展指标上的得分都偏低，如交往能力、审美能力、冒险精神、合作意识等，这是由于失去了玩，孩子就失去了最根本的东西。孩子的潜力是巨大的，每一个孩子都是一个沉睡的巨人，真正的教育就是唤醒孩子心中的巨人。为此，玩对于儿童的发展具有全面地展现能力的作用。父母不要把玩看成是孩子不务正业，认为只有学习才是主业、是正业。其实，孩子玩和大人上班一样，甚至比大人上班更重要、更有意义。因为孩子的一生向何处去、如何发展都在孕育中，许多天才都是在童年时显露出才华的，如达尔文从小就对植物感兴趣、爱迪生从小就玩得与众不同，这些可以说是他们的天才在童年的自然流露。

我们理解父母对孩子学习的关注，但是这个学习太狭隘了。孩子的成长是多元的需求，学习只是其中的一项；学习也是广义的学习，不单单指文化课的学习。孩子一生的需求不仅仅是学习，如果只是关注文化课的学习，那势必会影响孩子在学习交往、学习探索、学习合作、学习承担等方面能力的培养，这些学习对于孩子来说同样重要。同时，玩是最能显示个人潜在能力的，人的许多优秀的品质都可以在玩耍中体验和发展起来，比如说在玩中可以锻炼勇气、创新、合作、规则、交往等能力。只有玩，才能完成全面发展、全面探索的任务。因此说，玩对孩子的人生发展意义重大，玩耍的过程是天才成长的摇篮。

不是孩子不想玩，而是父母有意无意地限制了孩子的玩；父母也不是不想让孩子玩，而是迫于周围的环境和压力，出于无奈和不得已。这样的矛盾心态和做法，会让孩子左右为难，既玩不好，更学不好。

孩子是在体验中长大的，不是在说教中长大的，体验是任何人都不能代替的。玩是体验、探索、尝试的重要方式，是任何方式都不能取代的。玩的重大意义在于，玩是儿童自我认识的过程，是认识自我和世界关系的过程，是开发心智的过程，是培养勇气、敏捷等能力的过程，可以说，玩是儿童的伟大实践，是直接经验的获得途径，是儿童的工作。

放手让孩子玩、指导孩子玩、和孩子一起玩，这是玩的几个层面，和孩子一起玩是玩的很高的境界。凡是没和孩子一起玩过的父母都不是称职的父母；没和孩子一起玩过，将是父母一生都无法弥补的遗憾。

童年的可贵，就在于它的不可复制性。

我们的教育建议是：

①确立一个观念，即玩是儿童的权利，也是儿童的一种需要。不会玩的孩子有所欠缺，只有玩童才是健康的儿童。在玩的方面，父母的主要责任不是限制和管教，而是指导和帮助。让孩子好好玩，玩得好。

②尽可能多地增加儿童可自由支配的时间。父母要充分认识到，玩就是不花钱的学习，玩就是孩子的全面发展，千万不要将孩子的日程安排得过紧过满。衡量一个孩子是否是现代儿童的标志之一就是是否有充裕的自由支配的时间。中国青少年研究中心的一项调查显示，中国城市儿童可自由支配的时间为每天 1 小时。这是远远不够的。建议父母不要给孩子报过多的课外班，对于小学生来说，最低的标准是双休日至少要有一半的时间在玩。

③父母要与孩子一起玩。家庭要营造一个玩乐的环境，让孩子敢玩、会玩。父母多教给孩子一些自己童年时代的传统游戏，比如说锻炼孩子手指灵活性的翻绳游戏、折叠游戏等，这会让孩子获益极大。

60.孩子过于听话没有主见怎么办?

问：我儿子今年9岁，是个让父母省心的孩子。因为担心男孩长大淘气管不住，所以我们从他很小的时候就对他要求得比较严，特别是孩子的爸爸对他很严格。现在看来，这孩子确实不惹事，但有些矫枉过正了。听话是件好事，但他有些没有主见，什么主意都不会自己拿，什么事都要大人帮他。我们对过去管的过严有些后悔，应该怎样做才能让他有自己的主见呢?

答：过于听话的儿童有可能是问题儿童。你的儿子现在只有9岁，可能表现出来的是没有主见，但如果这种状况一直持续，可能就会出现其他问题。

为什么说"听话"儿童可能是问题儿童呢?我们稍加观察即可发现，所谓"听话"儿童，常见的特点是有问题也不提出来，更不与长辈争论。不与长辈争论的孩子，可能具有尊敬长辈的美德，但只强调"听话"容易培养儿童的奴性，使其毫无独立性，对所有问题缺少个人见解，对邪恶势力无力抗争，以至人格扭曲，成为"问题儿童"。

教育家陶行知先生曾有"六大主张"，十分精辟，他提出："解放儿童的头脑，使其从道德、成见、幻想中解放出来；解放儿童的双手，使其从'这也不许动，那也不许动'的束缚中解放出来；解放儿童的嘴巴，使其接触大自然、大社会，从鸟笼似的学校解放出来；解放儿童的时间，不过紧安排，从过分的考试制度下解放出来；给予民主生活和自觉纪律，因材施教。"

当然，作为从自然人向社会人转化的孩子，接受成年人的教育是极为必要的，许多道理或忠告是要听的。但是，一句"听话"却过于含混笼统，因为不少腐朽的毫无道理的观念，也往往夹杂于成人的说教之中，难道也要"听话"吗?

从另外一个角度考虑，要求孩子"听话"常常是命令式的，甚至剥夺孩子思考与选择的权利。譬如说："听话!你还犹豫什么?我过的桥比你走的路都多，我说的还有错吗?听我的没错儿，你小毛孩儿懂什么?听话!"这样做的后果之严重是人们往往意识不到的。习惯于"听话"的孩子容易失去思想与辨别力，自主性更谈不上，也许会安于任人摆布。

我们讨论"听话"儿童问题的核心是儿童观。依照《儿童权利公约》，儿童生来就是一个权利的主体，他对一切能够发表意见的事物都可以谈个人见解，并应受到成年人的尊重与保护。因此，大人与孩子是平等的，大人的话不应是命令式的，不应是强加于人的，而应是讲明道理，友好协商式的。大人的话允许孩子独立思考与选择，也允许反驳。也许，只有这样才有助于培养人格健康的儿童，逐步减少问题儿童。

我们的教育建议是：

①家里要有民主气氛，要让孩子谈自己的想法。如果孩子生活在一个民主的家庭里，他可能变成一个有思想能自由表达、有主见的人；如果孩子生活在专制的家庭里，他就可能变成一个自卑的、顺从的人。

有一句话叫童言无忌，孩子是愿意表达自己的想法的。后来为什么不敢了，是因为父母和老师讨厌这样的孩子。很多父母觉得孩子特别任性，实际上是父母的任性，如果鼓励孩子了，孩子就愿意提问题。武汉有一个小学生叫江典帅，三年级时发现数学教材有问题。这么小的孩子哪里来的勇气呢？因为她从小就爱提问题，妈妈回答不了就把孩子问题记下来查资料。孩子看到妈妈这么认真，就愿意多提问题。这样的妈妈能培养健康的孩子。总之，一定要关注好孩子的品性，要给他们表达的权利。

②父母要经常和孩子谈心，了解孩子的心理状况。教给孩子公正、尊重、责任、合作、爱心等积极正向观念，注重培养孩子的健康人格。

③避免孩子过于早熟。父母对孩子在平时表现出来的成熟和顺从，既要给予肯定又要小心面对，引导孩子要率真自然，不要圆滑世故；要热情坦诚，不要唯唯诺诺。

61. 孩子受不了挫折怎么办?

问：现在很多教育专家都提倡抗挫折教育，我也觉得应该让孩子有这方面的锻炼，因为孩子小的时候家里老人比较溺爱，孩子比较娇气。但是又怕方式不当反倒造成不良影响。我应该怎么做才合适呢?

答：不少父母认为，孩子的耐挫力差是因为家庭溺爱造成的，所以只要让他们吃点苦就能解决问题，其实这并不完全正确。曾有一名因高考落榜而想走绝路的中学生在接受心理治疗时说，常年来，她都不如表姐优秀，家人得出的结论总是妹妹比较笨。她想通过考上名牌大学证明自己的实力，结果却落榜了，她认为自己真的是笨，不如死了算了。显然，如果当初家人能多给这位女生一点鼓励，增强她的自信，她的耐挫力可能不会像现在那么差。

因此，溺爱未必是孩子耐挫力差的主要原因，家庭对孩子期望太高，造成其压力过大的精神伤害远大于溺爱，如果又不加以鼓励引导，就会使孩子的耐挫力不断降低。

要增强孩子的耐挫力，就该从小培养他们的自信心，让他们有力量面对将来的挫折。抗挫折教育应该贯穿在一个人成长的始终，单靠吃几天苦是解决不了问题的。而且过头的挫折教育，也会在孩子心里埋下隐患。为了让孩子健康成长，应该给予科学的心理教育。

近年来，在心理学研究方面还有一个大致相当于我们所说的"挫折承受力"的概念，称之为人的"抗逆力"（resilience）。心理学家们在做了大量研究后发现，人的抗逆力至少包括四方面的因素：一是有良好的自我形象认同感（了解自己、接纳自己、有自尊和自信）；二是有归属感（能够得到理解和支持）；三是有较强的处理问题的技能（能有效地解决困难）；四是对生活持乐观的态度（在逆境中也能看到希望）。

由此可见，挫折承受力所包含的因素很多，并非只是让孩子吃点苦、受点累，就能培养起来。同样强度的挫折，为什么有人能挺过来，有人挺不过来?挺过来的人不一定以前就吃过多少苦，挺不过来的人也不一定就没吃过苦。在差异的背后，起作用的是人的综合素质。比如同样是考试失败或受到他人羞辱，那些自我形象健康、有人可以倾诉分忧、敢于表达自己负面情绪、有幽默感的青少年，虽然也会一时情绪低落，却很少会表现出极端的行为；而那些不喜欢自己、没有归属感、没人可以倾诉，又不知道该怎样改变局面的青少年，很可能会立即感到绝望，从而做出令人痛心的选择。

在生活中我们觉得人的生活阅历越丰富越好，良好的教育应该使人有更多的情感体验，内心世界更丰富。现代教育注重体验和挑战，不仅仅是去吃苦，而是从不同角度看问题。每一个孩子在生活中都难免有挫折，不小心被别人伤害了，老师冤枉你了，这些都是挫折，是孩子应该面对的。我们理解的抗挫折教育，在心理学里可用压弹的原理来解释，如同弹簧一样压下去可以慢慢复原，也可以叫化解危机、排解压力的能力。

我们的教育建议是：

①给孩子一个遭遇挫折的机会。如果永远将孩子置于羽翼之下，帮他抵挡伤害与失败，那他就难以学会在打击到来时独自承受。大一点的孩子有时会拒绝尝试新的或他们认为困难的事情，如果向他确定目标是"试一试"而不是"一定成功"，孩子就会比较容易接受。

②保持好的心态。孩子的抗挫力有多强，有很多时候直接取决于父母对待挫折的态度。在很大程度上，父母是孩子的启蒙老师，孩子会有意无意地模仿父母的行为、表情和心态。如果父母在面对挫折时能保持良好的心态，表现出良好的抗挫力，那么当孩子自己面临相似情境时也会慢慢模仿父母，父母也可以在那个时候通过自己的言行去教育孩子。

③发现孩子的闪光点。孩子不可能完美无缺，但也不会是一无是处。要努力发现孩子擅长的事物，并给予鼓励。在某一领域有充分的自信能帮助孩子更好地面对来自其他方面的挫败，增强孩子的抗挫力。

④和孩子一起分析失败。在这个过程中，一方面，可以让孩子感到父母的温暖，在失败时父母依然会在他身边陪着他；另一方面，可以让孩子逐渐学会分析失败，在日后经历失败时，孩子形成了自我分析的能力，他会逐步明白导致失败的原因是自己可以认识和改变的。

⑤对于孩子，以正确的态度面对成功与正视失败同样重要。在孩子成功时，

表扬孩子"你很努力"而不是"你最能干",能让孩子明白:成功意味着掌握一项技能,而不是显示一种天赋。

62. 孩子特别自卑怎么办?

问:我儿子今年10岁,成绩一般,最大的问题是不自信,总觉得自己这不行那不行。很多事情还没有试就说自己做不了,真让人着急。我们应该怎么办才能让他自信起来?

答:和自信相对立的一种心理状态是自卑,这是一种性格缺陷,而一个人的自卑性格的形成往往源于儿童时代。每个人的心理或多或少都会有自卑,但当自卑过于严重时,就可能带来某些悲剧。因此,我们教育孩子时,就要有一种预警机制。我们要经常看一看,孩子的情绪是否正常,心态是否良好。一旦发现问题,应尽早帮助克服和纠正,以避免随年龄的增长最终形成自卑性格。

自卑的根源就是,总认为自己在某些方面不如他人,而产生了多种消极情绪。造成这种状况的原因是多方面的,总的来说有几个原因。

一是身体、生理的原因。事实证明,经常生病的孩子往往比健康的孩子更容易产生自卑的心理。孩子的体力、身高、相貌方面的差异也会导致孩子的自卑心理。

二是才智、能力的原因。有的孩子会因反应不如别人灵敏,学习成绩不如别人好,或者特长不如别人多而感到自卑。特别是有的人经过努力后,成绩还是不见提高,便可能陷入自卑当中。

三是社会、家庭方面的原因。专家认为,贫穷是儿童心理发展的大敌。如果富裕家庭的孩子生活条件优越,贫穷家庭的孩子则不得不节衣缩食,事事算计,那么家境贫穷的儿童和同龄家境富裕的孩子相比则更容易胆怯、退缩和信心不足。除此之外,家庭破碎、父母态度粗暴、缺乏民主等,也常会使孩子觉得自己微不足道。

自卑的孩子认为自己是没有价值的或不如别人的，这是错误的第一步；然后被迫保护受伤的自我，以免受到更多的伤害。因此，"谨慎"成了他们的座右铭。他们不在情感上冒任何不必要的险，不主动跟人交谈，不在众人面前说话、不参加比赛，被同伴笑话时甚至不敢维护自己的尊严。他们认为保住面子最好的方法就是什么也不说。从童年开始，他们就用忍耐的态度来对付内心的自卑感。

但是，这样的心理往往不容易被承认了解。比如大部分班级里都可以找到几个觉得自己很失败的孩子，他们在小学阶段，年复一年安静地坐在位子上，脑子里却不知想些什么。同学们都认为他们"害羞"或"安静"，却不了解他们真正的感受。

周围人对这样的孩子有两种很大的误解：一种是因为他们安静、很少说话、反应冷淡，常被误以为自大、傲慢，其实他们非常害怕别人看不起自己；另一种是，因为很少说话，别人就以为他不太用脑筋。其实正好相反，这类孩子跟大家一样，也有许多想法和感受，但他们从小就学会沉默，觉得这才是最安全的防卫。这种做法常给男孩子带来不好的后果，使他们容易成为被欺负的对象。

从心理学家的角度来看，我们对这种表面退缩的孩子的关心，应该要多于时常闯祸打架的孩子。这两种极端的孩子都很需要大人的帮助，但退缩者往往较少得到帮助，因为他不会干扰别人，很配合老师，也尽量避免和同学起冲突。这样的态度使大人误以为他没有问题，而忽略他负面的自我形象逐渐定型，而且难以扭转回来。

要做个好父母，最基本的技巧就是能够从孩子的角度去看事情，分享孩子的看法、感受和期盼。而整个亲子关系成功与否，就在于父母是否有足够的洞察力。对于孩子的自卑心理，引导是极为重要的，要让孩子知道，世界上每个人的能力有大小，长相有俊有丑，但是都有各自独特的价值，都可以拥有快乐的生活。我们的教育，我们的社会，应该使每个人都明白自己的价值，就是要让每个人都各得其所，这才是一个稳定的社会。

我们的教育建议是：

①用各种方法引导孩子欣赏自己，用自信逐步取代自卑。教育的核心不是传授知识，而是培养健康人格。

②父母应当多为孩子创造体验成功的机会，并为孩子的成功喝彩。孩子的自信心不是天上掉下来的，而是在成功的体验中产生的。

③父母每天都抽出时间和孩子交流。孩子碰到了什么烦心事，就能在第一时间对孩子的烦恼加以引导和化解。

④每个人身上都有弱点，父母不能视而不见，而是要站在孩子的角度去理解和体谅孩子。自卑的产生往往是有原因的，父母要引导孩子明白弱点并不可怕，因为人人都有弱点，只要敢于正视弱点，努力克服弱点，自己就会慢慢强大起来。

63. 孩子总是讨要奖励怎么办？

问：我现在很苦恼。女儿今年上五年级了。从小到大，只要她表现良好，我们都会给她一些奖励，无论物品是大是小，总之不会让她的需求落空。但是现在女儿表现出的"物欲"非常强烈，看上的东西不给买就非常不高兴，并且还跟我们"核账"。比如哪次她考好了，我们说给她某件奖品，结果却买了另外一件等。当奖励变为枷锁时，我们觉得很无奈，该怎么办呢？

答：当孩子在某些方面做得很好，或是有了进步，适当给孩子些奖励是鼓励孩子继续努力的好方法，但这不意味着事事都奖励，所有需求都满足。

这个案例中的问题在于父母把孩子的进步与物质刺激紧密地结合在一起，历时十年的光景，在孩子身上已经形成了条件反射，形成了习惯。习惯的形成不是一时之事，去掉这个习惯也需要一定的时间。看到奖励变成了枷锁，如果想改变这种情况，就需要采取些方法了。

我们的教育建议是：

①要在思想上与孩子沟通，努力让她明白：奖励是个手段，目的在于帮助你做好自己的事情。做好自己的事情是最重要的，是应该的。要和孩子明确：不能

所有的事情都有奖励。告诉她有的事情是她本来就应该做的，比如按时完成作业，认真复习，在家里做些适当的家务等。至于物质奖励，"那是对小孩子们使用的技巧，你都五年级了还在乎那一点点小奖励？"

②要从行为上扭转孩子的不良习惯。真正需要的东西不用孩子要求，父母就要尽力满足，学习进步是应该的，不必进行物质刺激，再强烈的要求也不满足。但要去掉长期积累的习惯，的确需要一个镇痛过程。这不仅对女儿是镇痛过程，对父母来说也要经历情感的煎熬，毕竟要扭转十年的习惯，父母一定要坚守自己的信念，不可反复。

父母在对孩子进行奖励的时候，是要根据不同年龄、不同情况进行的。有位家长的经验是这样的：在孩子上小学的时候，基本没有什么奖励，因为在这个年龄，孩子比较听话，老师的要求也基本能够做到，最重要的是孩子还不是很明确学习是自己的事情，这种时候给奖励，会奔着奖品去学，不利于学习态度的端正。而从初中以后，孩子逐渐知道学习是自己的事情，但有时还会贪玩，这时用物质进行奖励，多少会起到控制和激励的作用。因此，做父母的可以根据自己孩子的具体情况，进行有效的奖励。

③教育子女不要只顾眼前的一时之快，盲目应允。对孩子奖惩都要有自己的思考，奖励与批评都要适当。其实精神的鼓励比物质奖励更有利于孩子的成长。另外，对孩子的要求也不能什么都满足，这样孩子会认为东西得来非常容易，而且也可能要求越来越多、越来越高，也许，有一天家长会发现自己已经满足不了孩子的"物欲"了。不如现在就对某些不合理或没必要的奖励予以取消。但如果答应了孩子，还是要说到做到，既然答应了奖励 A 物品，就不要反悔换成 B 物品。父母遵守诺言，才能严格要求孩子。

64. 假期过后孩子不愿意回学校上学怎么办？

问：我女儿上小学六年级，学习成绩还可以，也很好强。就是有一个毛病，每当一个假期（例如寒暑假或国庆长假）结束要开学的时候，她的情绪都非常糟糕。总是哭着闹着不愿意去上学，甚至躲在屋里不出来。这样一闹，会影响到开学初很长一段时间的学习效果。眼看就要考中学了，我想让她上个重点学校，可她这种状态真令人担忧。

答：孩子在开学之初出现一点焦虑的情绪，只要不太严重，都是正常的。我们作为成人，在一个轻松愉快的假期过后，也难免会对上班产生一些不适。当然，如果孩子对开学的焦虑恐惧情绪比较严重，或者持续时间较长，的确需要寻找问题的原因，帮助孩子进行适当的心理调节。因此，父母要认真寻找孩子之所以会出现这种情况的原因。

一般来说，"开学焦虑"可能由以下几个因素所引起：

①假期孩子的时间安排过于松散，尤其是春节、国庆这样的长假。从轻松地玩耍吃喝，一下子过渡到开学，进入规范的学习生活，孩子松弛的情绪不能很快得到调整，必然容易对学校产生焦虑和恐惧的情绪。

②开学对有些孩子意味着面临巨大的学习压力，尤其是对学习成绩较好、个性要强的孩子，父母、老师对他们寄予很高期望，他们自己更不愿落后。就像您的这个孩子，父母对她的期望值很高，但是如果想上重点学校可能就需要比别的孩子付出更大的努力，才可能通过重点中学的考试。女儿不愿让妈妈失望，自己要强，但是对要付出的艰辛和面对的一系列考试感到恐惧，开学就意味着"苦难"的开始，焦虑的情绪自然难免。

③孩子在学校存在一些人际关系方面的压力。例如，和同学闹了矛盾、遭遇校园暴力、由于学习成绩和个性原因在班里感到不受欢迎等。这些问题均因放假被暂时的搁置起来，而随着开学的来临，问题被重新摆在孩子的面前，令孩子产生巨大的心理压力而恐慌不安。

④学习习惯不好，假期作业不能及时完成，也是孩子恐惧开学的原因之一。所以，父母需要通过和孩子进行良好的沟通后，根据孩子恐惧上学的原因，对他

们进行有效的引导，也就是心理调适。

我们的教育建议是：

①即使是在假期，也要保证孩子的作息不要太过松散，尤其注意避免晚上看电视熬夜、白天睡懒觉的坏习惯。对年纪较小，不太会管理自己的孩子，可以和孩子一起制定符合实际情况的作息时间表，做到玩得有度，学得轻松，按时作息。遇到过节和周末也可以适当放宽一天到两天，但不可过度。督促孩子按时完成假期作业。

②父母对孩子有高期望可以理解，但是我们一定要让孩子（尤其是个性要强，心思重的孩子）知道，相对学习，他的健康快乐对爸爸妈妈来说更为重要。同时，和孩子一起分析在学习中的一些问题，商量解决的办法，不制定不符合实际的目标，指导孩子学会劳逸结合。并且，在相信孩子自身能力的同时，也要告诉孩子，"无论结果如何，你都是最值得我们骄傲的孩子"。

③对于因为人际关系等压力，对学校生活产生恐惧的孩子，父母要耐心倾听孩子的倾诉，及时了解事件的真实情况，引导孩子学会正确处理问题的方法。父母要让孩子看到问题可能并不像自己想象得那么糟糕，只要积极想办法对待，就会从困境中走出。必要时，在和孩子商量的情况下，可以和老师联系，或带孩子咨询心理门诊。

当开学以后，父母要每天询问孩子在学校遇到的快乐或有趣的事情，以良性的暗示帮孩子度过开学初的适应阶段。这样，孩子很快就会重新适应学校生活了。

65.孩子在学校被老师批评，父母应该怎么办？

问：我儿子是个比较淘气的孩子，在学校也会经常犯些错误，老师免不了会批评他。我认为孩子犯错被老师批评是很正常的事情。但他妈妈有时就会觉得老师对孩子的批评太多，担心孩子承受不了。有时对老师就会有意见。我们应该怎么看待老师对孩子的批评呢？

答：不犯错就不是孩子，不批评就不是教育。绝大多数父母都会认可这个道理，但是当自己的孩子受到老师的批评之后，父母却未必总是能正确地看待这类问题，并采取正确的方法处理老师批评孩子的事情。

随着人们教育观念的改变，越来越多的父母认识到，对待孩子要多多发现和欣赏他的闪光点，教育孩子要以正面鼓励为主，但是这绝不意味着孩子就没有缺点，不犯错误，也不意味着批评的教育方法就一无是处。

事实上，批评孩子并非不欣赏孩子，也并非惩罚和打击孩子。批评孩子是就事论事地指出孩子在成长过程中遇到的问题，这些问题对孩子而言是正常和自然的，因为孩子认识、分析和解决问题的能力有限，这要求父母和老师一方面以宽容的态度接纳孩子的错误，但宽容并不是纵容；另一方面还要求父母和老师采取科学的批评方法，培养孩子知错就改的品质，这样孩子才能在成长的道路中不断取得进步。因此，老师批评孩子是教育孩子正常的和必要的方式。

孩子总是有马虎和贪玩的时候，很多孩子都是大错没有、小错不断，像一些行为习惯方面的小问题。如果老师视而不见，可能孩子开心，父母也省心，结果对孩子的健康成长则是有害的，因此老师批评孩子同样体现了对孩子的关心与爱护。

常常听见有的父母对老师说："孩子有什么问题，您就严格要求，该批评就批评。"这种说法反映了父母对老师批评孩子这一现象的正确认识。

同样一件事情，不同的人站在不同的角度，得出的结论也不同。老师批评孩子的现象也是同理，可能会出现面对同一问题，老师、孩子、父母的理解和结论不同，所以有时孩子和父母会觉得老师的批评不客观、不公正、不正确，因而感觉不舒服，这往往会导致家校矛盾，进而影响孩子在学校的心理状态和学习状态。

这时候，父母要避开孩子同老师互相交换意见，而不可以当着孩子的面各行其事。否则，会使孩子造成思想上的混乱或无所适从，甚至使孩子养成两面派的坏毛病，造成家庭教育和学校教育两种教育作用相互排斥或抵消的不良结果。

特别要强调的是，父母切不可当着孩子的面讲有损老师尊严的话。同时，要让孩子懂得，对老师的尊重并不等于认为老师做的都对，对老师有意见就应该向老师提出来，只是需要讲究一些策略，最好是在事后找老师谈心，说明实情，消除误会。这既是一个让老师更好地了解你的机会，同时也是一个真诚地爱护和帮助老师的机会。

正确认识老师批评孩子的教育现象，父母要采取相应正确的教育态度与方法。

我们的教育建议是：

①老师批评孩子之后，父母不能一味地袒护孩子，这将影响老师教育孩子的威信。教师的威信是孩子接受教育的前提和基础，否则孩子充耳不闻，甚至采取对抗的态度，孩子可能出现不喜欢批评他的老师，不认真听老师讲课或写作业等问题，这样会对孩子的健康成长产生很大的影响。

②老师批评孩子之后，父母也不能一味地训斥孩子，这将影响孩子的自尊心和自信心。有的父母虽然不袒护孩子，但也出现过分不相信孩子的现象，总是拿孩子的问题和过失来印证老师的批评，甚至不细问不沟通，就把孩子打骂一顿，结果孩子的心理压力很大。得不到父母的信任，青春期的孩子因此容易出现逆反心理，导致亲子关系紧张。

③淡化老师的批评方法，强化老师的批评目的。老师批评孩子的出发点和目的是促进孩子健康成长，从学习和生活细节做起，改掉一些不适宜的小毛病，建立良好的行为习惯。但是有时老师的批评方法可能不被孩子和父母接受，例如老师出现的一些消极的情绪、严厉的态度、急躁的行为甚至粗暴的方式，遇到这种情况，父母既不能激化师生矛盾，同时还要维护孩子的身心健康。

对孩子而言，父母要强化老师是为了孩子好的善良意图，开导孩子理解和宽容老师的失误，培养孩子善解人意的宽大胸怀。对老师而言，父母可以主动找老师沟通，坦率地说出自己的意见和建议，平和地商量批评教育孩子的更好的方法。最忌讳父母气势汹汹地领着孩子到学校找老师评理，这会影响孩子正确认识与解决矛盾的能力，导致师生矛盾升级，背离父母与老师一致教育孩子的良好目的。

66.孩子被认为是后进生怎么办？

问：我儿子今年9岁，上小学三年级。孩子很淘气，在学校总惹事，而且成绩也不好。老师请过好多次家长，说孩子是班里几个后进生之一，让父母配合教育。刚上三年级就让老师不喜欢，将来该怎么办？我应该怎样做，才能让孩子不被老师认为是后进生？

答：我（孙云晓）曾在《人民日报》发表文章，认为所谓"差生"都是冤假错案。但是，从幼儿园到中学，差不多每个班里都能有几个学生是后进生。有一些孩子很清楚自己是后进生。他们在心里会形成这样的想法：我是后进生，我不写作业，我就捣乱，破坏纪律。因此，父母要引导孩子对自己有一个基本认识，包括哪些方面呢？

首先要引导孩子建立一个积极的自我概念，因为你认为自己是什么样的人，你就会怎样生活。孩子是否对自己有积极评价，受父母的心理健康状况的影响。孩子对自己的客观认识，肯定包括生理的、心理的、道德的。形成自我概念为什么重要呢？教育的核心是培养健康人格，人格是人的行为倾向，是建立在自我概念的基础上。孩子越小越认不清自己，甚至到青春期的孩子都对自己充满怀疑。所以，建立积极的自我概念特别重要，你认为你是好人，你才能成为好人，你认为你是个聪明的人，你才是聪明的人。

10岁是孩子形成自我概念的关键时期，可是父母和老师对此缺乏关注。小孩的特点是一、二年级成绩比较好，学习比较简单，孩子对学校生活感到新鲜，让人感到鼓舞。三、四年级时孩子适应学校了，开始放松自己，这时出现了所谓的坏孩子。老师认为有的孩子捣乱，孩子出现滑坡，管不住自己，就容易给孩子消极的评价。孩子到了10岁左右内心出现深刻怀疑、困惑，有一部分孩子经常受到老师批评，开始怀疑自己不是好孩子。所以10岁很重要。如果处在低谷的孩子走不出来，就会成为他长时间发展的障碍。

"差生"概念是彻头彻尾的否定孩子，一旦给孩子戴上"差生"的帽子，很可能会产生"标签效应"，让他们从小认定自己是笨蛋、是坏蛋，这种自我否定倾向有可能使其长期生活在阴影里，甚至一辈子抬不起头来。

我们的教育建议是：

①相信老师是关心学生的，是对学生负责的。尽管改变老师的看法比较困难，父母也要认真对待老师的批评，在改变孩子的缺点方面多做一些努力，让老师看到孩子可爱的一面。一般来说，教师看到学生的进步和父母的配合，会对学生的评价积极起来。

②要用放大镜来看孩子的优点。父母和老师的第一任务不是发现孩子的缺点，而是优点，发现孩子优点越多，孩子的优点就越多。孩子心地善良，会因为老师的肯定喜欢学校，会有许多好的表现，但是他自己说不清楚，甚至意识不到。这时老师和父母要经常表扬孩子。表扬要具体，让孩子觉得我能行。

要特别注意发现孩子细微的进步。对孩子来说，细微的进步和巨大的进步是同义词。孩子的生活中没有什么大事，就像陶行知所说，这时的孩子如果把糖果让给别人，就和富翁拿出一万元给你一个道理。所以孩子细小的爱心体现都要给以鼓励、肯定和表扬。

③给孩子善意的评价。也许有些孩子很淘气，但成年人要学着换个角度去评价孩子。同样是面对孩子的淘气，有的父母会觉得孩子太烦，惹人讨厌，有的父母却会觉得这是孩子天真的表现，会给予宽容甚至赞扬。所以，建议父母经常给孩子善意的评价，不要将孩子划入坏孩子之列。

④宽容孩子的失败。作为父母，总希望自己的孩子出人头地，但要考虑到孩子的年龄。如果您对孩子的期望值过高，就容易产生焦虑情绪，不能宽容孩子的失败，因此会常常把不能达到您的目标的孩子看成是笨孩子。

总之，孩子在成长中，在变化中，只要积极引导和帮助，一切都是有希望的。

67. 孩子不爱和老师交流怎么办?

问：我的孩子今年8岁了，按说上学都已经两年了，起码能跟老师进行正常的沟通对话了，但是，孩子什么都不跟老师说，学习上有什么问题就自己看书琢磨。坐在他后面的同学总是欺负他，甚至上课的时候就动手拧他的后背，但是儿子就是不敢告诉老师。儿子的学习很好，也喜欢看书。他虽然不敢跟老师进行沟通，但是还是挺喜欢跟我这个当母亲的聊天的。我也知道，父母跟孩子的沟通不能代替师生间的交流，我该如何帮助孩子来解开心中对老师的顾忌呢？

答：8岁的孩子，如果胆子比较小或是性格比较内向，可能确实不太善于和老师沟通。这就需要父母的适当帮助。

首先要看看孩子不和老师交流的原因是什么，是不是因为老师比较严厉？是不和一个老师交流还是不和所有的老师交流？孩子在学校和同学交往情况如何？等等。把原因弄清楚了才好想办法。

如果别的孩子欺负他，他自己又不敢和老师讲，那么父母就应该把这个情况告诉老师，看看能否给孩子换个座位。因为这个问题他自己解决不了，那就先帮助他解决。但是，父母还是要和老师取得联系，让老师多关注一下这个孩子，逐渐让他和老师有对话进而有正常的沟通。前提是父母先和老师取得良好的沟通。

8岁的小孩对于父母的依赖程度还是相当高的，而身边最信任的人通常就是自己的父母。在孩子的思维里父母是可以保护他们的，而周围的其他人，包括老师还不足以取得孩子心理上的信任，特别是性格比较内向的孩子。

已经8岁的孩子需要学会的不是如何在学校依赖老师，而是一种与包括老师和同学在内、以及周围事物相处和沟通的方式，学会一种可以在保护自身的同时不损害他人利益的处事方法。而这种处事方法，不同性格不同处境的孩子是完全不同的。

例如孩子被学校的同学欺负，孩子自己当然不会感到无动于衷。但报告老师是一种解决方法，跟父母诉说，寻求一种精神上的庇护也是一种解决方法。如果是性格很强的孩子也许还会选择打架等更激烈的方式（当然暴力是不能解决问题的），又或者孩子试图以自己的力量去寻求一种沟通和解决问题的方法。如果在孩子心里没有信任的人，而孩子性格又比较内向，他可能选择忍气吞声。种种这些恰当或者不恰当的做法在不同的孩子中会导致不同的结果，父母应该根据孩子的性格特点予以引导，让他明白与人沟通的重要性，建立起孩子与周围新事物交往的信心。

我们的教育建议是：

①与孩子的老师取得联系，并就孩子的这些问题与老师沟通。让老师知道孩子目前存在的问题，并希望老师能够对孩子的这些问题予以关注和解决。这样做既能够让老师了解孩子，也能让孩子感觉到老师在关心他，对老师逐渐产生一些好感。

②就这些问题与孩子进行沟通，探寻其中的深层原因。孩子在与母亲交流的时候，母亲应该更深层地了解孩子对于老师淡漠的原因，对症下药。这样在与老师沟通中也可以让老师了解到，也便于老师和家长一起来解决这些问题。

最重要的是，要在解决问题的过程中让孩子有尽可能多的成功体验，因为这是他自信心的来源，也是他最有效的学习和实践。

校园与社会交往篇

　　学龄孩子有相当长的时间是在学校度过的。他们在学校读书、学习文化知识之外，更重要的是要学会与同伴交往、与老师交流。学校成为他们步入社会之前的实习场所，他们如何应对和解决交往中遇到的问题，直接关系到他们以后的社会交往能力。同伴交往能锻炼孩子的独立自主能力、自我反省能力，为他们情绪、情感、个性的良性发展提供可能，还能为孩子成年后的人际交往奠定基础。所以，父母应尊重他们交友的权利，为他们交友提供方便和帮助。

68. 孩子乱交朋友怎么办?

> **问**:我儿子今年 13 岁,我对他最担心的是他交朋友的事。他班里有个孩子学习不好,特别爱玩电子游戏。本来我儿子以前不是玩游戏没完没了的孩子,可在那个孩子的影响下也开始起劲地玩了。我说了他几次没什么用。我自己心里想的是孩子要选择学习好的孩子做朋友。孩子乱交朋友我们应该怎么办?

答:孩子的同伴交往是特别值得父母关注的问题。1996 年,中国青少年研究中心在调查中发现:虽然 72.6% 的父母表示:"我希望孩子和他喜欢的人交朋友。"甚至 79.8% 的父母表示:"我愿意孩子邀请他的朋友们到家里来。"但是,75.8% 的父母表示:"我对孩子选择朋友有严格要求。"81.6% 的父母表示:"我要求孩子选择学习好的同学做朋友。"64.9% 的父母表示:"我不愿意孩子有较亲密的异性朋友。"45.3% 的父母表示:"为了学习,我要求孩子减少与朋友的交往。"49.3% 的父母表示:"怕孩子学坏,所以我严格限制孩子交朋友。"

到了今天,其实父母对孩子交朋友的标准基本还是没有什么改变。

如果孩子真的是乱交朋友自然是不好的,因为交坏朋友对孩子发展甚为不利,父母发现后需要提醒孩子警惕。但是,首先应当分清楚到底什么是"乱交朋友"。对待孩子交友的问题上,父母容易犯的错误就是他们往往按照自己的价值观念、自己的喜恶给孩子选择朋友。这与中国古语"近朱者赤,近墨者黑"可能有一定的关系。父母认为孩子学习好是最重要的事情,孩子与学习好的同学做朋友,他的学习也就会好。家长的心情可以理解,但是这样的做法却并不明智。首先,如果每个孩子都选择学习好的同学做朋友,现实是不可能每个孩子的学习都好,那么学习差的孩子就可能没有朋友。那么自己的孩子是不是也存在没有朋友的危险呢？其次，学习并不是孩子生活中的一切，"朱者"并不仅仅是学习好，学习不好也不一定是"墨者"。学习成绩并不是衡量一个孩子的唯一标准，学习好并不是一切就都好了，在社会中生存也不只是只要学习好一种能力就万事皆备了。

交往的目的之一在于互相学习，学习自己身上不具备的东西。学习好的孩子可能生活能力动手能力差一些；学习差的孩子可能很勇敢，有正义感，热心帮助别人等。选择和自己本身类型不同的孩子做朋友，比如说性格内向的孩子找性格外向、活泼开朗的孩子做朋友，爱说话的孩子与沉默少语的孩子交往可以互相感受彼此的优点，完善自己的人格。只选择和自己同类型的人交朋友，就失去了在交往中互相学习、互相促进的机会。

与朋友交往本来是孩子脱离父母视线开始走自己的路的开始，但如果父母仍顽强地想让孩子在自己划定的轨道走，就可能会妨碍了孩子成长的进程。孩子们更多的是按照自己的需要选择朋友。孩子们需要在朋友那里得到的首先是安全感，父母不一定非要对自己孩子的朋友做出很喜欢的样子，但是也不能总是喋喋不休地抱怨，否则孩子会觉得父母的责难伤害了他的感情。父母可以在孩子谈到他的朋友的时候注意倾听，弄清楚孩子为什么喜欢自己的朋友，可以邀请孩子的朋友到家里来玩，这样就能在孩子需要的时候帮助孩子。总之，独生子女的朋友交往是他们生活中的一个重要组成部分。父母鼓励孩子的自由交往，有利于孩子的健康成长。

我们的教育建议是：

①了解自己的孩子，根据情况选择朋友。父母要对孩子的具体情况进行分析，如孩子有什么优点或不足？孩子的兴趣爱好是什么？如果父母发现孩子的朋友不好，不是好朋友，应该和孩子一起仔细分析孩子的朋友到底"坏"在哪里。一般情况下，父母眼里的"坏"，大多可分为四种情况：一是学习成绩不佳，没有什么品质问题；二是学习成绩差，又有不遵守纪律、贪玩、旷课等行为；三是学习、纪律不好，还有抽烟、打架、引逗异性等劣迹；四是劣迹行为严重，甚至有轻度违法行为，如小偷小摸、少量骗钱、劫钱等行为。对于前两种情况，不能说是"坏"，而是有缺点，有一定的错误；第三种错误多一些，严重一些；第四种问题比较严

重，但与社会上成年人中的坏人还有区别。这时，父母应该要尊重孩子，同时又给孩子指出，什么才是真正的朋友，让孩子做出选择。

②见见孩子朋友的父母。如果可能，父母可以和孩子朋友的父母接触一下，借此了解孩子朋友的家庭。从他的家庭和父母身上，可以更加了解孩子的朋友。也可以建议两个家庭共同开展一些活动，让孩子们在快乐的活动中相互学习，取长补短。

③把孩子的朋友请到家里来。父母可以把孩子的朋友请到家里来，让孩子们在父母的指导下做游戏，也可以和孩子们一起聊天、吃饭。这样，父母不但可以了解孩子的朋友，还可以结合实际情况指导孩子们的行为。

④与孩子一起制定一些行为原则。孩子们判断是非的能力毕竟有限，而父母又不可能一直跟着孩子。因此，父母要给孩子规定一些行为准则，告诉孩子和朋友在一起的时候什么事情不能做，什么事情可以做。父母有时可能不喜欢自己孩子交的朋友，但是父母不能轻易地干涉孩子，例如当孩子的朋友到家里来的时候表示不欢迎，或是让孩子与他的朋友断绝来往。父母不一定非要喜欢孩子的朋友，但是必须接受他们的朋友。

69. 怎样教儿子选择交往对象？

问：儿子10岁，我平时总跟他说要友好待人，要找别人的优点。但是，我发现有时候儿子会对一些在我们眼中"品行不好的人"也表示友好。我想制止他，但又不知道怎样去表达，我怕儿子会困惑。但是如何选择交往对象也是很重要的，我应该怎样跟儿子交流呢？

答：首先我们来看一则消息。

据2012年4月18日《解放晚报》讯：近日，由儿童虚拟互动社区摩尔庄园发起在线调查。为期近一个月的在线问卷中，共有156737名青少年参与调查，其中，小学生近6成，初中生占35%。

对于"在开心的时候，最喜欢和谁在一起分享快乐"，有 47.9% 的孩子选择了会和"自己的小伙伴"一起分享，27.4% 选择"爸爸妈妈"，13.8% 选择"其他亲人"，6.8% 选择独自享受。在被问到"如果遇到了不顺心或者小困难的事情，会在第一时间寻求谁的帮助"时，有 40.8% 的孩子选择了"自己的小伙伴"，39.4% 选择"爸爸妈妈"，7.3% 选择"老师"。在被问到"如果你有小秘密，希望有人可以和你一起保守这个秘密的时候，会悄悄说给谁听"时，48.4% 选择了"自己的小伙伴"，21.2% 选择了"爸爸妈妈"，7.85% 选择"其他亲人"，16.6% 的孩子表示对"谁也不说"。

在三个问题的调查中，位列第一的选项全部是"自己的小伙伴"。由此可见，同伴关系最得到信赖。

孩子把伙伴关系看得如此重要，伙伴在孩子的生活中占据了如此重要的位置，那么对于孩子最好的朋友是谁，父母不能不管不问；对于孩子与伙伴的交往也需要给予一些指导。

儿童眼中的世界和成人往往有很大不同，看问题的角度、处理问题的方式也不一样。10 岁的男孩对别人"表示友好"，并不意味着就会"关系亲密"，也可能以礼待人本身就是这个孩子的个性使然。所以家长首先不必急于改变孩子的交友对象，而是先给自己一段时间默默观察孩子与他人的交往模式，他如何选择朋友、与他们怎样相处、是不是对待所有人都是一样的态度等。也可以利用和孩子共同玩耍的机会和他一起交流：了解他"最好的几个朋友是谁""你最喜欢他们什么地方""他们做了什么会让你不开心""假如遇到不开心的事你们怎样处理"等。在这样的交流中，相信父母会发现，您的孩子交朋友有自己的选择标准、判断善恶是非的准则，并不是在无选择地结交朋友。

其次，7~12 岁左右的孩子判断事物的标准大多是依靠具体的经验，我们了解到他选择朋友的标准和喜好后，如果真发现孩子结交了品行不那么理想的朋友，可以通过默默等候时机，一旦那个"朋友"做出了伤害他人的事情，父母再通过这个事例来引导孩子，共同分析"真正的好朋友如何对待别人""如何判断哪个朋友更适合自己"等，孩子才会有更为直观的感受。

最后，不建议父母根据自己的喜好过细地干涉孩子朋友的选择（除非对方真的"品行不端"），但是在日常生活及与人相处的过程中，教会孩子一些必要的自我保护常识却是非常关键的。例如：不要和陌生人同行、身体的什么地方不允许他人碰触、遇到危险的情况该如何处理等。父母可以选择适合的对孩子进行"自护"教育的书籍，引导孩子学习非常必要的自我保护常识。

我们的教育建议是：

①父母要尊重孩子的交友意愿。孩子是独特的个体，他们有自己的想法，在选择朋友方面也是如此，他们有着自己的交友意愿，也会基于自己的意愿做出自己的选择，父母要尊重孩子的意愿和选择而不能强行对孩子进行干预。

②父母可以和孩子一块儿聊聊孩子的朋友。出于对孩子的关心，父母可以和孩子一块聊孩子的朋友，并通过一些问答来引导孩子思考，比如"一个真正的朋友应该具备什么品质，你的哪些朋友具有这些品质？"，这样，孩子在回答问题时就会明白一些道理和事实，从而对于自己的朋友能有一个正确的认识。

③引导孩子拒绝损友。对于孩子的一些在品行或者其他方面确实有明显问题的朋友，父母要积极地教育、引导孩子督促这些朋友改正缺点，如果孩子的这些朋友依然不改正的话，父母则要引导孩子拒绝损友。

70.孩子没有好朋友怎么办？

问：我女儿今年12岁，上初中一年级，性格比较内向。我觉得她不太会和别的孩子相处。虽然不和别人冲突，但也不主动和别人交往。看上去和同学关系还可以，但没有特别好的朋友。班里如果同学自由结合小组，她常常是最后才被老师安排进去一个组。她自己每到这时候也很别扭。她之所以这样可能和我们对她一直管的比较严有关系。现在我们应该如何帮助她交到好朋友呢？

答：所有的孩子其实都是希望自己有好朋友的，只是有的孩子不知道该如何去做。

儿童长大的过程是一个社会化的过程，这个过程有两个显著特点：第一个特点是群体性。儿童是在群体交往中长大的，再好的父母也不能代替伙伴的作用。第二个特点是实践性。孩子通过亲身体验明白很多道理，而同伴交往是一种重要实践。

在孩子成长的过程中，父母的影响作用是非常大的，大家都认同父母是孩子的第一任老师的说法。但在孩子的一生当中影响其成长的因素有很多。随着孩子的成长，他与外界的接触越来越多，他的成长也依赖于与外界的接触，因为孩子是社会中人。孩子年龄的增长与父母对他的影响作用在一定程度上说是呈负相关的，也就是孩子的年龄越大，父母对孩子的影响越小。

其实我们培养孩子的目的就是要让他能很好地成长，成长为一个独立的人。如果随着孩子年龄的增长，父母仍想用对待襁褓中的孩子的方式对待他，不甘心自己在衣服样式、谈吐用语、兴趣爱好等方面对孩子的影响小于他的伙伴，非要让孩子按照自己的思路走，那么父母不仅不能加深自己对孩子的影响，两代人之间的冲突也就开始了。父母会发现本来孩子能够接受自己的一些东西他也不屑一顾了，自己连跟孩子交流的可能性都不存在了。父母想争取那些本不属于自己的，结果把本属于自己的东西也失去了。这样的做法不仅影响亲情，也可能会影响孩子的发展，甚至使孩子向家长所希望、社会所要求的相反的方向发展。

社会心理学家根据研究提出了群体社会化理论。这个理论认为，当孩子进入中学时代，同伴群体的力量会慢慢超过家庭的影响力，而占据主导地位。这个规律是不能违背的。从某种意义上说，只有当儿童有了自己的真正的朋友，有了自己的交往圈子，孩子才会有对生活经历更丰富的体会，才会有交往的快乐，也才能有相对于成人的独立性。

我们的教育建议是：

①鼓励孩子大胆交往。有的父母为了不耽误孩子学习，要求孩子减少和朋友的交往。父母适度的提醒、节制是必要的。但是，必须看到朋友对孩子发展不可或缺，限制过多会得不偿失。应该鼓励孩子大胆交往，特别应引导孩子为弥补个人缺陷而交往，这对孩子是一种挑战，会给孩子带来突破性和均衡性的发展。

②允许孩子有异性朋友。许多家庭都有一个非常有趣的现象，父母一看到孩

子接电话看短信，就会问："男的女的？"在青春期孩子中尤为突出。这反映了家长的一个认识误区，那就是青春期的男孩和女孩交往多了会出问题。

青春期男孩和女孩的交往的确需要关注与指导。但是，孩子们是需要有和异性相处经验的，因为社会本身就是由男人和女人组成的，迟早要面对，况且孩子长大以后哪个不面对恋爱、婚姻等诸多问题，因此强制不如疏导，回避不如面对。

要做开明的父母，要让儿子有女朋友，让女儿有男朋友。当然这里的朋友是真正意义上的朋友，并不是恋爱中的男女朋友。

③欢迎孩子带朋友回家。有的家长很爱干净，有时会担心家里来好几个孩子会把房间弄乱。然而，让孩子拥有伙伴并快乐生活，比房间的整洁漂亮要重要得多。

④鼓励孩子出去玩。无论孩子多大，户外的交往都是非常重要的。如果做父母的回忆一下自己的童年，一定会悟出一个生活经验，那就是自己的许多朋友是在户外活动中结识的，许多难忘的友谊也是在户外活动中产生的。我们可以确信无疑地说，是否拥有朋友是孩子能否健康成长的关键因素之一。关心孩子就一定要关心他们的交友，帮助孩子就一定要帮助孩子学会交友。

71. 孩子不会和同龄人交往，特别孤独怎么办？

问：因为我们做父母的平时太忙，没有时间带孩子，我家孩子6岁之前都是由爷爷奶奶带着的。当时我们就发现孩子没有小伙伴一起玩，平时也不爱讲话，我们觉得孩子上学后有同学在一起就会好的。但是现在儿子9岁半了，我们发现他不会和同龄孩子玩，不会主动和别人交往，我该怎么办？我的孩子在家里只是看电视，怎样才能让他不那么孤独？

答：孩子不愿意主动和同龄孩子交往的原因有很多，例如：胆小而缺乏自信，缺乏安全感，在家里被过于溺爱，语言表达能力较弱，或者自身存在一些不利于团结的个性品质，如自私、骄傲、不愿与人合作等，都可能导致孩子不会主动和人交往。就问题中这个孩子的情况分析，更多的原因可能是他不懂得怎样和人相处，但孩子的内心深处是渴望和同学们在一起的。

我们的教育建议是：

①在平时的家庭教育中，父母不要总是强调孩子的弱势。父母不要当面总说孩子"不会交往""胆小"等。这样只会增加孩子的心理压力，并对他产生不良的心理暗示，也许孩子本来没有父母想象的那般胆怯，在父母不断的责备下，反而会变得愈发退缩不前。所以，要能及时看到孩子的优势和每一点进步，并给予孩子一些鼓励性的话，逐渐增强孩子的自信心。

②做父母的要相信自己的孩子，不要总担心孩子在外面会吃亏，以致于对他们过度保护。要相信他是有能力与人交往和处理人际关系的，放手让孩子独立解决问题，培养他们动手做事的能力和乐观向上的性格。

③注意培养孩子的语言表达能力。可以通过经常和孩子聊天，多向孩子提问，引发孩子思考，提高他们运用语言的能力。父母应该抽出一些时间陪伴孩子，与孩子交流。可以和孩子讲故事，不只是父母讲给孩子听，也要让孩子讲给父母听。听孩子讲故事，可以了解孩子对一些事物的看法，还可以了解孩子对哪些事情感兴趣。

④尽量为孩子创造一些与人交往的机会。例如经常带孩子出去旅行、串门，让孩子有机会接触各种各样的人，让孩子学会一些社交礼仪和规矩，体验交往的乐趣。或者把别的孩子请到家里来玩，让孩子从关系较近的孩子身上学到与人交往的规则，并能交到朋友的朋友，然后逐步延伸到更多的孩子身上，让孩子逐渐和别人走出家门，进行更广阔的交往。

⑤鼓励孩子多参加集体活动，尤其是需要亲密的关系和与人合作的活动。让孩子在集体交往中，逐渐学会交朋友，并学会信任他人、尊重他人、理解他人、与人合作、乐于助人等有助于人际交往的优秀品质。

从以上这几方面入手，坚持一段时间，肯定会收到好的效果。

72. 孩子被同学孤立怎么办？

问：我的女儿14岁，在学习和生活上一直都没出过什么问题。但是最近她说她的朋友都不理她了，原因是老师不让她和一个学习不好的女孩交朋友，那个女孩很生气，又不敢对老师怎么样，于是鼓动大家孤立女儿。女儿觉得委屈。现在她整天一个人独来独往，我该怎么办呢？

答：如果孩子遇到这种情况，建议父母不要急于帮女儿做"说客"。青春期的孩子往往很重视自己在同学面前的形象，一方面，希望自己能够独立面对和解决问题；另一方面，又感到自己缺乏解决人际压力问题的经验。这时她会渴望父母能够给予一些支持和指导，而并非包办解决这个问题。

我们的教育建议是：

①相信女儿的能力，鼓励她有勇气自己去面对遇到的压力和问题。每个人在自己的成长历程中都可能会经历各种挫折，以及孤独、恐惧、伤心、委屈等不快乐的体验。而只有经历过这些体验，并拥有战胜挫折的经验，人才可能真正成熟起来。从这个角度看来，这个挫折对孩子来说未尝不是一件好事，可以鼓励她把这当成一个成长的机会和挑战。

②引导女儿反思情事发生的原因，找到自己存在的错误并改正它。在不断鼓励女儿的同时，引导她回顾一下这件事发生的前因后果，尝试找到自己可能在处理问题时存在的一些失误，并力图加以修正。同时，也可以引导女儿通过"角色互换"的方式，学会站在他人的角度思考问题，通过理解那个同学的心情，来减轻自己内心的压力，并以此来考虑"假如我是那个同学，希望对方用什么方式对待我，心里就会好受些，甚至能够化干戈为玉帛呢？"从而为寻求解决问题的方式奠定基础。

③教育女儿细水长流地处理人际关系中的误会。除此之外，也要帮助女儿认识到，人与人之间从产生误会到关系僵化再到误会消除是需要一个过程的，不可急于求成，而自己也并不会因为朋友们暂时的误会而改变本质。所以，以平和心态、友善与不卑不亢的态度主动与同学交往，逐渐消除同学之间的矛盾和误会才

是上策。

④尊重自己，尊重别人，以微笑面对别人的异样目光。每个中学生都在"自我"的认识中挣扎，逐步形成自己的个性。告诉孩子要相信别人的分辨能力，让那些出于盲从心理孤立别人的同学认识到自己的错误。尊重别人，求同存异，不论是同学还是长辈，在与自我发生冲突时，抱以微笑，要知道每个人都有自己的观点，一起朝夕相处必定有观点上的冲突。微笑是最有魅力的，善于解决这种冲突也是自信的一种表现。

73. 给受同学欺负的孩子换学校好不好？

问：我的儿子今年上初一，这个学校的师资、环境各方面还都挺好的，我挺满意。只是最近我发现他们班上有个男生，特别霸道，总是欺负别的孩子。我儿子是个比较内向的孩子，年龄小，个子也小，经常挨欺负。我想给他换个班级，与校方商量没什么结果。我是不是需要给孩子换个学校呢？

答：我们知道，一般情况下，如果孩子升入新的年级后，或者考入新的学校后，就会遇到新老师、新同学及新的教学方法等新环境，孩子都需要花费一定的时间来适应这种环境。如果转学的话，由于不同的学校在教学进度上有所不同，也会让孩子难以适应。所以，在绝大多数情况下，转学都不是上策。

首先，孩子在这个年龄正处于生理发育的第二个高峰期。这个年龄段的孩子，往往精力旺盛，常常打架生事。一方面，这是这个年龄段孩子的特点；另一方面，一个男孩子有些类似的经历不是坏事，如果处理得当反而是件好事，这对他的未来生活是有很大帮助的。建议父母尤其是爸爸，多给孩子男子汉的教育。

另外，也不主张以逃避的方式解决问题。孩子即使离开这个班级或者这个学校，转到另外的学校，就能保证再不遇到同样的问题吗？再次陷入同样的状况怎么办，再换学校吗？让孩子去面对，才是从根本上解决问题。

我们的教育建议是:

①教育孩子要直面挑战,而不是逃避问题,并鼓励孩子战胜它。就孩子本身来说,开始也许不具备战胜这个挑战的能力,但随着慢慢长大,孩子会逐渐提高自己的能力。作为父母,你们可以帮助他出谋划策,为孩子提供一些可操作的方法,比如联合其他挨欺负的孩子一起抵制那个同学,或者加强身体的锻炼,在形象上给自己增添信心等。让孩子不论是形象上,还是心理的承受能力上,都强大起来,这样才有可能从根本上把问题解决。

短时间内,可能会影响到孩子的学习成绩,但从长远来看,孩子会获得战胜困难的宝贵经验。更重要的是给孩子更多的关心和鼓励,多给孩子具体的指导而不是回避,这才是最重要的。

②与孩子的老师取得联系,让老师了解孩子在学校的这些老师不知道的情况。老师在学校,能够更多地关注到孩子在学校的行为,而对于这些在学校的问题,老师的解决方式可能也更加合适有效。

74. 孩子在学校人缘不好不受欢迎怎么办?

问:我女儿上小学二年级,成绩在班里名列前茅,但我发现她的人缘不好。尤其是这半年以来,她时常哭哭啼啼和我们抱怨,说她在学校很不快乐,比如班里哪个同学又欺负她了,谁总不带她玩啦等。她虽然成绩优秀,可每次选三好生、班干部,大家都不愿意选她。我不明白,我孩子虽然比较任性,喜欢别人都听她的,但是她性格外向做事认真,待人诚恳大方,为什么人缘就这么差呢?

答:良好的伙伴关系有利于儿童的亲和需要,而亲和需要又是一种积极的人格特征,也就是对人的成长有利的人格特征。明白了这样的关系,父母所要做的,就应该是教会孩子处理好伙伴关系,学会交往,做一个受欢迎的人。

儿童同伴关系的发展，是孩子进行人际交往和社会认知的最初体验。当发现孩子在学校人际关系不适，父母首先要从孩子的个性和家庭教养方式寻找原因。一般来说，个性任性、自我中心、做事过于追求完美、好较真儿的孩子，在学校不容易拥有"好人缘"。如果父母能及时了解、掌握孩子与同伴相处时的信息，与孩子一起讨论、交流，相信孩子在同伴交往方面会上一个台阶。

我们的教育建议是：

①让孩子学会换位思考，宽容他人。儿童往往会把在家庭成长环境中学到的经验，运用到学校生活中。如果孩子在家过于任性、自我中心、喜欢周围人都围绕自己的意志而行动，那么当他把这样的行为方式运用到学校生活，很快就会发现行不通了。

这时，一部分孩子会逐渐调整自己的行为适应新的环境，但有的孩子会在相当长一段时间内不能及时得到帮助和纠正。他们会逐渐产生自我评价降低、孤僻、厌学等问题。这就需要父母改变对孩子娇宠溺爱的教育方式，引导他思考"为什么同学不喜欢我""为什么他们不愿意理我""当我做了什么，别人会显得很高兴"等问题。

父母通过讲故事，和孩子共演情景剧的游戏方式，让孩子学会换位思考，宽容他人，自己想办法处理与朋友关系等。让孩子在这些活动中得到鼓励，又能逐渐把新的经验运用到实际生活中。

②父母需要着意改变自己思考问题的方式。父母的个性和思考问题的方式，有时会对孩子的性格和行为有直接影响。如果父母有过于追求完美、较真儿的个性，那么孩子在同伴交往中也可能出现过于在意他人短处，苛求、不宽容等特点，而引起其他孩子的不满，逐渐被同伴孤立。

遇到这种情况，父母需要着意改变自己思考问题的方式，经常发现他人的优点。在遇到挫折和问题时，发现事件的可取之处，为孩子做出认知行为的榜样。同时在日常生活中引导孩子学会观察他人的长处，并用适当的方式表达对同伴的欣赏。或让孩子用日记、绘画等表达方式记录自己每天遇到的高兴事，培养孩子快乐宽容的个性。

③父母可以为孩子和同伴间亲密关系的建立助上一臂之力。例如，联系孩子

班里几个关系不错，且住址较近的孩子及父母，周末或假期带孩子共同外出游玩、参观，让孩子体验同伴间互助友爱的乐趣。在孩子们相处期间，观察和引导孩子学习体验"遵守规则""团结协作""坚持主张和放弃意见""怎样得到同伴的赞许和尊重"，学会从同伴的眼中看到自己的缺点和毛病，并修正自己的行为等。

孩子有了几个固定的好朋友，会增强他与人交往的自信，以此逐渐适应人际交往的需要。

75. 孩子在学校总被欺负怎么办？

问：我的儿子7岁了，是个老实的孩子，在学校常受到别的小朋友欺负，有时手或脸还被抓破了。遇到这种情况，我们应该怎么办？有人告诉我要让孩子打回去，不然总是被欺负。这样做会有效果吗？

答：小孩子之间打打闹闹发生磕碰是常有的事。今天你打了我，明天我打了你，后天也许俩人又和好如初了。孩子之间的矛盾，来得快，去得也快，父母不必看得那么严重。

但是，现在的城市孩子大都是独生子女，如果自己的孩子生性老实，总在外面挨欺负，三天两头"挂彩"回来，恐怕哪位父母都受不了。怎么办呢？

我们的传统教育中，一般是不让孩子对侵犯行为做出反应。"打不还手，骂不还口""惹不起，还躲不起"堪称是这种教育的"经典"。父母千方百计让孩子避开来自外界的"威胁"，而不是教育孩子如何正确面对外来的侵犯，学会保护自己。惹急了，也就是带着孩子找对方父母，却不告诉孩子自己应该怎样解决。

以后碰到类似的情况，孩子还是不知所措，要么怕"报复"，忍气吞声；要么大哭不止，仍旧找父母"告状"。

这样长此以往，受欺负的一方过分忍让，不仅助长了对方的攻击行为，让霸道的更加"有恃无恐"，也会在受欺负的孩子心里埋下阴影。这种孩子会变得越来越胆小怕事，对自己没有信心，易屈服于外界的压力。有的甚至会影响一生的发展。

孩子总是要长大的，要独立面对来自生活各个方面的冲击，与其父母像老母鸡一样，总是把孩子护得紧紧的，不如把自护本领早一点教给孩子，这个自护本领就是，让孩子在学会保护自己的前提下，独立面对外来的各种挑战应付各种问题，寻找较好的解决问题的方法。

父母可以这样告诉孩子：我们首先不欺负人，尤其不能欺负比自己弱的人。

如果别人欺负你，你可以躲过，可以和他面对面讲理，也可以报告老师或父母，甚至还手抵抗，总之你不要受到伤害。这世界上有正义，也有权利，每个人都应该有勇气维护它、捍卫它。

在外来侵犯面前，退让是怯懦的表现，是不勇敢；只会嚎陶大哭，听任拳头落在自己头上，是愚蠢。父母可以训练孩子用大声喊叫的方式震慑侵犯者，如："你这样做是错误的！""我不怕你！""你再这样做，我就不理你了！"父母要注意，许多孩子不会也不敢大声喊叫，甚至连喊救命都不敢，所以要反复练习，越喊胆子越壮。

对一般孩子尤其是生性老实的孩子，父母平时应注意孩子自我保护能力的教育。除了给孩子讲如何对待别人的欺负及怎样处理外，还要鼓励孩子多和别的小朋友接触，在游戏中建立与他人相处的信心。

有的孩子害怕与陌生人打交道，在集体生活中也表现得内向、畏缩，父母和老师要注意纠正孩子的这些不足，创造条件，使他们多接触人，接触新鲜事物。培养孩子活泼开朗的性格和勇于表达、敢于据理力争的勇气。

讲这些，并不是要把孩子培养成头上长角身上长刺，谁也不能碰一下的"小霸王"，而是纠正许多父母两种不正确的做法。

一是"保护型"。一看自己的孩子挨打了，就再也不让孩子出去了，生怕孩子在外面吃亏，"你出去又打不过人家，还是在家待着吧。"这类父母也不让别的孩子到家里来玩，怕人多又打架。

二是"攻击型"。知道孩子挨打后，不管怎么回事，首先反映就是"这还得了，找他们父母去"，或者就干脆告诉孩子，"他打你，你也打他！"有的甚至全家一齐出动，给孩子壮胆。

"保护型"父母的做法，由于过分限制了孩子的行动，将会使孩子变得不合群，对外人充满敌意，也会变得胆小怕事，缺乏交际能力。

"攻击型"父母的做法则会使孩子养成"报复"心理，不管是谁，只要"触犯"了我，都要给予回击，"以牙还牙"，决不手软。

这两种父母的做法都不足取，只能使孩子走上两个极端，要么很怕事，要么很霸道。

我们主张"理智型"的做法。

我们的教育建议是：

①先问清事情的来龙去脉，公正客观地帮助孩子进行分析，在这件事上，谁做的好，谁做的不好，告诉孩子以后再碰到类似事件应该如何解决。

②在批评别的孩子的缺点的同时，也要给自己孩子指出在这场事件中的责任，不要把埋怨都倾泄在别的孩子身上。即使发生矛盾的主要责任在对方，也要让孩子学会宽容，大度，不耿耿于怀。

③要让孩子知道，有时为了显示自己的力量，为了保护自己不受伤害，对来自外界的侵犯予以回击是必要的。

④有时为了保持人与人之间的纯真友情，相互理解，相互原谅也是应该的。

媒体与
网络篇

　　从传统媒体到新媒体，电视、平板电脑、智能手机，游戏、QQ、微博、微信逐步进入人们的生活。孩子们随着电子科技的发展也丰富、改变着看世界的方式，父母们会因此担心这纷纭的外界扰乱了孩子们的心性。然而，堵不如疏，聪明的父母会利用各种媒介帮助孩子获得更多的正面信息，同时用良好的亲子关系战胜各种电子产品，避免孩子沉迷其中。

76. 怎样做才能让孩子避免染上网瘾?

问：女儿今年10岁，自从家里买了电脑学会了上网后，现在经常在网上和同学聊天，我觉得她在网上待的时间越来越多了。特别是假期，写完了作业就开着电脑。我说了她好多次，但她总是说她又没耽误学习。她是不是有网瘾了？应该怎样纠正？

答：在当今的中国，孩子有网瘾可能是父母最头疼也是最难解决的问题了。网瘾到底是不是病？该怎样治？由谁来治？这些问题困扰着无数父母，也困扰着全社会。

英国心理学家近日指出：迷恋上网会削弱孩子们的学习能力。网上无规则的信息爆炸，会对教育产生破坏的作用。

在伦敦皇家学院举行的一次辩论会上，Blackmore 博士指出：新的互联网技术有这样一种潜在的危险，即手指在电脑上一动就可以检索到大量信息，因此使人们感觉到不需要再按传统的方式把信息储存到大脑里。结果，新技术影响下的新一代学生，学习能力与上一代人相比有很大差距。他们的学习被动性很明显，钻研精神差，提问题的能力差。

Blackmore 博士认为：互联网的发明是人类的一大进步，但它带来的影响未必全是积极的。孩子们在网上花费大量的时间，真正学到的东西却寥寥无几。此外，上网时间过多的孩子，只知道"接受"信息，却缺少分析、创造和独立思考的能力。

近日，中国青少年研究中心公布了一项历时十年的中国少年儿童发展状况调查报告。调查结果显示：网络日益成为少年儿童普遍的交往平台。出生并成长于网络时代的少年儿童，深受网络的影响，他们的交往具有浓厚的网络色彩。调查数据显示，2010 年，经常上网的少年儿童为 20.4%，偶尔上网的为 51.1%，合计达到 71.5%，而从未上过网的仅为 28.5%，较 2005 年（52.5%）下降 24 个百分点之多。

经常和有时在网上"跟同学朋友等熟人聊天"的少年儿童占到全体少年儿童的 50.9%，经常和有时在网上"与陌生人聊天"的少年儿童占全体少年儿童的 7.7%。随着年龄的增长，网络在少年儿童交往中的重要性日益增加，经常和有时在网上"跟同学朋友等熟人聊天"的少年儿童所占的比例，从小学低年级到高年级再到初中逐渐上升，分别为 24.3%、55.3% 和 72.8%。

由此可见，网络已经成为现今青少年生活中重要的组成部分，如不正确引导，确实会有部分孩子上网成瘾，影响正常的学习和生活。

尤其应该引起父母注意的是：家庭关系不和谐，或者是家庭结构残缺的青少年更可能发展为网瘾。因此营造和谐的家庭环境，对于孩子的健康成长起着非常重要的作用。父母要学会正确、合理的教养方式，过于宽松的教养使孩子缺乏监管，但过于严厉的教养又可能导致孩子的逆反。不少专家认为，父母的过度管制、干涉，是造成青少年上网成瘾的重要原因之一，因为父母对网络的过度管制，反而使孩子产生逆反心理。一些网瘾青少年之前与父母的关系就比较恶劣，特别是沉迷于网络之后，与父母的关系更加恶化，但是父母只是一味指责或更加严厉地管教，与孩子之间的沟通却没有任何改善。

2014 年 2 月 10 日人民网讯：据路透社报道，希腊克里特教育技术学院社会工作系人际关系与心理治疗专家进行的一项新研究发现，如果父母对孩子要求严格且缺乏关爱，会让孩子对网络产生更大的依恋。

研究人员从技术学校中选取了 700 多名年龄在 20 岁左右的年轻人，要求他们填写了一份调查问卷，回答关于他们所出现的孤独、悲伤和焦虑等心理问题，以及对互联网的使用状况。此外，这些年轻人还回答了在生命中头 16 年里父母对他们的养育方式。结果显示，父亲对自己的控制支配权很强和缺乏感情的孩子，长大后与其他人相处时会存在困难，也更有可能沉溺于网络；母亲对其关心不够的孩子，长大后更为悲观，这也导致了他们在虚拟世界中寻找更多的安慰。所以父母需要不断地学习、尝试如何有效地与孩子沟通、与孩子做朋友，与孩子共同健康成长。在网瘾青少年中，有不少高智商或从前学习成绩好的孩子，但他们的父母往往对他们的要求更高。过大的压力使孩子不堪重负，于是他们就会寻找一切机会逃避这种"爱"，甚至完全放弃学习。

精神需求得不到满足的孩子更容易依恋网络。网瘾青少年的父母只为孩子提供了丰裕的物质生活，却忽视了孩子的精神需求，比如成就感、良好的人际关系、被他人关注等，致使孩子转向网络以逃避现实、寻求精神满足。

要让孩子健康上网，父母首先应该正确认识网络，并且能够在子女的上网活动中给予正确的引导。不少网瘾青少年的父母从未接触过网络，也不清楚自己的孩子在网上干什么，但就是一味地排斥孩子上网。父母应该引导青少年积极地利用网络，而不是一味地拒绝，其前提就是父母对网络要有正确的认识，要学会科学合理地上网。

我们的教育建议是：

①注重疏导，对待孩子上网，疏比堵要好。其实，上网并不全是坏事，在知识日新月异的时代，尤其是在城市里，不让孩子上网是不可取的。但孩子长时间沉迷于网络世界，会影响学习和身心健康。年龄较小的孩子在网上主要是玩游戏；年龄较大的孩子则主要是聊天，寻找心灵的伙伴。如果父母多点耐心陪孩子玩玩，陪孩子聊聊，就能够使他们想玩、想说的心愿在现实生活中得以实现。把孩子从单一的玩网游中解救出来。比如和孩子一起散散步，陪孩子一起看课外书，有意让孩子帮助父母利用搜索功能找资料（比如哲理小故事，名人故事，智力小测验）；陪孩子看喜欢的电视节目，走出家庭，走进大自然，多参加一些户外的体育活动等。如果家长真能做到这些，孩子自然不会沉湎于网络。

②对孩子上网时间做出一定的限制，以免孩子沉迷其中难以自拔。另外，父母们应做到让孩子安全上网。比如，在计算机里安装过滤程序或者"防火墙"，以屏蔽黄色网站；父母应掌握相应的电脑知识，熟悉孩子经常去的网站和聊天室，以便能够及时发现问题，及时解决。其中还有一点要特别注意，就是一定要把电脑放在公共区域比如客厅，而不要放在卧室里。

③父母应以上网为契机有意识地对孩子进行人格教育，要根本杜绝迷恋网络对孩子的影响，主要应该依靠对孩子心理素质的培育。适当收集一些关于网瘾之害的新闻、事例作为反面教材给孩子阅读。由于孩子自控力差，父母可以采用倒

计时方法提醒孩子："8点整就结束了。现在离8点还有15分钟了。"这样做的目的是让孩子在下网前有个心理准备，减少抵触心理。同时，也能让孩子养成到点停止游戏的习惯，培养孩子的自觉性和克制力。孩子能够在规定时间内离开电脑，没有超时，就给他一个精神奖赏，强化他的行为。同时要明确地告诉孩子，相信他是一个意志力强的孩子，不会成为网络的奴隶，切忌因孩子一时的迷恋而全面否定孩子的自觉性。

77. 孩子学会了用手机上网怎么办?

问：我女儿12岁，比较听话，性格文静，成绩虽然不是特别好，但学习还比较认真，而且她在家里也不是很喜欢上网，我们一直对她很放心。但是最近老师反映她在课堂上的表现和从前大不一样了。总是低着头，常常心不在焉，不认真听老师在课堂上讲的内容。果然，最近考试，女儿各科成绩都下滑了。经过我们的反复追问，原来，她迷上了手机上网，课堂上低着头开小差，就是在用手机聊天和下载各种资讯。我没有想到会遇到这种情况，虽然我们批评了她，但还是担心她管不住自己。我们应该采取什么措施？

答：如今，随着无线通信技术的不断发展，通信网络与互联网的沟通已经到了水乳交融的地步。首先，无线信通本身构成了一个互动沟通的网络，通过手机通信网络，用户可以进行短信聊天、手机短信游戏的活动。其次，手机与互联网连接，成了因特网的又一个外延，手机越来越像微型个人电脑，可以随时随地上网。很多父母都已经注意到了手机给孩子带来的不良影响，但可能并没有料想到这跟网络成瘾其实是一回事儿。

手机上网的硬件限制小得多，只要近几年出产的手机，几乎没有不带上网功能的。于是，孩子们便可以隐蔽地躲在课桌里面在聊天室里发言，跟网友互发信件甚至玩游戏，看电影等，从而影响听课质量，最终导致学业失败。

手机既然已经成为孩子的常备物品，那么给孩子买手机前，就有必要定下规矩，美国有个妈妈在圣诞节的时候送给了孩子一部 iPhone 手机，同时她还给孩子制订了手机使用的"合约"。

以下是"合约"全文：

亲爱的格雷戈里：

节日快乐！相信你现在肯定会为拥有一部自己的 iPhone 手机而备感兴奋。你现在已经是一个 13 岁的男孩了，而且是一个负责任的男孩，所以妈妈认为你完全有能力用好这部手机。但是想要接受这个礼物你必须接受合同里面规定的约束。我希望你能够理解，只有这样，妈妈才能把你抚养成为一个全面发展而且能和先进科技"和平共处"的男子汉。希望你能自觉遵守而不是被动地受约束。如果你不能做到以下 18 条规定的话，我只能将这部 iPhone 手机收回。

1. 首先要声明的一点是，这部 iPhone 手机是我的，是我买的这部苹果智能手机。现在我将这部手机借给你使用。妈妈是不是很伟大？

2. 我在任何时候都有权知道这部 iPhone 手机的密码。

3. 如果手机响了就接听，这毕竟是一部手机。接听电话时要注意礼貌。如果来电显示是妈妈或者爸爸，你更要接电话。不可以忽略妈妈和爸爸打来的电话，绝对不允许有这种情况发生。

4. 在有课的时候，每晚 7 点半要及时将手机交给妈妈或者爸爸，在周末的时候可以在晚上 9 点交。晚上我们会将手机关机，在第二天早上 7 点半开机。在给你的同学打电话时一定要尊重别人家的生活方式。如果你希望身边的同学或者朋友尊重我们的家庭，那你首先要从自身做起。

5. 不准带手机去学校。如果你需要和别人通过手机联系，能打电话就别发短信，这是生活的基本技巧。

6. 如果手机掉马桶里了、掉地上了或者丢了，你必须对因此而产生的维修或者购买新手机的费用负责。你可以割草坪、照顾小孩来挣钱，也可以将父母给你过生日的钱攒起来。上面我说到的情况发生的概率很大，所以你要提前做好准备。

7. 不允许使用科技伎俩来撒谎或者欺骗别人。不准用手机说一些伤害别人的话。

8. 如果有些话你不想当面、或者在电话上和别人说清楚，不准通过手机来发短信、电子邮件等方式表达。

9. 如果有些是你不能在家里和父母说的话，更不许通过手机发短信、邮件等方式向别人表达。

10. 不准用手机浏览色情信息。只能搜索那些你可以在父母面前拿得出手的问题和信息。如果你有什么问题的话，最好当面向人请教，尤其是向妈妈或者爸爸。

11. 在公共场合要么关机，要么调成静音放起来。特别是在餐馆、影院或者和别人说话的时候。孩子，你是一个非常懂礼貌的人，不要因为这部 iPhone 而改变自己。

12. 不能发送或者接受带有你（或者他人）身体隐私部位的图片，更不能以此为乐。虽然你很聪明，但是有时候会有人诱惑你这么做，我相信聪明的儿子知道如何拒绝这种人。一旦你这么做了，你很有可能会毁掉你的大好年华，甚至你未来的大学生活。网络实际上要比你想象的复杂，有些事情一旦发生了就很难去挽救，尤其是那种能败坏人名声的事情。

13. 不能用 iPhone 手机录制特别多的图片或者视频资料，其实你根本没有必要把生活中的每一件事情都记录下来。好好过自己的生活，这些都会存在你的记忆当中的。

14. 外出的时候把手机留在家里是一种安全而又明智的决定。这毕竟是一部手机，不是你生活的全部，学着过一种不带手机的生活。这样你就会比那些社交控、微博控更强大，因为你能够坦然地过一种没有手机和网络的生活。

15. 尽量下载一些新鲜的或者经典的音乐，不要和你的同龄人一样都听相同的歌曲。你们这一代人对音乐的接触要比人类历史上任何一代都方便，所以妈妈希望你能够利用这个机会来拓宽自己的视野。

16. 时不时地玩一些单词游戏或者脑筋急转弯等益智游戏，这对提高你的智力有帮助。

17. 要对现实生活充满兴趣，注意身边发生的事情，倾听小鸟的叫声，时常出去散步或者和陌生人谈话，要对现实世界充满好奇。

18. 如果你因为这部 iPhone 手机而将自己的学习或者生活搞得一团糟的话，我会将这部手机收回。我们会就这个问题坐下来好好谈谈，然后我们再重新开始。

请你记住，我亲爱的孩子，妈妈和你都在学习，我是你团队的一员，我们永远会在一起的。

我希望以上的这些条款你能够同意。实际上这份合同里面所列的注意事项不仅仅适用于这部 iPhone 手机，也适用于我们的日常生活。现在你生活在一个快速发展而且充满变革的世界。妈妈相信你有着强大的意志力，相信你不会沉迷于这部 iPhone 手机。爱你，我亲爱的儿子。节日快乐！希望你能喜欢这款很棒的 iPhone 手机。

这份合约很详细，大部分内容实际上也适用于约束我们的孩子。既然使用手机已经成为不可避免的现象，那么我们不如寻找恰当的管理方法，使手机不至于真的成为阻碍孩子健康成长的"电子垃圾"。

我们的教育建议是：

①上课时间严禁使用手机

虽然很多学校都有这样的校规，但是执行起来并不满意。很多教师都反映，手机是孩子的私人物品，而且也是相对贵重的物品，要是强行没收不太合适，万一损坏了也很麻烦。于是，在课桌里上网的孩子大有人在。所以，父母一定要予以理解和配合。告诉孩子在校内有课程的时间里不能开机，父母可以给孩子打电话进行检查。如果孩子违背了学校和父母的要求，可以进行一定的惩罚。

②手机资费要有限制

从健康角度讲，孩子也不宜长时间使用手机。2010 年 1 月 12 日《新京报》讯：就职于英国华威大学物理系的 Gerard Hyland 博士认为，儿童使用手机的危害特别大，因为他们免疫力差，还处在成长发育阶段。

一种普遍的观点是，使用手机会带来"大脑刺激"，但是 Hyland 博士认为，真正危险的是它的低强度辐射，即非热射频辐射。他说，儿童的大脑颅骨小，脑壳薄，容易被辐射穿透。

"大家知道，辐射会造成大脑失调，儿童是特别脆弱的，容易受到其伤害。"他说，"人的身体是台非常敏感的电化仪器，手机发射出的微波作用对人体细胞的稳定性有影响。它主要影响人的神经系统，引起头痛、记忆力丧失和睡眠障碍"。

由此可见，限制孩子使用手机的时间是非常必要的。除讲明道理之外，用资费来限制也是方法之一。很多父母宠爱孩子，给孩子交手机费从不考虑费用。这使得一些孩子肆无忌惮地使用各种增值服务。其实，只要限定较低的手机资费，孩子不能随意定制各种网络增值业务，手机开机和上网的时间自然就会降低。父母可以大致算一下孩子每个月需要多少钱，给孩子一个金钱的额度限制。

78. 孩子和同学之间总不停发短信怎么办？

问：我儿子今年 14 岁，为了他和我们联系方便，在他上了中学后我们给他买了手机。但是现在我们发现，他特别爱和同学之间短信来往，特别是他班上的女同学老给他发短信。我怕这会影响他的学习，也怕他会和女同学早恋。我应该怎么办？

答：孩子在成长过程中，主要受到来自家庭、学校、同伴和社会的影响。10 岁以前，家庭的影响力最大，这时的孩子最渴望父母的陪伴，最在意父母的评价，遇到困难或有心事时，父母是他们倾诉的首选对象。

然而随着年龄的增长，同龄人的影响力渐渐超过了父母。举个简单的例子，七八岁的孩子对于穿什么衣服一般都听从父母的安排，但升入中学后，如果同学说："你这件衣服一点儿都不适合你，太没个性了！"那么，不管父母怎样劝说，孩子都不再喜欢穿这件衣服了。

由于同伴关系的重要性，每个孩子都不可避免地对此心怀敬畏，甚至不顾一切地加以维护。

通过打电话、发短信，孩子们彼此分享欢乐、分担忧虑、守护秘密，享受着同龄人带来的轻松和自然。建议父母在多跟孩子交流的同时，鼓励孩子和同龄朋友交往。同时，不要不加分析地认为孩子"煲电话粥"、发短信是十恶不赦的坏事而严加禁止。

当然手机在给我们提供方便的同时也引发了一些不容忽视的问题。随着智能手机的普及，手机的功能越来越多，刷微信朋友圈、刷微博、发短信已经成为许多人与外界交流及人际交往的工具，许多成年人尚且乐此不疲，把握不好尺度而成为"手机控"，更何况一个14岁的孩子。

手机的普及和运用范围的广泛使得初中生拥有手机成为了常态。特别是有的孩子上学较远，或是父母不放心，希望能和孩子在上下学的路途上保持一定的联系；或是有的父母会接送孩子上下学，要和孩子在时间上取得联系，因此，带手机的孩子越来越多。

既然通信是手机最主要的功能，保持孩子与父母之间的联系是孩子带手机的主要理由，那么，在给孩子买手机的时候要有所规定。

我们的教育建议是：

①首先要跟孩子明确：手机主要用于和父母联系，而不是用于和同学聊天。告诉孩子，虽然电话、短信方便高效，但它毕竟不能代替面对面的人际交往，它只是沟通的辅助手段。越是现代生活，越需要丰富的情感交流，一个善于面对面交流的人，会有更强的适应能力。

②在校内一般不能开机，很多学校也有这方面的规定。在校内开机，孩子会将一些时间和精力花费在手机上，这在一定程度上会减少孩子用在学习上的时间和精力，分散他对于学习的专注度，进而影响到孩子的学习和成长。

③回家与家人聊天、吃饭及写作业时不能总看手机。如果与同学或老师需要通过手机接收讯息，那么也应该有时间限制，如在饭后或睡前看一下手机消息。毕竟班级或学校的临时通知，大部分会是由老师告之家长。这应该是给孩子买手机的前提条件。如果孩子违背了这几个要求，父母则可以随时收回手机。当然如果和同学之间确实有事需要短信联系，也是可以的。但要避免长时间的聊天。

④建立良好的亲子关系。手机管理固然重要，而最重要的还是父母与孩子之间的关系。一个孩子如果和父母关系融洽，尤其是和父母有着亲密信任的关系，能从家庭中感受到足够的关爱和温暖，那么就不太容易过早地到异性同学身上去寻找温暖。所以，父母平时要能够多和孩子沟通，不要一开口就只谈学习，而应该交流一些大家都感兴趣的话题。甚至父母自己有了一些问题，也可以和孩子交

流，听取孩子的意见。多发现孩子身上的优势和闪光点，并及时给予鼓励，让孩子真正感受到父母对他无条件的接纳、欣赏和爱。在这个时候，孩子反而会不自觉地愿意和父母亲近，和父母分享一些情感和困惑。也愿意照着父母的期望而专心于学业。上课发短信、过于关注和异性同学的关系这样的问题，出现的概率就会少得多。

父母还可以和孩子在平时随意的谈话中，引入一些对青春期异性交往和性教育问题的沟通。形式上一定要给孩子一种随意的感觉，而不是摆出要"专门教育他"的架势，那样反而容易引起孩子的紧张和逆反。在内容方面，父母可以从一些社会上发生的事件，或者讲一讲父母自己小时候和异性同学交往的故事入手，听听孩子的想法和意见。在轻松的氛围下，让孩子了解到与异性交往时需要注意的问题，以及青春期性生理、心理的一些有益于健康成长的常识。

⑤父母要做好榜样。父母还要注意自己不要使用智能手机上瘾，除非工作需要，不要整天发微信、刷微博。多注意与家人沟通，给孩子做出合理使用手机的榜样。

79. 孩子长时间用电脑影响视力怎么办？

问：我的儿子今年上高二了。他从初中开始就迷恋网络游戏。原先，他的双眼视力都很好，分别是 1.5 和 1.2。可是，经过了将近 5 年的长时间"电脑作业"，他的双眼视力都下降到了 0.4 以下。我总跟他讲少在电脑前玩游戏，他现在发现自己视力下降，也开始注意了，玩游戏的时间也少多了，但有时还会用电脑查资料或是与同学老师交流。因此不可能完全不用电脑。那么除了减少用电脑的时间，还应该注意哪些问题呢？

答：现在的孩子确实与电脑的接触越来越多。医学专家认为，儿童视力普遍下降应该引起重视，而过度的操作电脑是儿童视力下降的一个主要原因。因此，合理安排孩子的上网时间，是保护视力的非常有效的方法。

要让孩子控制上网时间，有时不是一件容易的事儿。所以，要对孩子讲清楚道理，让孩子明白其中的原理，当孩子了解是怎么回事的时候，也许自己就会有意识地掌握时间了。

首先，我们要告诉孩子：电脑会产生很强的辐射，电脑显示器（也就是我们常说的台式显示器）和电视一样，都是使用高频电子枪射击荧幕表面的荧光质来产生图像。电脑屏幕画面不似纸上的黑字清楚，影像边缘都是模糊不清的，眼睛不容易取得焦点，且画面一活动又得再取焦点，以致眼球晶体内的调节肌要不停地调节才能看清影像，所以电脑屏幕看得越多，视力耗损就越大。

另外，电脑操作是一件视力相当集中的工作，孩子在操作电脑时，会减少眼内润滑剂和酶的分泌。一般来说，如果人每分钟眨眼少于5次，而且持续时间较长，便会使眼睛干燥、疲劳，出现重影、视力模糊以及头颈疼痛等症状。

据美国全国职业保健与安全研究所的一项调查证明，每天在电脑前工作3小时以上的人中，有90%的人眼睛有问题，表现症状是：眼睛发干、头痛、烦躁、疲劳、注意力难以集中等。如果长时间使用电脑，并且不注意休息、保护眼睛，就会出现视力下降、皮肤疾病和其他健康问题。

我们的教育建议是：

①选用正规产商的电脑显示器或LCD（液晶）显示器。如今电脑产品良莠不齐，有的劣质显示器或二手翻新显示器也在市场上销售。这些显示器性能差、辐射强，没有安全保障。所以，在购买显示器的时候一定要注意挑选，尽量选用那些著名产商的产品，并保证有售后服务和相关安全检测证明。LCD（液晶）显示器的辐射比传统CRT显示器低很多，其价格也越来越低，如果有条件的话可以使用液晶显示器。但是，液晶显示器并不等于完全没有辐射，对视力也会有伤害。父母给孩子买电脑时千万不能贪便宜，最好找懂行的人当参谋，买质量好的产品。

②眼睛和显示器的距离应在30厘米以上。30厘米的距离是依据17寸显示器而言，如果显示器更大一些，则应该离得更远一点。

③每隔一小时休息10~20分钟。最好的休息方式就是做眼保健操或眺望远方，并且一定要站起来走一走，不要连续待在电脑前和放置电脑的屋子里。

④显示器应正对眼睛放置，避免斜视。显示器的中心应该基本上与眼睛平行，当孩子正坐时，双眼都能够正视显示器，而不需要把头转向一侧。有的孩子因为长期侧着脑袋，偏用一只眼会导致单眼视力下降、斜视和颈椎问题。

⑤调节显示器属性，避免过亮、色彩过重。一般显示器都有色彩、亮度、对比度等属性，父母可以和孩子一起根据自己的喜好进行调节。太强的亮度、太重的色彩都会对视力造成较大的伤害。相反，太暗、对比度太低也不好。

⑥使用电脑后记得洗脸、洗手。有研究显示，在使用电脑后洗手、洗脸可以在很大程度上减少辐射的伤害。特别是习惯上午、下午使用电脑的孩子，用完后一定记得洗脸、洗手，让有害射线和粒子在皮肤上尽量少停留。

80. 孩子特别喜欢漫画怎么办?

问：我女儿今年 13 岁，从 8 岁的时候开始喜欢漫画，买了许多漫画书和杂志。我有时也翻翻她的书，觉得很难看懂，不知道她为什么总是乐在其中。而且我担心她看漫画增长不了什么知识，过于喜爱漫画还有可能影响学习。我的担心是否多余？对这样的孩子应该怎样教育？

答：孩子热衷漫画确实是我们必须面对的教育新问题。

首先，我们要对漫画有所了解。"漫画"二字起源于日本，最初用"漫画"二字的人叫葛饰北斋，此人生活在德川时代，约合我国清初，距今已有三百多年。"北斋"漫画为漫画的开山老祖。1925 年 5 月《文学周报》连载丰子恺的画并注明为漫画，这是中国最早称之为漫画的作品。西方漫画源自英国，19 世纪法国画家杜米埃在西方漫画史上取得了最优秀的成就。

漫画作为独特的艺术门类，深受世界人民的喜爱，人们把漫画称之为没有国界的世界语，并被西方艺术评论家们誉为"第九艺术"，漫画艺术被提升到一个前所未有的高度。土耳其是现代漫画起步较早的国家之一，他们也把漫画升格为与其他绘画艺术同属于美术范畴，和绘画、雕塑、版画、摄影、建筑并称为当代艺术六大门类。

作为绘画艺术的一个分支，漫画发展至今天，已嬗变成三种形态，即讽刺幽默的传统漫画、叙事的多幅或连环卡通漫画、探索性的先锋漫画。

卡通漫画是借鉴卡通手法、风格而编画的连环漫画。也就是孩子经常看的漫画。

漫画无论是形式上的还是内容上的都为孩子们带来了很多的快乐，也创造了幽默感。蒙太奇式的画面、夸张的卡通造型、超越现实的生命、高科技知识和幽默感，共同为儿童造就了一个新的媒体——卡通漫画。

孩子们喜欢卡通漫画，是因为在漫画世界里，他们实现了在现实生活中不能实现的梦想，弥补了现实生活的缺憾。在现实生活中，儿童无疑是最弱小的。在家里，他们听命于父母，在学校，接受老师的教导。他们面前的所有人，都比他们强大，都比他们有经验。于是，他们渴望自己像"超人"那样强大，像"宇宙英雄奥特曼"那样受到别人拥戴和崇敬，以体验成功的快乐。无论他们在现实生活中的境遇有多么不理想——他们可能学习成绩不好，可能缺少朋友，或父母对他们很严厉，但都不妨碍他们在梦中做一个少年英雄或"美少女战士"。

父母们最弄不明白的一个问题是，为什么我们还看不懂卡通的时候，孩子们就开始陶醉其中？第一，现代儿童是看着电视长大的，而我们是伴着文字阅读长大的，孩子比我们更习惯接受图像信息，欣赏跳跃式的画面和超常的想象力。第二，孩子比我们习惯欣赏快节奏的作品。我们小时候，接收信息的机会较少，拿到一本书，我们会反复咀嚼。但在现代社会，儿童接收信息的机会比我们多了不知多少倍。社会是开放的，信息也是开放的，儿童可以和大人一起看电视、读报纸、学计算机。面对铺天盖地而来的信息，儿童就可能倾向于快节奏的卡通漫画了。第三，许多卡通漫画是外国动画片的翻版，儿童看过动画片后，再欣赏卡通，无形中延长了动画片给予的那种享受。这也是为什么儿童能很快读懂卡通，而大人读不懂卡通的原因之一，因为大人们几乎不看动画片。另外，父母们读卡通漫画可能还有一种心理障碍。一些父母不认为卡通是好东西，不喜欢卡通的形式，不愿意孩子花时间看卡通，因此，不接受卡通。在这种情况下，父母很难静下心来读懂或欣赏一本卡通漫画。

不少父母担心卡通可能使孩子变坏，其实不是所有的儿童一看不好的卡通漫画，就立刻变坏了。每个孩子都有成功的愿望，当他们在学习方面不能如愿时，可能就在卡通漫画或游戏机里寻找成功，结果造成了学习不好的孩子大多喜欢阅读卡通漫画或喜欢打游戏机的现象。媒介对孩子产生不好的影响是有条件的，比如孩子的家庭生活不稳定，同伴关系比较紧张，在学校生活中总是不成功，对相关知识了解得较少等，当媒介传播的内容触动了他时，他可能就会产生一些不道德的行为或反社会行为，这也就是我们所说的"不良影响"。一般来说，如果儿童个人生活有较严重的障碍，大量阅读卡通漫画，并拒绝接受其他媒介和人际交流，那么，在这种情况下，卡通漫画就可能产生较强的不良影响。但对大多数心理健康的孩子，这类不良影响极少出现。

我们的教育建议是：

①要正确看待漫画。父母们要对漫画持一种客观的态度，不要一开始就把漫画看成特别不好的、有害的东西，而应该正确地看待漫画，认识到漫画存在的合理性。

②引导孩子适度看漫画。任何东西超过了一定的限度就有可能或多或少地产生一些不良的影响，所以父母要积极地引导孩子适度看漫画。

③给孩子创造表现自我和成功的机会。孩子之所以喜欢漫画，一个主要的原因就是孩子可以想象自己像漫画中的主人公一样表现自我和成功，所以，父母要在现实中尽可能多地给孩子创造展现自我和成功的机会和平台。

81. 孩子特别爱看动画片怎么办？

问：我儿子小学三年级了，特别爱看动画片。每次看的时候都特别投入，有时迷的连觉都不想睡。我很奇怪，动画片真的这么有吸引力吗？我也试着和他一起看了几次，但有的动画片很跳跃，不是很好看。我担心他过于沉迷于动画片会对他以后的欣赏水平有影响。我应该干涉他吗？

答：喜欢动画片的孩子很多，这是由孩子本身的特点所决定的。

许多父母，哪怕是高学历的父母可能都看不懂或者不喜欢看动画片，但是从幼儿园的孩子到中小学生，都看得懂动画片，而且他们都看得津津有味，看得痴迷。这让许多父母困惑不解。其实，这是成人与儿童的接受心理差异所导致的。

现代儿童是看着电视长大的，而我们是伴着文字阅读长大的，孩子比我们更习惯接受图像信息，欣赏跳跃式的画面和超常的想象力。另外，孩子比我们习惯欣赏快节奏的作品。我们小时候，接收信息的机会较少，拿到一本书，我们会反复咀嚼。但在现代社会，儿童接收信息的机会比我们多了不知多少倍，接受能力也是很高的。而且儿童特别喜欢夸张的东西，夸张是一种艺术手法。如果我们看一幅画，画中的人嘴巴和常人不一样，眼睛也不一样，成人可能会难以理解，但是它符合儿童的接受特点，儿童的思维就是不连贯的，跳跃性的。相反，成年人习惯了很真实、很深刻、很严肃的艺术表现，这是成年人的一个特点，孩子不喜欢这样。

但无论父母们是否喜欢、是否愿意，我们的孩子都爱上了卡通。父母应该与孩子一起欣赏动画片，给予孩子正确的引导和浓浓的亲情。

我们的教育建议是：

①固定观看时间。陪孩子一起欣赏动画片，首先要制定一份时间表，每天观看的时间要有计划，最好固定下来，不要占用孩子写作业的时间，也不要安排在吃饭的时间看。

②引导孩子选择动画片。孩子喜欢看的动画片有很多，比方说《狮子王》《火影忍者》《聪明的一休》，都是比较优秀的动画片。我国的动画事业已经取得了比较迅猛的发展，制作出了不少优秀的动画片，有《喜羊羊与灰太狼》《秦时明月》《大耳朵图图》《天上掉下个猪八戒》《熊猫战士》等，这些动画片都是很受孩子欢迎的。

③看完和孩子交流。聪明的父母会抓住任何时机和孩子交流，看完动画片后也应该问问孩子有什么收获，从中学到什么。如看完《聪明的一休》，可以问问孩子：一休为什么那么聪明；看完《狮子王》问孩子：为什么辛巴那么勇敢。这样的问题并不是要求孩子给出一个标准的答案，而是通过和孩子的交流，可以让孩子在看动画片的快乐中认识世界、认识人生，实际上这是一种很好的教育。

④让孩子讲述。如果父母因为有重要的事不能和孩子一起看，也可以让孩子把看完的动画片的故事讲述给你听，一方面可以锻炼孩子的记忆力、语言表达能力；另一方面让孩子知道你是关心他的，想陪他一起看动画片的，让孩子感受到你对他的亲情。

82. 孩子特别爱看电视影响正常生活怎么办？

问：我的孩子今年上小学三年级，特别喜欢看电视。上学以前在家里就是这样，因为他特别淘气，有时嫌他闹就让他看电视，他一看电视就比较安静。可能就是这么养成的看电视习惯。上学后，我们希望他不要再像过去那样看电视入迷，特别是进入三年级后作业比过去多了，我们怕他看电视影响功课所以开始限制他。可是他根本不让管，周末就不用说了，就是连平时的日子，也是一回家就开电视。我们经常说你有时间看看课外书多好，可他好像对看课外书没什么兴趣。我们应该怎么办呢？

答：中国家庭电视的普及大约是在 20 世纪的 80 年代中后期，目前中国城市里几乎所有的家庭都有电视，有的家里还拥有一台以上的电视机。因此，20 世纪 80 年代以后出生的中国儿童成长离不开电视。可以说，对于现在这一代儿童，电视作为一件普通的家电产品已经习以为常了。爱上看电视，则是必然的。

现在的孩子很爱看电视。很多孩子每天放了学书包一丢，就坐在电视机前了。吃饭的时候盯着电视，吃完饭后继续看电视，有的时候父母不在家，孩子看电视的时间就更长。

可见电视对孩子的吸引力之大。为什么孩子会如此喜欢看电视呢？因为看电视的时候孩子可以处于非常轻松的状态，可以不动脑子，是充满乐趣的。而且电视节目越来越精彩，很容易把孩子迷住。全世界的孩子都爱看电视，但作为父母必须明白，孩子看电视过多对他的智力、人格发展是有害的。有研究表明：儿童看电视的时间每天不宜超过一个小时到一个半小时，如果看的时间过长，孩子智力会有所下降，对孩子的成长不利。

有专家发现，过分沉湎于电视的儿童，其行为和思维方式逐渐脱离了现实世界，在适应社会方面产生了严重障碍。因看电视上瘾而导致适应障碍，这被称作是"电视瘾"，也叫"电视病"。有电视瘾的儿童常常表现得懒散、麻木和消极。一般来说，这是儿童为逃避现实世界而麻痹自己的一种消极方式。儿童在现实生活中受到挫折后，便逃避到电视世界中，在电视世界里寻找"充实"和"满足"，结果导致一种恶性循环：每天越是看电视，对现实就越逃避；越逃避，就越难适应现实生活；而越难适应社会，则就越依赖电视。这种倾向是危险的。

有一些指标可以用来测量孩子是否有"电视病"，指标如下：

接触量过多，平均每日接触电视4个小时以上；不加选择地看电视；除了看电视，对其他活动大都不感兴趣，不愿意与人交往；在现实生活中常常表现得懒散、麻木和消极。

如果孩子同时具备上述四种表现，父母就要警惕了，必须要寻求专家帮助。而有研究表明，一般社会关系不好的儿童更容易患上电视病，因此父母一定要多关心孩子，建立良好的亲子关系是十分重要的，并且从小对孩子看电视就要有所指导与限制，防止孩子沉迷其中，不能自拔。

英国一对夫妻的做法或许对我们的父母有启发。

据2013年11月15日《广州日报》报道：蒂姆·米克和克丽·米克夫妇均为教师，育有两个女儿，大女儿埃米现年10岁，小女儿埃拉8岁。一家人住在诺丁汉郡阿诺德。

看到女儿闲时总是看电视或是玩电子游戏，夫妇俩决定，在一年里禁止女儿看电视，作为补偿，又在征求她们意见后列出了100项户外活动的清单。

米克夫妇并非爱冒险之人，不过为了鼓励女儿，百项户外活动他们样样参与。

为鼓励更多人投身户外活动，他们把全家人的户外活动录成视频，并设立网站与大家分享。蒂姆说："我们希望能帮到其他父母，以便给予孩子更多积极影响。"

米克夫妇为女儿列出的百项户外挑战不仅考虑到娱乐，还兼顾锻炼胆识和培养生活、社交技能，内容包括浮潜、滑雪、漂流、攀岩、爬法国埃菲尔铁塔、参加音乐节、在城里露营、户外庆生、在野外生火和觅食、岩洞探险、24小时不用电、在母亲节为妈妈做饭、在全校师生面前卖面包为慈善机构筹款、参加社区劳动等。

克丽说，我们的宗旨是，"只要想去，就努力实现"。

每逢周末或假期，一家人就出发，挑战清单上的项目。蒂姆说："每周末我们都出去，不受季节影响。开始我们会有擦伤，毕竟克丽和我都不太会冒险。"

"我们希望女儿们变得自信开朗，所以当我们走在外面时，会鼓励她们跟陌生人交谈。"

刚刚过去的周末，米克一家完成了清单上的100项户外活动。完成100项户外活动米克一家总共花费不到500英镑（约合800美元）。蒂姆说，一年下来，他们全家感觉精神状态更为积极向上。

我们的教育建议是：

①和孩子一起选择电视节目。孩子几乎是不可能不看电视的，而且看电视对他的成长也是有益处的。他有这个权利，关键在于选择。父母特别要注意不能放任孩子，不要让他乱看，想看什么就看什么，以免孩子盲目、随意地找一些并不适合他的节目来看。我们不主张孩子看太多复杂的成人节目，比如言情片、武打片、警匪片，因为孩子很难理解。经过我们的专题研究，认为有两类节目最适合少年儿童去观看，一类是儿童文学，像一些儿童文学的名著、童话改编的故事片、动画片都很好的；另一类是知识的，比方说大自然探险，各种知识类的、科幻类的节目对孩子也很有好处。让孩子看这样的电视节目，对他们的身心发展是很有益处的，因为儿童的观察是一种直观性的，年龄越小越不喜欢文字，喜欢画面。总之，父母为孩子选择一些高质量的电视节目，是引导孩子科学使用媒介的明智态度与做法。

②引导孩子多看一些新闻时事节目。有些孩子由于学习压力过大，没有时间看电视，也没有时间看书，结果孩子生活贫乏，连一些最基本的常识都不知道。这对孩子的发展是非常不利的，特别是孩子上了小学高年级，尤其是上了中学后，建议孩子每天看新闻联播，这只需要半个小时的时间。因为在中学时代，孩子需要胸怀天下，需要关心国内国际时事。让孩子养成每天看新闻的习惯，这样慢慢积累起来可能会成为孩子储备信息的起点。

③引导孩子看广告。一个开放的世界，也是一个广告的世界，广告都会用艺

术的、夸张的手法去展示自己产品美好的一面。要提醒孩子不要盲从广告消费，在看广告时要引导孩子判断哪些信息是正确的、有用的，用其利而防其弊，这样才可谓是成熟的广告教育。

④跟孩子商定看电视的时间，并严格遵守。比方说孩子年龄小，最好看电视的时间不超过一个小时，上了中学不超过两个小时。当然时间的规定应和孩子认真地协商，然后定一个规则，定了规则之后就不能够违反，一定要说话算话。如果孩子违反了，要有必要的惩罚措施。比方说只要超过了时间，那就以两天不能看电视，或者一个星期不能看电视为惩罚措施。一定要让孩子遵守规定，做到说话算话，让孩子对自己负责。

⑤暂时"冷落"孩子。许多父母说，孩子由于年龄小，对于不让他看电视的要求往往以哭闹来对付，听着孩子的哭声，许多父母只能"束手就擒"。其实，父母应该先申明规矩，如果孩子不遵守，就可以采取暂时冷落孩子的方法。孩子因为看不上电视吵闹，首先要不理他，如果孩子任性地摔东西，就要严肃地警告他：损坏东西要赔，并且更长时间不许看电视。

⑥父母要约束自己。要求孩子有节制地看电视，父母当然要以身作则。现实生活中确实有部分父母没有什么爱好，将所有的空闲时间都花在电视机前，如果自己不分时间看电视，却要求孩子少看、不看电视，这是很困难的。

83. 孩子不愿意加我为 QQ 好友怎么办？

问：都说上了中学后孩子会有很大变化，父母应该及时了解孩子的心理活动。但是从以往的经验来看，孩子长大了一般都不太爱跟父母袒露心声。我看到有的父母会以网友的身份加孩子的 QQ，跟孩子聊天，虽然我也觉得这样有点"窥探隐私"的嫌疑，但还是试着想和孩子成为 QQ 好友，但被孩子拒绝了。我应该以陌生人的身份加儿子的 QQ 吗？

答：以网友的身份加孩子的 QQ，跟孩子聊天，是一种"你在暗，孩子在明"的交流方式，这种方式的选择需要父母好好斟酌。"孩子长大后不太爱跟父母袒露心声"这后面隐藏的东西，需要父母仔细理解。

在学校、在网上能说会道、侃侃而谈的孩子们，为什么在父母面前选择了沉默？许多父母、老师总是站在一个有"高度"的教育者的位置上与孩子交流，这种地位的落差，会造成孩子的抵触情绪。

为什么要通过 QQ 和孩子聊天，究其原因是暂时隐藏了父母的身份，而以网友的身份与之交流、放低姿态、降下身份来，才能让孩子说出心里话。那么，既然父母能将身份放下，为什么要用您所谓的"窥探"实现零距离的交流呢？何不在现实中也放下高姿态跟孩子沟通呢？难道父母打算用低姿态的态度套出孩子的心里话以后，再摆出高姿态来批评教育他们吗？

所以，"及时了解孩子的心理活动"，这个出发点没错，但"以网友的身份加孩子的 QQ，跟孩子聊天"这种做法需要您做父母的好好考虑，倘若有一天被孩子发现，他会认为自己被父母骗了，那时父母再想了解他，困难就比较大了。

我们的教育建议是：

①父母要尊重孩子的隐私。从法律的角度看来，父母没征得孩子同意不能私查孩子的信件、日记、手机短信、电子邮件、网上聊天记录及其他个人信息。而以陌生人身份和孩子网聊，并不涉及侵犯孩子隐私。

②父母和孩子交流的方式和形式是多种多样的，网上聊天只是其中的一种。例如，父母可以通过参与孩子的活动，增加亲子互动，共同想办法克服困难，让孩子在共同的活动中感到和父母心与心的亲近；或多给孩子一些参与家务劳动的机会，在共同的劳动中，表达对孩子的欣赏，让孩子看到父母对他成长的肯定和欣慰；当孩子遇到挫折，受了委屈，父母在暂时不方便询问时，通过拍拍他的肩膀或后背给予安慰和支持，让孩子感到温暖和理解；随时关注到孩子在学习上和处理问题方式上以及生活习惯方面的小小进步，并把您的发现及时表达给孩子，"那天爷爷生病，你一直都在照顾他，要不是你，爷爷不会好得这么快！"让孩子随时知道父母对他的欣赏；平时，也可以用一些字条、留言等方式达成亲子之间无声的交流。

③父母确实应该从宏观上了解孩子的心理发展，引导孩子健康成长，但从微观上，也需要留给孩子一些心理空间，不可能完全掌握孩子的心理活动。很多父母都会担心，如果不及时了解孩子的想法，他会不会学坏？其实，家庭是孩子一生的支持，孩子的个性塑造、自我概念的形成以及70%以上的经验都来自于家庭教育、亲子之间的情感和关系。只要亲子间的关系不错，家庭生活和谐美满，即使孩子长到青春期，不再像幼时那样向父母袒露心声，我们也不必太担心他会轻易走上弯路。

当然，大部分孩子还是愿意和父母沟通的，他们需要寻求父母的支持、理解和指导。父母在和孩子沟通的过程中，不仅是了解他在学习、心理方面的现状，也可以多添些关于兴趣爱好、时事趣闻、科技时尚方面的讨论，相信孩子会更愿意和父母交流。至于QQ聊天，只是一种手段，如果孩子真的愿意和父母在QQ上交流，征得孩子同意后也是一种沟通新方式。

84. 孩子花大量时间看网络小说怎么办？

> **问**：我的女儿今年上小学六年级，她以前上网不是很多，我一直也很放心，但可能是受同学影响，她最近迷上了网络小说，而且很入迷，许多时间都花在看那些小说上了。该如何引导？

答：随着数字技术的普及，网络小说犹如雨后春笋般迅速蔓延开来。六年级的女孩子迷上了网络小说，不足为怪。一方面，她在猎奇，寻求新鲜的思想方法、言语形式、生活模型等方面的刺激；另一方面，她在努力与同学为伍，唯恐自己成为另类。

其实现如今的父母们，在上学的时候，很多都有夜里借着手电筒微弱的亮光，冒着被爸妈发现的巨大风险，如饥似渴读金庸、琼瑶、甚至还是所谓"毒草小说"的经历。每一代都有令父母摇头叹息，挡不住的"流行"。从本质上说，网络小说和纸质出版书也只是发表渠道的更迭。随着网络的发展，人们似乎拥有了更为平等的话语权，只要点击"发表"，自己的作品就可以轻易被千万人阅读、点评。虽说准入门槛降低带来的是网络文学的良莠不齐，但如果因此一致视为"垃圾快餐"，也难免有失公平。无论怎么说，孩子喜欢阅读毕竟是一件好事。而喜欢读什么，能读到什么，如何读，这才是父母更需要操心的。

孩子喜欢读什么？能读到什么？我们不妨和孩子坦诚沟通，看她最爱什么类型的故事？比起艰涩深奥的文字，孩子们会对更鲜活的表达、奇幻的想象、贴近生活的青春故事产生共鸣也是再正常不过的。而网络小说中大量充斥玄幻、武侠、青春、穿越历史、情爱等题材，正是迎合了孩子的这种口味。一方面，我们理应推荐更为健康、涉猎更为广泛的经典图书给孩子，填补他们的阅读需要；另一方面，对一部分经过筛选的比较优秀的网络作品，父母应和孩子一同阅读、讨论，与孩子建立共同的话题。一些孩子不适合看的书，不妨告诉她不允许看的理由。不论是文笔粗陋、内容不健康，或者是过于负面。

孩子的定性差，对离奇曲折、引人入胜的故事，难免抵抗不住诱惑。我们势必要对孩子进行规定，让她学会把控时间。同时，一定不能让孩子因为不当的读书用眼习惯伤害了视力，在条件允许的情况下，甚至可以购买适当的电子阅读器，而不要让孩子用手机或者长时间使用电脑阅读。

当然，凡事有度。我们父母在理解孩子的同时，还要寻找一些有效的方法，让孩子不会因此占用过多的时间，进而影响学习。

我们的教育建议是：

①充分尊重孩子的爱好。既然孩子喜欢读这样的小说，就有她喜欢的理由。父母不妨先跟随孩子一起读上几篇，了解一下她喜欢的内容和形式，再与孩子共同分析评论小说的优劣长短。但是一定要注意倾听孩子的心声，尊重孩子的意见，适当表达自己的建议，逐步引领孩子走出怪圈。切忌不要草率地发布禁令，那样简单行事，会引起孩子的反感，于事无补。

②对孩子要有一定的约束。明确要求孩子看小说不能耽搁学业，不能影响生活，适度放宽闲暇时期的要求。

③父母要有意识地丰富孩子的课余生活。一方面，努力把她的关注热点引导到现实生活中来；另一方面，尽量压缩她的上网时间，减少阅读网络小说的机会。

85. 孩子特别喜欢发微博怎么办?

问：儿子上小学六年级。去年和同学们一起开了微博。开始我关注了他，发现他每天都发好几条，有时转发一些挺无聊的内容，有时还在微博上发牢骚嫌作业多等。我忍不住就会批评他，一方面是担心他总发微博影响学习，另一方面也希望他不要在微博上什么都写。他的微博果然消停了，我还以为自己的批评起了作用。后来才知道他是换了微博号，也不再让我关注。这种情况应该怎么办？

答：首先我们来看一篇报道：2014年4月16日新华网讯：近日，广州等15个城市团委发布了重点调研项目——《媒介与儿童：2013中国青少年宫儿童媒介素养状况调研报告》。

调研发现，在城市儿童家庭中，普及率最高的是手机（97.8%），其次是电视机（97%），然后是电脑（95.4%）。44.5%的儿童拥有自己的手机，67.7%的孩子接触过平板电脑。在通信方式的选择上，84.80%的孩子表示拥有QQ，其中69.7%的孩子每天使用QQ进行交流，51.1%的孩子说QQ是自己生活中最重要的通信工具。在开通了QQ的孩子中，91.2%开通了QQ空间，85.4%拥有QQ群。

数据还显示，51.4%的儿童拥有微博，微信也逐渐成为了孩子重要的社交工具。45.7%的孩子拥有微信，37.4%使用过摇一摇功能，26.2%使用过搜索附近的人功能，15.8%会关注各种不同的公众账号。

调研还发现，城市儿童79.9%每天使用电脑查找资料，46.8%的儿童每天上网浏览新闻。不少儿童表示，如果自己遇到困难，会第一时间上网寻求帮助。

新媒介也成为当代儿童最重要的娱乐方式。数据显示，90.1%的孩子接触过网络游戏，54.6%的孩子明确表示喜欢网游，65%的孩子每天玩网络游戏，其中42%的孩子每月都为网游付费。在67.7%接触过平板电脑的孩子中，有73.2%的孩子只把平板电脑当作游戏机。

在此次调研中，31.6%的孩子认为在上网知识方面自己懂得比爸爸妈妈多，而且随着年龄的增长这个趋势更为明显，五六年级的学生中选择自己懂得更多的，比中低年级选择该选项的孩子多了一倍。

由此可见，因网络而产生的一系列的新的工具已经成为孩子生活中重要的一部分。青少年对新生事物总是比较敏感，也充满好奇心，孩子受到成年人或周围人的影响，希望自己不要落伍，能够融入成人或者朋友的圈子里而开设了微博。另外，微博上可以看到很多有趣的东西，可以找到自己的偶像，也可以找到自己的朋友，还可以在微博上"吐槽"发泄等，符合青少年自身对信息、娱乐及交际的内在渴求。

有些父母担心孩子经常上微博会受负面信息的不良影响，会过多追逐碎片化的信息，因此不太希望孩子把过多的时间和精力放在微博上。这种担心可以理解，但"堵"肯定不是好办法。只要让孩子上网，就存在受到负面信息影响的可能，但不能因此而禁止孩子上网。微博也是一样。微博作为媒介技术，它本身是中立的，取决于我们怎样使用它。微博赋予了使用者很大的主动性，所以完全可以做到为我所用。对于青少年而言，如果把微博作为启发思考、拓展个人知识的平台，合理适度地使用它，那么微博的正面作用将远远会大于负面作用。一位叫梁景天的孩子在《少年儿童研究》撰文，谈到了如何让微博为我所用。

最早将微博引入我生活的，是我们认真严谨的班主任老师。课堂上，他不苟言笑一板一眼，课下，他是很与时俱进的人，会教我们如何使用微博，并且把每天课堂上的重点用只言片语总结出来，再加上课后的作业，有时候写一条"长微博"一并发出来。这样一来，不但老师节省了自己的时间，也可以让我们快捷地温习知识，方便收到老师布置的作业。有时候我们会收到老师重点"@"的信息，原来我们每个人的问题老师都了然于胸，他在关注着我们。

我们在微博上探讨解题方法，分享学习经验，共享许多好的习题，即使是放学回到家里，也可以跟老师、同学无距离地交流学习。以前一个人闷头学习的那种枯燥和孤寂的感觉少了很多，最重要的是我的思路被一下打开了，很多新奇的想法和解题思路呈现在我面前。那些以前"可望不可即"的老师在这里卸掉了现实生活中闪着光圈的"马甲"，成为了一个普通的老师。

我经常通过微博了解时事新闻，了解社会，了解大家的观点和看法。微博上的讯息往往比公共的新闻要快速得多。最有意思的是跟帖评论的内容，这让我看到很多人真实的想法和呼声。我也只是个高中生，平时更多只是想象社会上的人是什么样子。在微博上看看别人对焦点事件的观点，让我能更深入地认识社会和思考人生。

　　对于家庭教育而言，微博的出现意味着家庭的影响力受到了挑战。

我们的教育建议是：

　　①父母要正视信息渠道的多元化。孩子通过微博看到了更广阔的世界，甚至是和父母叙述的不一样的世界。他们会想：为什么社会上有这么多问题？为什么现实不像书上讲的那么美好？他们会重新调整自己的认知。这个时候父母的解惑就很重要，要辩证地让孩子看待社会、因势利导。

　　②父母要引导孩子遵从媒介法规。从言论自由的角度来看，微博上是自由度最高的。但自由和责任是一体两面，守法、负责任是最为重要的媒介素养。在微博的发言虽然是隐身的，但一定要想到这些发言别人是会看到的，就像现实中的人际交往一样，要尊重别人的人格权，平等待人。也要有起码的法律意识，在微博上发言特别要注意不要侵权，如不要侵犯人家的隐私权、名誉权，也不要诽谤、造谣、传谣。这些都是最基本的媒介素养。

健康
生活篇

经济的发展使得今天的孩子们衣食无忧，但随之出现的新问题也让父母们困惑。因此有必要让父母知道：要对孩子进行良好生活方式的培养，需要注意孩子的吃饭、睡眠、运动三个方面，因为这是影响孩子生长发育的三大要素，也是孩子日常生活中最主要的活动。合理饮食习惯是健康生活的保障，良好的运动习惯不仅能促进血液循环，增强体质，学习的效率相应也会得到提高。睡眠是影响孩子生长发育的关键因素，拥有充足的睡眠才能保证孩子的健康成长。

86. 孩子是个肥胖儿怎么办?

> **问**:我有个儿子8岁了,从小就特别能吃。由于一直跟着爷爷奶奶,爷爷奶奶又很宠他,所以现在成了个肥胖儿。上学后在学校总被其他孩子笑,我特别想让他少吃东西多锻炼,但老人总是说:长大就好了,现在长身体多吃没事。我应该怎么办呢?

答:很多父母都认为家庭教育的根本任务就是让孩子学习好,与之相配套的就是吃得好。"孩子正在长身体,吃多好都不为过,等将来一长个儿,自然就会瘦了。"父母们常常陷入这个误区。

据2013年05月4日《新京报》报道:北京市卫生局最新公布的学生体质监测数据显示,2011至2012学年度,全市中小学生肥胖检出率达到20.74%。北京市中小学生肥胖、视力不良检出率逐年上升,已经成为了影响全市学生的主要健康问题。

研究发现,许多青少年胖墩的血管壁已出现动脉粥样硬化,而且一旦变胖,到老都难以恢复正常。

这些肥胖孩子体内分泌过多胰岛素,使人总有饥饿感,产生"越吃越胖,越胖越吃"的恶性循环。尤其是出生时低体重的儿童,更易出现肥胖、血脂、血糖、代谢异常及高血压这种"代谢综合征",最终会变成高血压合并糖尿病的高危状态,全身动脉硬化,心、脑、肾脏并发症将提前发生。所以,认为儿童在生长发育时期多吃有益无害的想法是绝对错误的。

在国家例行的青少年发展健康监测中发现,现在的孩子特别是城市孩子,肥胖率很高。据新华社2004年5月5日报道:教育部2002年对学生体质监测结果显示，城市学校的男生中只有一半的人体重正常，另外一半存在不同程度的问题。其中，超体重和肥胖的学生分别占 12.22% 和 11.22%。更让人担心的是，肥胖的孩子还伴有高血压、高血脂，以及糖尿病等多种病状。

该研究显示，肥胖已经给儿童、青少年造成身心健康的双重伤害。肥胖学生中 63.9% 认为肥胖已经给自己的日常学习和生活带来不便，33.2% 的人因肥胖体育不达标，32.1% 的人认为因肥胖曾经遭到同学和其他人的嘲笑。

在某些城市，孩子的体重甚至和奖励挂钩。比如北京市的超重小学生无缘"市三好"。2010 年 3 月 31 日《北京青年报》报道称：从今年开始，"小胖墩"将无缘北京市市级三好学生评选资格。这一比例约占入选市三好学生评选资格的 1/10。2009 年，北京市修订市级三好学生评选办法，对三好生评选首次实行"体育课优良、体质测试优秀"单项否决权。

2010 年是北京市新修订的市级三好学生评选办法执行的第一年。按照市教委的要求，入选"市三好"评选的小学生，体育课成绩优良、《国家学生体质健康标准》中肺活量体重指数、400 米跑、台阶试验、立定跳远、掷实心球等 15 项测试成绩必须达到 85 分以上才能参评；残疾学生须持有中国残疾人联合会核发的残疾证，并能努力参加力所能及的体育锻炼。

近年来，由于北京市大多数区县"小升初"实行"推优"政策，获得"推优"资格的小学毕业生则拥有了免费选择上好中学的机会。不少区县在"推优"资格的确定上，"市级三好学生"成为最为看重的评价学生综合素质的条件之一，这就意味着孩子能否当选"市三好"和是否可以上一个好中学联系在了一起。

但现实中，有些父母还没有意识到肥胖带来的危害，甚至认为肥胖没有什么大不了的。事实上，肥胖孩子的动作一般比较迟缓、不协调，走、跳、跑动作发展都受到阻碍。由于肥胖儿童的动作得不到完善发展，就会直接影响他们的智力发育。一般来说，动作和活动的训练可以直接促进儿童的智力发展，同时智力水平的高低又必然反映在动作的灵活性等方面。

另外，肥胖也影响孩子的人格发展。因为肥胖的体形不美观，笨重的身体不灵便。当肥胖的孩子在和同伴一起活动时，往往因笨重而受到其他孩子的嘲笑，进而产生不良情绪，以致形成自卑、孤僻等不良人格。

当然，肥胖的原因还在于孩子已经养成的不良的饮食习惯，如不爱喝水爱喝甜饮料、果汁；爱吃肉，不爱吃蔬菜；爱吃西式快餐，不爱吃粗粮。很多父母都以为营养知识是营养学家的事，内容繁多而高深，但是合格的父母应该掌握一定的营养学知识，才能对孩子开展合理营养和健康饮食的教育。要知道，吃是为了健康，健康饮食是家庭的一件大事，而不是难事。

父母有责任保障孩子的健康权，让孩子过上健康的生活。作为父母要重新审视儿童的健康，要从饮食、运动等方面排除不利于儿童健康的因素，让孩子养成良好的饮食习惯，养成良好的运动习惯，成为一个真正健康的孩子，这才是我们儿童教育要达到的目标。

让孩子享受到食物、运动所带来的营养和乐趣，为终身的健康打下基础。

我们的教育建议是：

①把钱用在运动上。有些父母为了孩子学习成绩能够提高，给孩子买保健品、营养品，反而把身体锻炼排斥在对孩子的培养计划之外。还有一些父母意识到了儿童肥胖的危害，试图把成年人的减肥方法用在孩子身上，也给孩子买一些减肥药物。其实，父母不妨把购买保健品、药品的花费用在孩子的运动上。比如买副羽毛球拍，买个游泳卡，假期可以带孩子去旅游，让孩子亲临现场感受体育比赛的刺激，等等。总之，运动健身对孩子所产生的积极作用是任何营养产品也替代不了的。

②父母与孩子一起运动。改变孩子不好运动的习惯，父母的榜样作用很重要。父母不能只是要求孩子运动而自己不运动，应该跟孩子一块去锻炼，这样可以在孩子遇到困难时加以鼓励，让孩子能坚持下去。

③鼓励孩子与同伴一起运动。许多运动项目都是团体活动，建议孩子和其他同伴一块运动。有的父母会想着给孩子请一个家庭体育教师，其实，这种做法并没有多大的必要。孩子们的课业负担已经很不轻松了，何必又在课外增添一个老师呢？让孩子和同伴一起玩耍和运动，可以培养孩子们之间纯真美好的友谊。运动场上，有合作，有竞争；有冲突，有协商，而且同伴间的相互学习、共同训练可能比由老师进行的正规训练效果更好。

④运动目标不要过高。刚开始运动时，切忌把目标定得过高。万事开头难，针对肥胖的孩子，最好要请教一些专家、医生，为孩子制定一个适合他特点的运

动方案，刚开始时可以从最初步的开始，如步行、慢跑、跳绳、登楼梯等，不能操之过急。

⑤注意饮食。调查表明，许多孩子都有挑食的表现，如喜欢吃的东西除了鱼就是肉，喜欢各种含糖分的饮料，但是不爱吃蔬菜。在儿童饮食方面出现了这么大的问题，成年人有没有责任？父母往往总是认为营养就是大鱼大肉，不能让孩子吃苦，殊不知，这是错误的看法。父母应该及时了解给孩子吃什么东西才是真正有营养的，什么样的膳食能保证营养的均衡。

父母都是希望孩子能够健康地成长的，所以教育孩子不挑食、不偏食，培养孩子良好的饮食习惯是非常重要的。减少摄入量，最主要的是杜绝含糖饮料，甜的、油炸的、反式脂肪链食品也不沾。多吃少含脂肪的精蛋白：酱牛肉、白灼鱼虾、盐水鸡、鸭等。多生吃西红柿、黄瓜、青菜，少吃含糖量高的水果。晚饭后吃少量水果，还要控制在睡前三小时吃，保证睡前绝对空腹。

87. 孩子总爱吃零食怎么办？

问：我有个女儿11岁了，从小就特别喜欢吃各种零食，尤其喜欢吃薯片之类的膨化食品，甚至有时都会影响正常吃饭。我也知道这样不太好，但又管不住。因为家里还好控制，但在学校她会经常和同学一起买。平时爷爷奶奶也总会顺着她。我应该怎么办才能让她少吃些零食呢？

答：零食是指非正餐时间所吃的各种少量的食物或饮料（不包括水）。零食本身也含有营养素，是对人们能量、营养的补充。

零食大体分为十大类：谷类（饼干、甜点等）；豆和豆制品；蔬菜水果；奶制品；肉、蛋、海产品；坚果类；薯类；糖果；饮料；冷饮。

孩子适当吃零食不是什么坏事，掌握好数量和品种就应该没有什么问题，而且适当吃些零食对孩子是有益的。但孩子如果一味吃些缺乏营养价值甚至对身体有不良影响的零食，父母就要对孩子进行限制了。

比如，在孩子经常吃的零食中含有一种叫反式脂肪酸的物质，就是一种要控制的食品添加物。反式脂肪酸也叫反式脂肪，是油脂在"氢化"过程中的产物。加入反式脂肪酸的方便食品可以储存在温暖、潮湿的环境里，放在超市的货架上几个月也不会变质。所以，起酥面包、饼干、冰激凌、炸薯条等食品通常使用反式脂肪酸来制作。反式脂肪不仅具有耐高温、不易变质、存放更久等优点，还会改善食品口感，让食物变得或松脆或滑爽或绵软，它成为了很多食品加工企业吸引消费者的"秘密武器"。

国内外研究资料表明，反式脂肪酸对健康主要有四大方面的危害：增加血液黏稠度，促进血栓形成；提高低密度脂蛋白胆固醇（坏胆固醇），降低高密度脂蛋白胆固醇（好胆固醇），促进动脉硬化；增加 II 型糖尿病和乳腺癌的发病率；影响婴幼儿和青少年正常的生长发育，并可能对中枢神经系统发育产生不良影响。

另外，很多孩子喜欢吃膨化食品，而许多膨化食品中都含有不同程度的铝元素。据中国农业大学食品学院 2005 年的一次测定，有三成膨化食品中铝元素残留超标。经过多方面的调查，排除了食品机械和食品包装的污染可能，确证为含铝膨发剂超标造成。

按照超标两倍计算，每吃 100 克不合格的膨化食品，就会带来 30 毫克的铝。对一个体重 30 公斤的儿童来说，这就是他们一天所能摄入的最高量。因为其他食物中也会含有微量的铝，孩子摄入铝的总量肯定会超标。虽然大部分产品属于合格产品，但如果孩子同时从多种食物当中摄入铝，最后的总量仍然是令人担心的。对儿童而言，铝可能会影响智力发育，干扰思维与记忆功能。过量的铝蓄积在人体脏器也会引起相应的病理损害，怀疑它能促进心血管疾病的发生，并影响骨骼的健康。

所以，对于零食，父母一定要有所选择和控制。

我们的教育建议是：

①购买零食时让孩子参与，给孩子介绍一些营养知识，选择健康的零食，如水果、奶制品、豆制品和坚果类食品。

②控制孩子吃零食的量，以不影响正餐食欲为宜。

③合理指导安排孩子吃零食的时间。吃零食的时间易在两餐之间，不要在接近正餐的时间吃，避免影响正餐食欲。一般来说，早餐相对简单且量少，在上午10点左右可以让孩子吃少量能量较高的零食，如低糖的饼干、蛋糕等；下午放学后如果离晚饭还有较长时间，可以让孩子先吃些水果；晚饭后过一段时间喝一杯牛奶，对孩子也非常有益。

④临睡前不要吃零食。临睡前吃零食会增加胃肠道负担，不利于食物消化，也不利于睡眠。另外，如果睡前不注意刷牙，留在牙齿间的食物残渣不利于牙齿健康，长期下去会引起龋齿。

⑤看电视时不要吃零食。边看电视边吃零食，在不知不觉中会吃下去许多零食。研究发现，看电视时间长的孩子容易得肥胖症，这与吃零食有一定的关系。

⑥父母要培养孩子喜欢那些自然的、原生的食品，学会品尝并喜欢食物自身的味道。

88. 孩子胆子特别小怎么办？

问：我女儿今年6岁了。在她很小的时候我们就发现这孩子胆子较小，这可能是我们以前的错误所致。她两三岁的时候，我们常常在她哭时，用老虎、狗熊等吓唬她，结果她很害怕。我们注意到这一点以后，就不敢这样吓唬她了，可是这孩子胆子还是越来越小，很怕黑，也很怕鬼。虽然她知道世上没有鬼，但在很黑的地方还是很怕。该如何帮助她走出胆小怕黑的阴影？

答：其实世上本没有鬼，这是不争的事实。但是6岁的小女孩怎么怕鬼呢？她也许在别人的交谈之中，听到过人死后会变成鬼，而且无比恐怖，害怕鬼就是很自然的事了。谈到怕黑，其实成年人也怕黑。人是喜欢群居的，害怕本来是一种自我保护机制，在黑夜里，看不到他人，不知道隐藏着怎样的危险，害怕也是正常现象。

造成孩子过于胆小的原因很多，但大多数都跟小时候受惊吓有关。有的父母经常用一些刺激性语言吓唬孩子，给孩子讲"鬼怪"故事，本来是想让孩子听话、老实，没想到却生成了孩子性格上的缺陷。所以，用恐吓代替教育是行不通的。

还有的父母虽然意识到了吓唬孩子不对，却又走到了另一个极端。当孩子表现出胆小或正在害怕时，父母又表现出过分的关心和爱护，把孩子紧紧地搂在怀里千哄万哄，不离左右，为孩子忙前忙后，甚至把平时孩子最喜欢吃的、玩的一并送上，想借此打消孩子的恐惧心理。

可事实上，这样做却适得其反。不但不能让孩子胆子变大，反而会助长孩子的恐惧心理。因为父母这样做只是让孩子暂时回避了他所惧怕的事物，而没有从根本上解决孩子为什么怕，怕什么的问题，下次遇到同样的情况，孩子又会旧态复发。

所以，科学家们指出，当孩子们表现出害怕时，让孩子采取回避的态度，回避后又给他更多的关怀和温暖，给他吃平时吃不到的好东西，这实际上是强化了他的恐惧心理。因为他表现出恐惧，尤其是回避恐惧给他带来了好处，所以，他的胆子越来越小。

我们许多父母也常犯这样的错误，"乖乖，别怕，有妈妈呢！""我给你找点好吃的。"这恐怕是很多做母亲的口头语。长此下去，孩子的胆子没有变大，倒会影响到以后孩子性格的发展。男孩表现为胆怯、退缩、自卑、孤僻及人际关系障碍；女孩则表现为过分害羞，过分娇气，过分依赖，难以承担生活中最起码的职责，导致行为异常。

我们的教育建议是：

①父母不要责备和嘲笑孩子"胆小"，要注意付出更多的耐心和时间陪伴和保护孩子，从情感上多关怀、多搂抱和爱抚孩子。父母的胸怀是孩子最感觉温暖的安全港湾，这在一定程度上可以减轻或消除孩子的恐惧心理。待孩子的情绪平稳后，尝试着用讲故事的形式教给孩子关于鬼神的科学知识，消除孩子的恐惧。父母平时不要给孩子讲迷信或带有恐怖色彩的故事，让孩子看电视也应有所选择，尤其是睡前更不宜看有关凶杀、惊险等节目，以免孩子做噩梦，加重孩子的恐惧心理。

②在一段时间内，夜晚暂时不要让孩子一个人独处，可能的话让孩子与父母同住，以便及时安抚孩子的害怕心理。一般来说，随着年龄的增长和能力的增强，恐惧害怕的现象就会逐步缓解。比如有的孩子害怕一个人睡，因为关灯之后那些古怪的黑影，都在孩子丰富的想象力下变成了妖魔鬼神、外星怪兽。这种情况下，父母可以和孩子做个"游戏"，牵着孩子的手，一起在黑暗的房间里四处"探险"，确认周围的环境，让孩子区分想象和现实之间的界限，将"未知"转化为"已知"，这样，孩子的恐惧心理会大大缓解。

③当孩子表现出胆小时，父母要视具体情况而定。有的时候做父母的不必过分关注孩子，甚至可以有意识忽视孩子的这种情绪。可以让孩子去试着摸一摸他害怕的物体或父母亲自摸一摸，恐惧心理会自然消失。比如，孩子不敢一个人去厨房或者厕所，父母就可以训练他单独去干点什么，"去帮妈妈把厨房里的杯子拿来，我急等着用"。一般胆小的孩子听到让他去厨房，就会有些犹豫，如果父母见孩子有些犹豫就干脆大声斥责"胆小鬼"，只能加重孩子的害怕心理，让他觉得干这件事很发怵。如果父母换一种说法，用很平淡的语气对孩子说："我要蓝色的那个杯子"或者"请你帮我把两个杯子全拿来，我等着倒水呢。"孩子的注意力就会转移到你让他干的事情上，"拿几个，什么颜色的"，而不会在意去哪儿，那个地方怎么样。

当孩子回来后，父母应给予口头表扬和物质奖励，增加孩子的自信心和荣誉感。尤其是当孩子主动表现出勇敢的行为时，父母更该及时鼓励，这样通过反复强化训练，孩子的胆子就会慢慢大起来。

④改正孩子胆小的毛病，不能操之过急，要慢慢试着来。有些父母"恨铁不成钢"，整天大声地斥责孩子，"你怎么这么没用""胆小鬼"，结果孩子受这种消极暗示的影响，会更觉得自己不行，什么都不敢做，哪儿都不敢去，胆子会愈发变小。由于得不到外部环境的帮助，还会引起其他的心理障碍。父母平时也要有意识地从正面对孩子进行勇敢教育。可以给孩子讲一些少年勇敢的故事，以激励孩子锻炼自己胆量和意志的决心和自信心。

⑤多带孩子进行户外活动。在自然、宽松的环境中，使孩子的潜意识发生变化，由于这种变化是在无意识中进行的，孩子易于接受且效果比较好。

89. 孩子不敢自己睡觉怎么办？

> **问**：我女儿今年已经 11 岁了，却仍然不敢一个人睡觉，不仅如此，还必须开着灯睡，直到她睡着后，大人才能关灯。由于我和她爸爸工作忙，她从小由奶奶带大，直到现在还是和奶奶同屋同床睡觉（我和她爸爸住在隔壁屋）。我们几次强调她已经长大了，应该自己独立，并且熄灯睡觉，可每次虽然说的好好的，一到晚上她就变卦，再争执下去，她就会哭起来，甚至不睡觉。她是不是有什么心理问题？

答：不要随便就给孩子贴上有心理问题的标签。孩子不敢一个人睡觉可能是一种习惯的反应，如果她没有因为胆子小而影响正常的生活学习，那么就不要太在乎这件事情。很多孩子在成长过程中，会因为某些原因而对不同的事物有畏惧感。这个孩子可能表现出来的就是怕黑，不敢独自睡觉。而父母越是强调孩子已经长大，要有独立意识，孩子越是抵抗退缩，不如索性先由着她。随着孩子逐渐长大和父母的引导帮助，她会慢慢调整过来的。

另外，孩子出现这种情况，大都是有原因的。与其给孩子讲胆子要大的道理及独立的重要性，不如找找孩子之所以出现这种情况的原因。也许是曾经在黑夜有过惊吓，也许是大人无意讲过某些让她害怕的事情，也许就是在看书或电视时看到过某些令她恐怖的片段，等等。找到原因，再对孩子做些解释，应该就基本上能解开她的心结了。

但是，也不能否认，女孩的胆小退缩和缺乏安全感，与亲子间关系的疏离有一定的关联。如果说一定要采取什么措施的话，可以从行为矫正和亲子关系的改善两方面帮助女儿。

我们的教育建议是：

①行为矫正：孩子睡觉习惯是从小养成的，一下子改正可能会增加她的心理压力。所以可以先做好沟通工作，让孩子在认知上了解这种不良习惯的危害后，制订一个分步骤改善的计划，例如：先是采用可以调光的台灯，把灯光调的比较暗，在觉得很困的时候，就把灯完全关闭；适应几天后，孩子觉得心理已经可以

接受，便要求她在睡觉前，自觉把灯关闭；独立睡觉的训练可以先从和奶奶同屋不同床开始，当孩子心里的焦虑慢慢减轻后，再逐渐过渡到自己一个屋睡觉，但母亲可以在睡前陪伴一会儿。以此慢慢地让孩子养成独自熄灯睡觉的习惯。

②亲子关系的改善：配合睡眠习惯的矫正，父母无论多忙，也要尽量每天抽出时间和孩子交流，聊一些生活中有趣的事情。多发现孩子的优势和进步，并及时让孩子知道爸爸妈妈对她的欣赏和信任。当孩子遇到伤心和委屈的事情时，如果觉得一开始不便询问，可以在更多的时候用肢体语言（如：把手轻轻放在孩子的后背上）传递对孩子的爱和支持，让孩子感受知道自己永远是安全的，有依靠的，从而逐渐建立自信，改善遇事易退缩的行为特点。同时，行为矫正中的睡前陪伴，也是一种加强亲子沟通的好机会。

90. 孩子早上赖床怎么办？

问：我儿子今年10岁了，上小学五年级。他有一个最大的毛病就是早上起不来床，每天早晨都要叫他很多次。看着孩子睡不醒的样子我也很心疼，可是又不能影响上学，我该怎么办？

答：孩子早上赖床父母要先分析原因。是不是孩子的睡眠时间不够？小学生的睡眠时间应该在10个小时。如果是因为这个原因孩子早上赖床，父母就要调整孩子的睡眠时间，让孩子把觉睡够。

但是，很多孩子赖床可能是生活习惯不好，这也是我们本篇重点讨论的内容。

孩子早上养成赖床的习惯，其实多数是和父母的教养方式息息相关的。不少父母都可能会有这样的经验：自己早上明明不需要赶早班，却甘心几年如一日的在六点以前起床，为孩子做好早饭，又生怕孩子迟到，不惜空出很大一部分时间（为孩子留出赖床的时间），一而再，再而三地叫孩子起床，从和声细语到义正严词再到焦急责骂，直到最后的掀被子，险些动用武力，孩子才哈欠连天地从床上起来。弄得每天早上就像打仗一样，父母累得筋疲力尽不说，孩子反而养成了严重依赖、缺乏责任心的坏毛病。

其实，细心的父母会发现，孩子并非总是"睡不醒"。在星期天全家一同郊游的日子，孩子就可能成为那个早上第一个自觉起床的人。而且，我们一直担心的"上学迟到"，发生的概率也并不很大，因为孩子总会在父母的唠叨声中，于刚好可以确保不迟到的那个时间起床。而他们之所以赖床，就是他们有信心确保父母是不会致自己于不顾，让自己迟到的。既然妈妈这个"老闹钟"会留出那么一大段让自己起床的时间，还有什么好担心的呢？放心大胆地睡吧！

我们的教育建议是：

①让孩子自己学会使用闹钟。父母可以和孩子讨论合理利用时间的意义，以及如何学会有效地掌控时间，让孩子明白他自己才是时间的主人。

②让孩子在实践中学会合理控制时间。父母可以把规定"何时起床"的主动权交给孩子自己制定，让他真的开始体会到自己控制时间的自豪感。

③父母可以给孩子提供一些建议，但不要强迫孩子执行。而且，在制定起床时间时，能够把闹钟时间定在非起床不可的那个钟点，使孩子不给自己留出赖床和拖拉的工夫，反而会促使他改掉磨蹭的坏习惯，让孩子的惰性无法得到发扬。

另外，总有父母会担心孩子"如果真的迟到了怎么办"，"这样会不会耽误事情，或给老师留下不好的印象？"当然，我们并不排除会有迟到的情况发生，但这也正是我们需要让孩子明白，要为他们自己的事情负责任的好机会。我们可以事先和孩子沟通，打好招呼"你既然有了自己起床的能力，明天开始我就不叫你起床了"。甚至可以用"早上有事，提前出门"的方法，让孩子在迟到的时候只能从自己身上找原因，从此养成按时起床的好习惯。

91. 孩子总觉得觉不够睡怎么办？

问：我女儿今年上小学五年级，学习一直很努力，各方面表现都很好。她所在的学校对小学生的学习要求比较严，作业也比较多，我女儿是个动作比较慢的孩子，所以写作业的时间比较长。由于很多孩子都有课外班，她也不例外的在外边报了数学和英语班。她倒是从来不抱怨累，但常常会说困，睡觉不够。我有时也想让她多睡会儿觉。可她妈妈说别家的孩子不都是这样的吗？小孩子少睡会儿没关系。真的是这样吗？

答：2008年教育部颁布的《中小学健康教育指导纲要》明确规定，要确保青少年休息睡眠时间，加强对卫生、保健、营养等方面的指导和保障。保证小学生每天睡眠10小时，初中生9小时，高中生8小时。

睡眠时间的需求是人类进化的结果。好的营养，充足的蛋白质、维生素、矿物质等可能会使白天的精力充沛，但不等于可以减少睡眠。

如果长期睡眠不足，会使大脑皮层的抑制作用减退，大脑处于慢性亢奋状态，表面上觉得不困，但注意力、精细的操作能力、创造力都会受损。小学生可能自己没觉得困，但做题时会出错，或是注意力不能集中。

睡眠不足还会产生"假记忆"。德国的神经科学家近期做了一个"假记忆"的测试。参加试验的大学生被要求先学习一连串儿的单词，如声音、钢琴、乐队、音调、歌曲等。然后，一半学生去睡觉，一半人则继续保持清醒。33小时至44小时后，让这些人进行单词辨认。测试时，在单词中加入了与所学单词意义相关、但并未出现过的词，比如"音乐"。结果，那些睡眠被剥夺者认为"音乐"出现过的比例远高于睡眠充足的人，而且，他们对自己的判断很有信心。研究者认为，这个结果显示睡眠被剥夺，确实会影响记忆固化的过程，从而令睡眠被剥夺者形成了原本并不存在的记忆——假记忆。因此研究者提醒，考生考前开夜车，很可能会写下错误的答案。

睡眠时间持续少于正常生理需要达三天以上时，最先受到影响的是注意力、专注力及操作能力；长期睡眠不足，记忆力、理解力、判断力将会受到严重损坏，最终导致学习效率及创造性思考力显著减退。与成年人相比，儿童青少年对于睡眠缺乏的反应较为迟钝：他们不一定觉得困，但认知功能已经受损。缺觉的人能回答难题，却记不住简单的词。睡眠不足对孩子注意力影响非常大，会导致孩子更容易粗心。

青少年的生长发育除了遗传、营养、锻炼等重要因素外，还与生长素的分泌有一定关系，而生长素的分泌与睡眠密切相关。正常情况下，夜间分泌的生长激素比白天多，为白天的3倍。一般睡眠后45~90分钟开始分泌生长激素，平均在睡眠后70分钟后达到分泌高峰。如果入睡时间推迟，生长激素的释放便随之延迟。所以，青少年要发育好，长得高，睡眠必须充足。22点到次日凌晨1点是生长激素分泌的高峰期，若错过这段时间细胞新陈代谢将受到影响。睡眠时，脊柱、双腿、关节的骺软骨全部处于放松状态，摆脱了身体压迫及重力影响，可以自由伸展。所以早上起床时比晚上要高出0.5~1.5厘米，可见睡眠有利于骨骼发育。因此，家长应尽量让孩子在22点前睡觉。

孩子如果压力过大，本身又是属于焦虑型人格的话，在睡眠不够的基础上就会形成轻度的焦虑或抑郁。而这种焦虑或抑郁，反过来又会导致失眠。目前中小学生中，轻度焦虑、抑郁的比例是很高的，最常见的情况就是失眠或者早醒。

我们的教育建议是：

①父母首先对睡眠要有正确的认识，要认识到休息是恢复脑功能的重要手段，睡眠是最重要的休息，一定要让孩子有充足的睡眠。从小要给孩子养成定时睡眠的习惯，睡前不要让孩子玩得太兴奋，不要看过于刺激的电视节目。睡眠是大脑细胞的全面抑制，如果兴奋过头，就难以抑制。英国睡眠委员会的一项调查表明，约1/3的英国青少年每晚都会有一段"垃圾睡眠"时间。卧室里的电脑、电视机和MP3播放器等，令这一问题愈发严重。现在我们国家许多孩子除了课业负担过重影响睡眠之外，电子产品带来的不良影响也不能忽视。

②可以从睡眠质量来判断孩子需要多少睡眠时间。一般躺下后应该15分钟内能睡着；在整个睡眠中，状态比较平稳，不会夜惊或做噩梦；起床后精神状态比较饱满。精力充沛，学习效率比较高。达到这样几个要求，基本就可以了。

③睡觉前，给孩子一个要进入睡眠状态的信号。有条件的让孩子用热水泡泡脚，可以促进血液循环，给大脑带去更多的氧，使脑细胞进入一种正常的状态，

让人很快平静下来，进入睡眠。

④对于平时睡眠不足的孩子，补觉是一种调节方法。从睡眠医学角度来说，连续几天的睡眠被剥夺，在时间允许的情况下，人体自身有需要补回来，因此补觉可能是必需的。但需要注意的是：觉不要补过。如果时间允许，连续睡够10个小时左右就可以了。睡多了反而对睡眠节律有影响。

92. 孩子喜欢喝饮料不爱喝白开水怎么办？

问：我女儿8岁。从小就不爱喝白开水，食欲也不好。为了给她开胃我们经常给她喝一些养乐多之类的饮料，可能就是喝这些东西比较多的缘故，她对白开水一直很抵触。上学以后，学校提供的水她根本不喝，只带各种甜的饮料。我们也明白这样不好，但就是很难让她改变。应该怎样说服教育她呢？

答：孩子和大人一样，喝水的目的不仅是为了解渴，更重要的是要满足身体对水的生理需要。水与饮料是有区别的，水是满足人体生理需要的主要来源。而饮料，包括功能性饮料，只是短时间代替水，或为了满足口味、营养、保健等要求可以少量饮用的饮品。因此，饮料是无法代替水满足孩子的生理需要的。

据2009年11月20日《北京青年报》讯：一项对美国女生所进行的调查发现，儿童期每天喝两份或更多甜饮料的女孩，长大后易出现体重超重等问题。

研究人员说，在5岁时喝太多含有较高糖分的饮料，比如苏打饮料、果汁或运动饮料，接下来的10年将影响女孩子体内的脂肪含量。而少女时期身体脂肪过多，会增加长期超重和出现其他健康问题，例如糖尿病以及心脏病的风险。宾夕法尼亚州立大学的研究人员对166名5~15岁非西班牙裔白人女孩喝饮料的情况进行了调查，并且测量了她们的体重、身高和身体脂肪比例。尽管身体的脂肪含量和体重与女孩喝了多少牛奶或百分之百的纯果汁并没有非常直接的关系，但在考虑了其他与体重和身体脂肪水平有关的因素后，研究人员发现，那些每天喝两份或是超过两份甜饮料的女孩，体内的脂肪比例较高，而且比那些喝较少甜饮料的女孩更易超重。

比如，研究人员发现，在那些5~15岁每天只喝少过一份甜饮料的女孩中，分别有大约16%和19%的孩子超重。那些每天喝两份以上甜饮料的女孩中，有39%的5岁女孩超重，另外有32%的15岁女孩出现了同样的问题。研究人员指出，应该让女孩多喝低脂牛奶和水，少喝甜饮料。

眼下的饮料市场，除了矿泉水、纯净水少数几种外，几乎所有的饮料都含糖、香料等物质。含糖多的饮料进入体内，其中糖分子会很快被吸收入血，使血糖升高。结果就是觉得肚子饱胀，不知饥饿，从而影响食欲。加上饮料不像白开水那样很快能从身体里排出去，喝得太多，滞留胃部时间长，也会影响消化和食欲，成为孩子不肯好好吃饭的重要原因。

饮料喝得过多，其中人体不需要的物质，诸如色素、香精、防腐剂等也同时进入体内。这些物质虽然符合国家卫生标准（假冒伪劣产品除外），但对健康并无益处。孩子身体发育尚未成熟，肝脏解毒能力和肾脏排泄功能都比较差。经常饮用饮料，这些东西蓄积体内，可能妨碍孩子正常代谢，影响体质和智力。有的孩子多动，爱发脾气，注意力不集中，就与此有关。

许多饮料以铝合金材料制成的易拉罐形式包装储运，或用锡箔纸封口。铝、锡等金属可能慢慢溶于饮料。如果儿童经常喝饮料，可对神经系统产生不良影响，引起记忆、学习能力下降，阻碍牙齿、骨骼发育，对肝细胞、肾小管也会带来损害，并可能降低机体免疫能力。

数千年来滋养着人类的自然水煮开后的白开水，是孩子们的最佳饮料。多喝白开水能满足人体一天所需的水量，所以孩子口渴了，只要给他喝些白开水就足够了。如果孩子已经养成了不爱喝白开水的不良习惯，家长就需要采取有效措施帮助孩子改正。

我们的教育建议是：

①首先，应引导孩子形成"饮白开水最时尚"的观念。

孩子们往往热衷于时尚，他们对饮料的喜好也大多受到时尚广告的影响。家长不妨告诉孩子，近年来，世界各地早已掀起一股"饮凉开水"的健康热潮。

②结合媒体上的一些事例、科学研究成果，告诉孩子喝白开水的好处和喝饮料的害处。已经上学的孩子是可以听得懂这些道理的。

③为孩子创造饮用白开水的条件和氛围。父母要以身作则，养成良好的饮水习惯，不仅对孩子是很好的示范，而且对自己本身也大有裨益。孩子在家时，家里要常备有刚刚冷却不久的白开水，而可乐、果汁等饮料不应成为冰箱里的常备饮品，以免孩子可以随时得到。

93.如何给孩子合理安排锻炼时间？

问：我比较关心孩子的锻炼，经常放学后让他先锻炼再写作业。但是我发现他锻炼后精力就差，写作业的时候效果不好，但是如果让他晚上吃完饭过段时间再去锻炼，就会太晚了，影响睡觉的时间。而且我感觉他对户外活动不热情，甚至对一些器械项目表现出害怕的情绪，体质和体力也不是很好。我应该如何帮助他呢？

答：一提到健身，我们总会想起各种传统的体育项目，诸如打球、跑步、仰卧起坐、俯卧撑等。在大多数家长心目中，除了这些传统的体育项目，似乎就没有别的了。由于体育运动对孩子的健康成长至关重要，因此父母必须想方设法调动孩子的积极性，让孩子热爱运动。当然，户外活动对上小学的孩子的成长发育和眼界开阔是非常有益的。从现在开始培养，也不算迟。在我们孩子的成长过程中——当然也包括户外活动——爸爸妈妈的陪伴是非常重要的，他会感受到父母对他的关爱和认可，从而获得快乐。

至于锻炼的时间，对于写作业、吃饭与锻炼的顺序，没有严格的规定，视学校、家庭与孩子实际情况而定。

如果孩子所在学校当天安排了体育课，并且有课外体育活动，活动时间已经超过了阳光体育一小时的要求，孩子的身体也许感觉比较疲劳，再加上当天的作业比较多，当天可以不安排体育锻炼；反之，就应该安排至少30分钟以上的时间去锻炼。

如果父母双方下班晚，离家远，可以选择先进行体育锻炼，然后回家吃饭，再写作业的形式。反之，如果父母有时间，能够很早为孩子准备好晚饭，孩子可以选择先吃饭，接着写作业，最后进行体育锻炼的形式，不会影响孩子的睡觉时间。

有的孩子喜欢先锻炼后写作业。理论与实践表明，体育锻炼后大脑呼吸了更多的氧气，促进大脑新陈代谢，同时提高大脑皮层兴奋与抑制的协调作用，从而改善大脑皮质神经系统的均衡性和准确性，促进人体感知观察能力的发展，并使思维的灵活性、协调性和反应速度等得到改善与提高，可以提高学习的效率。表现在学习上就是注意力集中，做作业效率高。

而有的孩子喜欢写完作业，饭后进行锻炼，如果时间过晚，家长担心影响孩子的睡觉时间，也可以通过购买一些家中可以进行锻炼的器械来弥补锻炼时间的不足，包括跑步机、哑铃、拉力器等器械，也可选择家中可以完成的练习如仰卧起坐、哑铃操等。

给孩子寻找合适的锻炼时间，需要父母的合理安排。其实寻找锻炼的时间不是很难，关键是看家长对这件事情的态度。

我们的教育建议是：

①告诉孩子在学校要认真做课间操，认真上体育课。这样孩子在校期间的锻炼就有了时间保证。体育锻炼的方式也很多，如学校离家近可以放弃车接车送，哪怕是自行车。让孩子走路上下学是一种很好的增强体质的方法。

②充分利用周末时间。周末是锻炼的大好时机，特别是小学阶段的孩子，课业负担实际并不重，父母大可以把上各种补习班的时间用来让孩子锻炼。远足、爬山、游泳，哪怕是在小区的健身器材上锻炼一小时呢？如果家庭经济条件不错，还可以给孩子请专业体育教练进行指导，或是到少年宫参加各种体育方面的训练。周末让孩子吃好睡好锻炼好，远胜于上各种文化课补习班。而且，父母还可以把买游戏机、游戏卡的钱用来买些小的运动器材，和孩子一起锻炼。只要真把体育锻炼当个事儿，就会有各种各样适用的方法。

③户外活动中，父母、小伙伴与孩子的随时互动，是非常重要的。父母应尽量调整自己的时间，或是让孩子积极参与到集体性的户外活动当中。哪怕是每天

抽出零碎的一点点时间也好，这也是和孩子促进亲情的好机会。如果孩子害怕器械项目，那就不妨先从孩子最喜欢做的户外运动起步。每次和孩子一道，做好计划和准备工作，尽量创造更丰富新鲜的活动内容，充分激发孩子的兴趣。

青春期篇

青春期是青少年成长的重要阶段，这个时期的孩子是半大人半孩子、半幼稚半成熟、半独立半依赖的状态，父母们也常常在这个时候发现孩子开始逆反。青春期的孩子有多少迷茫，父母就有多少无措。青春期是孩子寻求独立的过程，如果父母很好地配合了孩子的成长，能够把一些权利交给孩子，在孩子逐渐学会独立的同时，也会让父母与孩子的亲子关系更进一步。因此，孩子到了这个阶段，父母要尽可能对孩子多些理解，对他们有可能出现的心理、生理变化有所准备和接纳，让孩子顺利度过青春期。

94. 孩子到了青春期越来越不愿意和父母交流怎么办？

> **问**：我儿子今年快15岁了，一直是个听话的孩子。他从小就不是很爱说话，但有什么事倒也不瞒着我们，遇到事情也比较认可我们的意见。但随着他进了中学，和我们的交流越来越少了，有时问他的学习和他在学校的情况，他总是沉默。而且据他们班主任说他和班里的一个女生关系很好。我们怕他早恋和他谈了很多次，他却说我们大惊小怪。这种情况我们应该怎么办？

答：青春期对于孩子的发展具有全新的意义，却往往对家庭教育构成挑战。许多父母抱怨孩子越大越不愿意和他们交流。其实部分原因是孩子在小的时候，父母与孩子之间的沟通没有做好。渐渐地孩子也就不愿意和父母交流了。其实，孩子年纪越小，越是代际沟通的黄金时期。如果坚持下去，尽管进入青春期，孩子也会习惯于与父母交流，只是频率和深度会降低一些。

在我国，无论是学校还是家庭，青春期教育近乎成为了一个"盲点"。青春期如同青青的苹果，它将熟未熟，有几分甜、几分酸、几分涩。青少年时时面临着成长的烦恼，他们中的许多人由"少年的烦恼"发展成"烦恼的少年"，这样的烦恼成为青少年心中难以解开的秘密。面对"秘密"，我们的青春期教育往往显得苍白无力。老师忽略了应有的教育，父母害怕孩子有越来越多的"秘密"，于是本来在孩子的成长阶段中很正常的现象，往往被认为是"罪不可恕"的。

青春期是孩子生命曲线的又一个高峰期，孩子在生理、心理上会发生很大变化，从而带来一些困惑和烦恼。对于教育者而言，特别需要改变过去的陈旧观念，要明白处于青春期的青少年情感萌动是正常现象，要用一种理解之心和关怀之情来对待。

我们的教育建议是：

①爱的前提是理解和尊重。对于青春期的孩子只讲你如何爱他是绝对不够的，他更渴望理解和尊重，比如，善于倾听。许多聪明的父母就是善于倾听（即使自己不感兴趣的话也要耐着性子听），让孩子十分乐意与其交谈，使沟通变得容易。父母如果确实在交谈时有许多工作要做，千万不要装着在听，最好说出来，如"我希望有时间听完你说的话，但是如果现在不走的话，我就会失约了，等我回来，我再和你长谈"。如果以这种方式表示理解孩子的感情，就会使孩子有机会倾诉自己的内心想法。另外，倾听的过程中还要发现孩子谈话中的闪光点。发现孩子第一次正确运用成语，要给予赞赏；第一次引用了一首古诗，要表示受到感动等。这样，孩子不但愿意经常和父母沟通，而且还会自动提高沟通的质量。

②和孩子积极沟通。青春期是一个半幼稚、半成熟的时期，如小学高年级男女生之间出现疏远情绪。这是他们性特征逐渐明显带来的正常心理现象，是性朦胧期对异性向往的曲折表现；中学生则会出现男生女生之间的彼此好感，这是人生成长过程中一份美好的情感。老师和父母发现孩子与异性交往过密甚至有谈恋爱倾向或行为时应耐心做工作，最好以提醒、交流、建议的方式和孩子沟通。先要真正了解孩子在想些什么，要讲究方法，不要以命令、惩罚等手段来解决问题。如果父母适时地对孩子进行青春期教育，引导他们度过这一急剧变化的阶段，他们将会留下终身难忘的美好印象。

③不要在孩子面前过于夸大生活的艰难和压力。有些父母为了能让孩子好好学习，经常对孩子说：这个社会竞争激烈，如果考不上重点大学，就成了废人。或者经常对孩子说，钱是多么难赚，父母为了孩子多么辛苦等。如果经常对孩子抱怨，可能会造成孩子的心理负担，当孩子有什么问题或困惑时，就倾向于不告诉父母，导致的结果一是把心事埋藏于心中，走向孤独；二是求助于周围的朋友，内心渴望得到朋友的安慰与帮助。这样的情况可能也是孩子过早与异性同学"亲密接触"的诱因之一。

④保持稳定的情绪。有的父母一高兴，就整天和孩子泡在一起；工作忙了，就很长时间不同孩子沟通。这种冷热病，最不利于和孩子建立巩固的联系。应该

建立一种规则，如坚持定期开个家庭会议，每到星期六、星期日，父母可以和孩子一起把一周的功课复习一遍，洗干净全家的衣服，打扫好屋子。然后大家坐下来，互相倾心交谈。当然，形式不必过于拘泥，也可以一起外出游玩、一起锻炼、一起到餐厅吃饭等。在轻松愉快的心情下交流效果会更好。

⑤多用"我"字句型。父母在和孩子沟通的时候，要特别注意变换一种表达方式，最好用"我"字句型。譬如，"我对你上课不遵守纪律感到失望"，和"你上课讲话真让我失望"大有不同。后一句话，包含着父母的批评与责备，孩子会因为父母的失望而产生负罪感；而前一句话听起来父母是在同情孩子，而不是批评责备。

95. 青春期的孩子到了变声期时应该怎么办？

> **问**：我儿子目前开始进入变声期了。有一次学校开运动会，他是拉拉队队长，一天喊下来，嗓子就哑了，好多天才恢复。而且他因为变声期时说话的声音比较尖，他怕同学笑话，上课也不愿发言了。应该怎么帮助他顺利度过这个时期？

答：进入青春期的孩子们，身体各个器官都在发生着变化，嗓音也同样处于生长发育阶段。

青春变声期是指少年期的一种嗓音变化，它是由于身体内性激素的变化引起的，主要是雄性激素的变化。因为女孩子体内雄性激素的含量仅为男孩子的1/10，因此男孩子的嗓音变化要比女孩子剧烈许多，一般来讲要比原来低一个8度。而女孩子的变声不太明显，只降低2~3个音阶而已。青春变声期是人由童声变为成人声音的一个阶段，它一般持续3~6个月。女孩多出现在11~13岁，男孩多为12~14岁。

青春变声期是儿童嗓音发展的关键时期，这个时期变声的好坏直接决定将来一生嗓音的质量。但是，由于青春变声期时声带的生长速度远远快于喉结的生长速度，因此声带将长期处于一种充血状态。而此时的青少年由于读书、体育活动、

K歌等原因，嗓音很容易出现问题，因此要特别注意保护。

我们的教育建议是：

①不乱发脾气、大声喊叫；注意饮食，多喝水，少食辛辣食品；保证睡眠。做到这三项的目的是为了避免人为地造成声带嘶哑。

参加运动会后孩子嗓子的变化，是青少年人群中最常见的喊叫性嘶哑，如果再遇到这样的情况，就要让孩子禁声、多喝水，以使声带尽快地恢复。

②除了人为的原因外，天气的突然变化也是需要注意的。有时候由于气温变化，再加上青少年多"只要风度不要温度"，天气冷时常常不注意增添衣服，可能就会感冒。许多人认为感冒是小病，能抗就抗过去算了。但是对于青春变声期的孩子来讲，这样是绝对不行的。因为从表面上看，感冒是抗过去了，但是声带的修复至少要半个月左右。而且，修复后的声带也已经不是原来那个完好的声带了。因此要尽快治愈感冒。

③科学应对变声障碍。孩子嗓音变尖，所以不爱说话，这就是生活中经常见到的青少年"男声女调"或"女声男调"，本应声音粗犷低沉的男子汉说话像个女孩子，而有些女孩子原本清亮尖细的嗓音却粗粗的，像个假小子。这是青春变声期常见的一种变声障碍。有部分人是由于心理上的原因造成，比如家人的娇惯或自身较压抑，有的人会在内心里拒绝自己的成长，仍然把自己当成儿童，从而造成喉部发声功能的发育迟缓。也有些青少年的声带虽然在成长，但是喉结却"按兵不动"，由于喉结是装载声带的"小房子"，因而喉腔的狭小造成声带不能充分振动，结果出现变声障碍。

总之，甲状软骨发育过快，声带生长慢或不生长，使声带张力增加，就会导致男声女调；反之，甲状软骨增长慢，而声带生长速度较快时，则张力下降，音调变低，出现女声男调的情况。

其实，只要进行专业的嗓音矫正训练，情况就会大为改观。

男声女调首先要进行中声区嗓音练习，因为高音女声调主要是声带上1/3处振动，而中声区是中下部声带振动。具体方法是在医生的指导下配合钢琴的节奏从中央C调开始向上、向下扩展练习。每天2次，每次15分钟。一般情况下，大部分患者在1个月后即见成效。在进行中声区练习的同时，患者还要进行喉软骨按摩。按摩时要从喉结上部轻轻地向下推按，以不感到疼痛为度，反复推按20次，每天两遍。喉软骨按摩的作用主要是为了拉长声带、降低音频。

女声男调主要是女性声带过松过宽导致发声时振幅及频率低，出现声音低沉粗厚的现象。治疗女声男调的方法主要以"高位置假声说话＋气息发声"为主。具体方法是：说话前深吸一口气，眉头上挑，就像打呵欠一样，然后随着医生钢琴的节奏发出声音。每天40分钟左右，持续1个月即可出现轻柔尖细的女孩儿音了。眉头上挑时软腭会同时上抬，声音由口腔共鸣向头腔共鸣转化，发声位置提高，这就是所谓的"高位置假声说话"。

④注意调整孩子的饮食结构。孩子青春期除了嗓音变化之外，也是生长发育最为迅速的时期。因此，要既能保护嗓子，又不影响骨骼发育，需要多吃些富含高蛋白的食物，如猪蹄、牛肉等。另外，还要注意补充一些含钙较多的食物如奶类、鱼、虾、排骨汤、鱼汤、豆类等。再者，就是要注意供给充足的维生素。

96.青春期发育导致孩子形体不良怎么办？

问：我家的儿子今年初三了，个头很高。可能是因为个子高的原因吧，他总低头说话，所以现在有些驼背，走路的时候头还有些往前探。因为只是有轻微的形体不良，我们也就没有带他去矫正。如果在家里让他自己矫正应该怎么做呢？

答：北京的调查显示：八成多青少年形体不良，走路时探颈、驼背的比例近半。2007年4月，北京市教委和北京市体育局组织北京市国民体质监测中心、北京市体育科学研究所和北京职工体育运动技术学院培训中心等，率先开展了青少年形体测量和测评，这个结论就是其中的一个发现。

体型很大程度是与生俱来的，带有遗传因素，比如腿的长短、头型等，但一个体型良好的人却并不一定有好的形体。好的形体是人体的四肢、躯干、头部合理配合下才能显示出的美，如姿态美、体态美、线条美等，这是外部形态与内在的素养所综合表现出的和谐统一美。

学习压力大使得许多学生体育锻炼减少，加上不正确的写字姿式，胸部靠桌子太近，头离桌面太近等，从而导致肌肉不足和背部肌肉松弛。有些女同学由于乳房发育害羞而伸颈含胸，有的孩子则因个子高驼背、伸脖，另外书包过重和青少年过度迷恋电脑都会导致这些现象。

脖子前探会改变正常的颈椎方向和曲度，而脊柱、颈椎的正常曲度具有保持人体良好姿态和缓冲的作用，没有了曲度，缓冲作用将减少甚至失去，容易受伤。曲度过大则不利于脊柱、胸廓和内脏器官的正常发育。这种不良姿势形成后会使不少孩子产生抑郁、自卑等人格障碍。

人的形体美是人格美的体现，需要从小培养。

我（孙云晓）应邀访问广州市棠下小学的时候，发现这所普通的小学有着别具一格的校训："头必正，背必直，发必理，衣必整。胸必宽，心必善，言必行，品必端。"我认为，这是对小学生最重要的要求，前"四必"是外在的要求，后"四必"是内在的要求。从小做起，坚持"八必"。养成习惯，终身受益。在我的建议下，该校已经将其编入校本教材《思品与习惯》。

棠下小学的校训显然是继承了传统教育的精华。例如，南开大学的创始人严修就非常重视礼仪教育，并使其制度化，他制定的《容止格言》要求学生"面必净、发必理、衣必整、纽必结、头必正、肩容平、胸容宽、背容直。气象：勿躁、勿暴、勿殆，颜色：宜和、宜静、宜庄"，有意识地引导学生加强礼仪修养，形成了良好的校园文化氛围。周恩来总理在南开中学上学时，便是以此镜铭为言谈举止的规范，养成了举世公认的非凡气质和令人折服的优雅风度。

如果父母想在家里帮助孩子做形体训练可以根据专家的建议，采取多种方式。

我们的教育建议是：

①手扶墙压胸腰练习：距墙一步距离站立，两臂上举，扶墙，上体尽量向前压，挺胸、凹腰，髋不能前移，胸贴住墙，保持4拍再还原。这个练习应经常做，以使少年儿童逐渐形成挺胸拔背的姿势。

②背手挺胸练习：两腿开立，两手体后十指交叉握紧，然后两肩胛骨后锁，两臂后上举至最高，挺胸立腰，再还原。2拍1动，做16次。

③坐位挺腰背：椅背上绑一物（不要太硬），如小皮球等，人正坐于椅子上，臀部尽量靠里边，后背顶住物体，两手向后扶住椅子后背，然后尽量内夹两臂，抬头挺胸。4 拍完成 1 次，做 6~8 次。

④扩胸运动：两腿开立，两臂前平举，然后两臂向侧打开扩胸，再还原，如此反复练习 16~20 次。要求向后扩胸速度要快，有一定力度，扩胸时抬头、挺胸、收腹。

⑤俯卧两头起：俯卧地上，膝关节伸直，绷脚尖，两臂前举，两臂与两腿同时从两头抬起，腰背肌肉紧缩，然后还原，做 8~12 次。要求起时两腿夹紧，抬头挺胸。

⑥仰卧拱背：仰卧，两臂于体侧伸直扶地，背部离地，用力向上挺胸，保持 2 秒钟，再还原，做 8~10 次。要求挺胸时，背部离地面至最高点，脖子不能放松。

⑦持棍绕肩：两腿开立，两手握棍比肩略宽，举棍过头，双臂后绕，木棍落至后背，然后双臂再从后背绕至前面。练习 12~15 次。要求前后绕肩时手臂要伸直，挺胸收腹。

⑧加强体育锻炼，增强肌肉。书包最好背在前面或前后换背，这样可以加强背部肌肉的训练。

当然，在进行上述训练之前和训练过程中，都要提高孩子的认识，引导其坚定信念持之以恒。

97. 孩子和同伴学会了抽烟怎么办？

问：我儿子上初三了，还算是个比较听话的孩子。但是有一天老师给我打电话，说我儿子在学校抽烟被老师抓到了。我听后很吃惊，孩子的爸爸抽烟总戒不掉，所以我对孩子这方面控制的特别严格，经常给他讲抽烟的危害，没想到他还是学会了，据他说是跟同学学会的。现在我应该怎么办？

答：世界上很多国家都通过立法，禁止向18岁以下的未成年人出售香烟，否则将对销售者课以数额较大的罚款。我国《预防未成年人犯罪法》第十五条明确规定：未成年人的父母或者其他监护人和学校应当教育未成年人不得吸烟。任何经营场所不得向未成年人出售香烟。

一项针对青少年烟草使用情况的调查显示，中国有20%以上的初中生尝试过吸烟，其中有相当比例的人已表现出今后吸烟的倾向。相关专家指出：青少年吸烟在中国已成为一个不容忽视的问题，开始吸烟的年龄越低，今后成为习惯性吸烟者的可能性就越高，戒烟的可能性就越小。

青少年吸烟有多方面因素：第一是自身的因素，包括好奇、模仿、感情寻求、冒险性等。第二是同伴吸烟行为和吸烟态度的影响，别人都吸烟，如果自己不吸，担心会被嘲笑。第三是家庭的影响，包括父母吸烟行为和吸烟态度、家庭的沟通的情况、父母对孩子的监护程度等。第四是学校的因素，包括师生关系是否良好，学生在学校里是否有归属感，在班级里是否被同学所接纳等。

青少年的吸烟行为是通过日常生活中直接的观察和模仿习得的。因此，社会榜样的影响作用及其重要。研究者们广泛考察了同伴、父母、大众传播媒介和学校这四种社会因素对青少年吸烟行为的影响。结果发现，最要好同伴及同伴团体的吸烟行为和吸烟态度是青少年开始吸烟的最重要的影响因素。父母的榜样作用影响着青少年的吸烟行为。而香烟广告诱使青少年对吸烟者的形象和特征产生错误的感知，并对吸烟的后果缺乏必要的认识。在学校的影响中，班主任老师的吸烟行为严重影响着青少年的吸烟行为。

我们的教育建议是：

①让孩子知道父母对吸烟的看法。孩子有权知道哪些事该做，哪些事不该做。如果父母不告诉他们，他们就无法知道行为的准则。动之以情，告诉孩子，如果他继续抽烟，你会感到非常痛苦和失望，这比同他谈论吸烟对健康的危害也许更为有效。

②孩子们可能会把同龄人中间形成的风气作为自己抽烟的借口。既要重视这个理由，也要帮助孩子认识到，他们要为他们自己的行为负责。

③做出好的榜样。首先，身教重于言教，父母最好不吸烟。当然，这对有些

家庭来讲是有难度的，毕竟有人吸烟多年，很难戒掉。那么退一步说，父母至少要尽量不在孩子面前吸烟。如果有亲戚抽烟，告诉他们不要把烟给孩子。

④为把香烟清除出孩子的生活环境而努力。如果社区商店向孩子出售香烟，应提出抗议。

⑤无论何时干涉，都不嫌太早或嫌太迟。那些在7~9岁初次抽烟或已有好几年烟龄的孩子也能在成人帮助下戒烟。

⑥父母要提高家庭的凝聚力，使孩子有归属感。如果孩子回家后，不愿和父母说话，而是回到自己房间，关上门，不让父母进来。或者每天孩子和父母说话不超过10句，都是父母自己不停地长篇大论，这些迹象就提醒父母和孩子沟通可能有问题了。

98. 性教育读本会不会有负面影响？

问：我儿子今年上初一，还是个毛头小子，什么都不懂。我跟他爸爸都受过高等教育，知道他将要进入青春期，所以给他买了《藏在书包里的玫瑰》。孩子对此书很有兴趣。与此同时我有些担心：孩子一直都比较单纯，他看了这本书后会不会倒往不好的方面想？类似这些书会不会对他产生负面影响？

答：不同年龄阶段、不同性别的孩子由于性意识的发展特点不同，对性问题的关注点不一样，性教育的方式和内容也要有所不同。如果孩子正处于青春前期的年龄阶段，他对性的兴趣正从比较淡漠，过渡到懵懂、好奇、渴望探究。此时，单单把书塞给他"自习"，一方面不可能使孩子获得真正完整的知识和体验；另一方面，提前接触到他这个年龄还不能理解的性知识，又得不到正确的引导，反而会给孩子造成更大的困惑。

日本性教育家武川行男曾说过："'性'这个字是竖心旁，与'心的功能'关系密切，性教育也是'与心之关系密切的教育'。"在建立良好的亲子关系的前提下，父母可以从生活常见的琐碎小事中（比如早晨起床、洗脸、换衣服、上厕所、吃饭等），寻找对孩子进行性教育的时机和方法，并时常和孩子进行心与心之间的愉快的交流。

例如，鼓励孩子养成良好的卫生习惯，勤洗澡，及时换衣服，不要穿过紧的内裤，做个"干净的帅小伙"等。父母首先要端正自己的心态，不把"性"看作是"龌龊"的，而是一种与心灵有关的美好事物，才能以光明、平和与温暖的心态，带给孩子"爱的教育"。当然，涉及男孩子的一些比较隐私的问题，最好由父亲来和儿子交流，爷俩间有了"不能让妈妈知道的共同的秘密"，还可以拉近父子间的距离。

父亲可以和儿子就日常发生的琐事、性教育书籍中的一些内容进行讨论，也可以和儿子分享自己青春期时经历的有趣故事和心情，在这个过程中了解并及时把握儿子的心理状态，进行有针对性的教育。譬如在洗澡的时候，彼此很放松，可以谈谈身体发育后的变化，告诉孩子出现遗精之类的事情，是正常的；顺便告诉孩子女性的生理状况，让他懂得男女生理的不同，学会照顾女性；也可以开玩笑地问问孩子有没有喜欢的女生，与他聊聊爱情、婚姻、家庭、责任之类的话题。不要刻意回避，也不要怕孩子听不懂。与放任孩子独自在幽暗的小巷里鲁莽地乱撞相比，打开他的心结，和他一起经历，这样的做法更积极稳妥。

作为母亲，可以在日常的聊天中，自然地对儿子转达一些女孩子眼中好男孩的标准，引导儿子尊重女性，陪儿子度过这个微妙的时期。

我们的教育建议是：

①要用科学的态度光明正大地谈论"性"。孩子总是有好奇心的，父母越是百般遮掩、不让他触及的事情，他就越想知道、越想尝试，倒不如告诉孩子科学的性知识，引导他，让他学会判断。

②对于青春期的孩子进行性教育是及时必要的。父母的心态一定要健康积极，不要总觉得这是不好启齿的事。细致入微的指导，让懵懂害怕的孩子感觉到温暖的呵护，孩子自然就不会胡思乱想了。

99. 青春期的孩子自由度增加了不再听父母的了怎么办？

问：我儿子现在 13 岁，读初一，在这个阶段，是适当地限制或干涉一下他随意交朋友，还是任由他发展呢？读初中后，他的自由度一下子放开了，由原来的每天接送到现在自己上学，中间有很多自由时间，我们担心他交了坏朋友受影响。而且儿子很多时候做事都不和家长商量，这样可以吗？

答：13 岁的男孩子，已经步入心理断乳期，开始了中学时代的学习生活。自身的身心变化和学习环境的变化，使之渴望交友，渴望独立，表明孩子正在成长，完全正常，不足为怪。如果做父母的还想继续监控孩子的一举一动，是错误的想法和做法。其实如果孩子真的屈从于家长的管教，事事听家长的安排，那他将是一个永远也长不大的孩子，这恐怕也不是家长的期望。

常言说"堵不如疏"。如果一味限制和强硬管制，难免会让孩子产生逆反心理。与放任自流相反的，并不是对交友的限制与干涉，而应该是充分的沟通与交流。最近交了什么朋友？他人怎么样？擅长什么运动吗？他有什么优点吸引你？不必郑重其事地找孩子一起商谈，而是在一些琐碎温馨的家庭谈话中，就能对孩子的友谊状况有个大致的了解。父母为孩子轻松把关，也就足够了。如果家庭中已经形成了孩子会与爸爸妈妈主动沟通的氛围，那自然更好。

不妨也在轻松的环境中，尝试结识孩子喜欢的好朋友，"有空邀请朋友到家里来玩"但这个邀请一定是真诚的，而非考察式，千万不要对他的新朋友随意表示不满和怀疑。只要不是真的"坏朋友"，即使有什么地方真的"看不顺眼"，也要尽量抓大放小，何不睁一只眼闭一只眼？何况，三人行必有我师，即使是那个看起来似乎很多缺点的"朋友"，谁说就不会在孩子的成长历程中留下最珍贵的回忆？哪怕孩子在人际交往上偶尔会吃点亏，也是受教育的过程。

13 岁的男孩子已经进入了青春期，独立意识和成人意识显著发展，渴望与同龄人为伍，这是发展人际沟通能力的大好时机。

我们的教育建议是：

①父母对孩子的正常交友不必过分担心，要给孩子足够的自主空间，鼓励他多交朋友，广交朋友。父母与孩子多做心灵上的沟通，倾听孩子的心声，在充分信任和尊重的基础上适时适度地进行点拨。提示他要有选择地结交朋友，要结交志趣相投、心灵高尚、勤学上进、珍视友谊的同性和异性朋友，防止染上各种坏习气。努力让他在现实生活中提高辨别是非的能力，锻炼人际交往的能力。父母的影响力来自以往十几年对孩子的教育积淀和父母自身形象的榜样作用。如果父母把自己的交友原则强加给孩子，孩子不会情愿接受。

②父母一定要努力克制自己总是想管孩子的冲动。父母应当对孩子放手，孩子的事情要多听孩子的意见，不妨也让孩子当家作主。对于很多父母来说，这样做可能有一定难度，但是为了有利于孩子的成长，父母一定要努力让自己做到。

③孩子的青春期也是家长成长的一个重要机会。青春期是孩子寻求独立的过程，如果父母很好地配合了孩子的成长，能够把一些权利交给孩子，在孩子逐渐学会独立的同时，也会让父母与孩子的亲子关系往前一步。

100. 青春期的女孩子性格冷漠正常吗？

问：女儿今年 15 岁，我感觉她对什么事情都不是很感兴趣，除了父母，对其他的人，如亲戚、朋友、同学都不太热情，对身边的事好像也是漠不关心。我对她的未来很担心，以后会不会成为性格内向没有朋友的人？该怎样与她沟通才能让她改变？

答：一个 15 岁的女孩子处在身心发展的青春期，加之学习压力增大，在心理和行为上难免会出现这样那样让人费解的表现。

处于青春期的孩子充满了矛盾。

第一，成长发育的旺盛会导致个体生理的不平衡，从相貌和体形上看已经接近成年人，但是身体活动的耐久性、技巧性和灵活性等方面都需要现实的磨砺。

第二，性生理的成熟和性意识的觉醒，使得孩子们内心渴望与异性交往，渴望接近异性、关注异性、研究异性，想象与异性交往的美好，但是学校和家庭都极力限制男女孩子的接触。

第三，青春期的孩子心智成熟也已经接近成年人，甚至在个别方面超越了成年人。他们蓬勃向上的势头十分强劲，彰显着年少张狂的特点，而成年人基于自己的社会生活阅历，对孩子的言行不屑一顾。

第四，学业负担日渐加重，本来这对接近成熟的孩子们来说，应该有能力独自处理好自己的学习和生活，不必再由家长做过细的监管和指导。但是在小学阶段孩子们常常是被动地完成老师家长的任务，所以到了中学阶段，家长与孩子都在延续小学阶段的做法，长幼之间的矛盾会愈演愈烈。如此种种的矛盾，对一个刚刚十几岁的孩子来说，无力与家长和老师抗争，往往选择逆反、沉默和自闭。

所以，对人对事的冷漠，可能是生理的发育、个性心理和外部压力综合作用的结果。

当然，也可能是父母考虑过多：性格淡然就一定没有朋友吗？人一定要开朗热情朋友满天下，才是对的吗？芸芸众生，不是只有一个模样。而个性淡然、不够热情，或许只是天性使然，并不一定是一种需要纠正的错误。

所以，当孩子性格让父母产生疑虑的时候，要仔细分析一下：孩子是从小如此，还是逐渐发生的变化——她是不是遇到了什么烦心的问题？自控力和意志力相对较薄弱的孩子，遇到烦心事难以解决，不敢面对，缺乏责任感，往往选择逃避，甚至把自己封闭起来，或者是转向虚拟世界寻求成就感和认同感。如果真的存在问题，希望家长能够帮助孩子加以解决。

我们的教育建议是：

①家长要努力营造平等和谐的家庭氛围，让孩子感受到是家庭中的重要一员。如果想适当扭转孩子的个性，培养开朗热情的性格，温馨欢乐的家庭气氛是必要的。爸爸妈妈有意发掘一下孩子的兴趣点，吸引她的参与。一家人在一起的时候，经常讨论某些社会现象或问题，鼓励孩子主动思考和表达个人意见，这也是让孩子放开心扉关注外面世界的重要途径。还有很重要的一点，不要害怕孩子交朋友，

鼓励她邀请好朋友到家里来做客，多参加一些兴趣活动，激励她在与人的交流过程中树立责任心，获得生活的认可，更享受别人的信任和托付。

②在家庭做出重大决策时应认真倾听孩子的意见和建议，对其意见合理性要及时表示认可和赞赏，注意采纳她的合理建议。比如家里要更换电器的品牌、房子装修的风格、假期旅游度假的去处等都可以一起商定。

③在人际交往方面，父母应以开放的心态面对孩子的交往。指导她提高自我保护意识，在确保安全的基础上，阳光交往，广交天下朋友。

④在学习上，家长应该始终把握培养孩子目的在于发展，而不只是考试。家长应该把握好自己的角色，在生活上尽可能照顾好孩子的起居，努力创造条件促进其良好发展，要注意倾听她的心声，积极关注孩子成长发展的需要。家长不要凭借自己的主观臆断，横加干涉，不过分干预孩子的学习，要把学习的自主权还给她。如果孩子确实需要参加课外培训班，要与她一起分析利弊得失，尽可能尊重她的意见。

情绪低落，对人对事都不感兴趣，也是抑郁倾向的外部表现。如果任其发展下去，可能导致孩子睡眠不良，效率不高，自我评价低下，丧失学习和生活动力等现象。家长要做孩子最可靠的朋友，保护和支持孩子的正确的做法，努力成为她的坚强后盾和强大的保护伞，努力减轻孩子的心理压力，避免压制和刺激。如果经历一段时间的调整，孩子仍没有好转，就要考虑给孩子做心理咨询和心理治疗了。